职业教育工业互联网人才培养系列教材

工业互联网基础

主　编　张　艳　陈　君　郑栋梁
副主编　田月霞　赵冬玲　耿美娟
参　编　秦　磊　韩景景　聂长浪　杨　元　葛晓华　陈立峰　陈宇晨

机械工业出版社
CHINA MACHINE PRESS

制造业是我国经济发展的脊梁,加速企业的数字化转型升级,建立健全工业企业各要素的全面互联互通,是目前众多企业面临的核心问题。工业互联网作为工业企业数字化转型升级的重要基础设施,已经成为企业转型升级的重要抓手。在工业企业的工业互联网基础建设中,学习和掌握工业互联网技术及其应用是实现工业企业数字化转型升级、为企业创造价值、保持企业创新发展的必备条件。

本书首先对工业互联网进行了概述性介绍,包括工业互联网起源和发展历程、工业互联网定义和体系架构、工业互联网标准体系和技术体系、工业互联网与智能制造的关系,并从工业互联网网络互联、工业互联网平台、工业互联网 APP、工业互联网安全以及工业互联网发展展望几个方面对工业互联网相关知识领域进行了全面介绍。

本书可作为高等职业院校工业互联网相关专业教学用书,也可供从事工业互联网相关工作的工程技术人员参考。

为便于教学,本书配有课程标准、教学计划、电子课件、习题库等教学资源,凡选用本书作为授课教材的教师,均可登录机械工业出版社教育服务网(http://www.cmpedu.com),注册后免费下载。咨询电话:010-88379375。

图书在版编目(CIP)数据

工业互联网基础 / 张艳,陈君,郑栋梁主编.
北京 : 机械工业出版社,2025.1. --(职业教育工业互联网人才培养系列教材). -- ISBN 978-7-111-77401-3
Ⅰ. F403-39
中国国家版本馆CIP数据核字第20251BU329号

机械工业出版社(北京市百万庄大街22号 邮政编码100037)
策划编辑:陈 宾   责任编辑:陈 宾
责任校对:张昕妍 李小宝   封面设计:王 旭
责任印制:常天培
固安县铭成印刷有限公司印刷
2025年2月第1版第1次印刷
184mm×260mm · 11.25印张 · 285千字
标准书号:ISBN 978-7-111-77401-3
定价:39.00元

电话服务   网络服务
客服电话:010-88361066   机 工 官 网:www.cmpbook.com
　　　　 010-88379833   机 工 官 博:weibo.com/cmp1952
　　　　 010-68326294   金 书 网:www.golden-book.com
封底无防伪标均为盗版   机工教育服务网:www.cmpedu.com

前 言

随着新一代网络信息技术和现代工业的融合发展，在世界范围内引发了新一轮的工业革命，互联网从消费领域正逐步向生产领域延伸拓展，工业互联网正在引发企业在制造模式、生产方式和业务模式等方面的重大变革，成为企业进行数字化转型升级、智能化生产的关键技术。加速企业的数字化转型升级，建立健全工业企业各要素的全面互联互通，是目前众多企业面临的核心问题。工业互联网作为工业企业数字化转型升级的重要基础设施，已经成为企业转型升级的重要抓手。

本书分为工业互联网概述、工业互联网网络互联、工业互联网平台、工业互联网APP、工业互联网安全以及工业互联网发展展望六章。本书内容图文并茂、通俗易懂，引用了大量的企业案例，每章均设有"情景描述"环节，帮助读者感受真实的应用场景。

本书由河南机电职业学院的张艳（编写大纲、统稿）、广东轻工职业技术学院的陈君（编写第三章，提供第六章的情景案例）、许昌电气职业学院的郑栋梁（编写第六章）任主编，河南机电职业学院的田月霞（编写第二章）、赵冬玲（编写第四章）、耿美娟（编写每章的导读和小结）任副主编，参与编写的还有河南机电职业学院的秦磊（编写第一章）、韩景景（编写第五章），广东轻工职业技术学院的聂长浪（制作第一章~第三章的课件），河南机电职业学院的杨元（制作第四章~第六章的课件），树根互联股份有限公司的葛晓华（提供第一章和第二章的情景案例）、陈立峰（提供第三章和第四章的情景案例）、陈宇晨（提供第五章的情景案例）。

本书在编写过程中得到了很多行业专家和企业技术人员的大力支持和帮助，他们提供了丰富的技术资料和素材，也提出了很多宝贵的意见，在此一并表示感谢。

由于编者水平有限，书中难免有疏漏和不恰当之处，恳请广大读者批评指正。

编 者

目 录

前言

第一章 工业互联网概述 ... 1

【本章导读】 ... 1
【学习目标】 ... 1
【学习导图】 ... 1
【情景描述】 ... 1
1.1 工业互联网起源和发展历程 ... 2
1.2 工业互联网定义和内涵 ... 5
1.3 工业互联网体系架构 ... 6
1.4 标准体系 ... 10
1.5 技术体系 ... 12
1.6 工业互联网与智能制造的关系 ... 14
【本章小结】 ... 15
【本章习题】 ... 15

第二章 工业互联网网络互联 ... 16

【本章导读】 ... 16
【学习目标】 ... 16
【学习导图】 ... 16
【情景描述】 ... 17
2.1 工业互联网网络概述 ... 18
2.2 工业设备感知技术 ... 25
2.3 工业网络与连接 ... 36
2.4 工业设备接口与通信协议 ... 55
2.5 工业边缘计算 ... 67
【本章小结】 ... 78
【本章习题】 ... 79

第三章　工业互联网平台 … 80

【本章导读】… 80
【学习目标】… 80
【学习导图】… 80
【情景描述】… 80
3.1　工业互联网平台概述 … 82
3.2　典型云平台介绍 … 95
【本章小结】… 113
【本章习题】… 113

第四章　工业互联网 APP … 114

【本章导读】… 114
【学习目标】… 114
【学习导图】… 114
【情景描述】… 115
4.1　工业 APP 发展背景与概念 … 116
4.2　工业 APP 分类 … 119
4.3　工业 APP 典型特征 … 120
4.4　工业 APP 关键技术 … 121
4.5　工业 APP 开发 … 123
4.6　工业 APP 应用案例 … 126
【本章小结】… 132
【本章习题】… 132

第五章　工业互联网安全 … 133

【本章导读】… 133
【学习目标】… 133
【学习导图】… 133
【情景描述】… 133
5.1　工业互联网安全标准 … 134
5.2　工业互联网安全体系 … 138
5.3　工业互联网安全案例 … 155
【本章小结】… 162
【本章习题】… 163

第六章　工业互联网发展展望 … 165

【本章导读】… 165
【学习目标】… 165
【学习导图】… 165

【情景描述】………………………………………………………………………… 165
6.1 我国工业互联网建设成效 ………………………………………………… 166
6.2 工业互联网未来发展趋势 ………………………………………………… 167
6.3 工业互联网产业人才现状 ………………………………………………… 170
【本章小结】………………………………………………………………………… 173
【本章习题】………………………………………………………………………… 173

参考文献 …………………………………………………………………… **174**

第一章 工业互联网概述

【本章导读】

制造业是我国经济发展的重要支柱，加速企业的数字化和智能化转型升级，实现工业企业各要素的全面互联互通，是目前众多企业面临的核心问题。工业互联网作为工业企业数字化转型升级的重要基础设施，已成为企业转型升级的重要工具。世界各国政府也在不断调整政策方向，大力支持工业互联网技术的发展和应用。

本章主要介绍工业互联网的起源、发展、定义和体系架构等相关知识，帮助读者初步了解工业互联网。

【学习目标】

- 了解工业互联网的起源和发展历程。
- 掌握工业互联网的概念和内涵。
- 熟悉工业互联网的体系架构，了解工业互联网的标准体系和技术体系。
- 通过对工业互联网的知识体系的学习，培养严谨和认真的学习态度。

【学习导图】

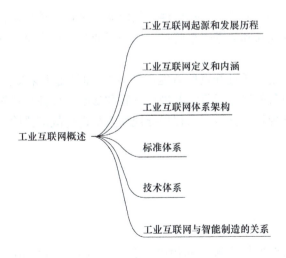

【情景描述】

某企业为一家以工程机械研发和服务为核心业务的大型企业，主营各种工程机械产品，其业务规模庞大，拥有众多分支机构和员工，管理体系复杂。随着业务的不断发展，该企业在企业管理和运营体系上面临很多挑战，如与上下游企业、合作伙伴之间的资源共享问题、各个产业园区的设备运维问题、产品的售后服务问题和企业信息安全防护问题等。

面对上述存在的一系列问题，构建一个高效、安全、卓越的管理运营服务体系已成为该企业数字化转型升级的重点工作。

该企业利用工业互联网技术赋能数字化转型升级，通过工业互联网的网络互联、数据互通等技术，连接产品的研发设计、生产制造、销售和服务等所有环节；通过工业大数据分析等技术，解决了产品研发设计中数据分析难度大、耗时长等问题；通过工业互联网平台等技术，实现了从"生产制造"向"智能制造"的转变；通过开发的工业 APP 及工业互联网平台的可视化技术，解决了售后服务中的设备产品管理难、故障预测难和操作监管难等问题。该企业通过应用工业互联网和新一代信息技术，不断创新应用模式和产业生态，助推传统产业的数字化转型升级。

1. 智能研发

该企业利用建立的数据中心硬件计算资源，为其产品的研发设计提供算力支撑。通过现代化的办公运营体系和完善的资源网络化协同体系，全面实现了研发人员在工作中的在线协同和数据互通，确保各项业务有序进行。

研发人员每天要处理 1TB 以上的实验和应用数据，借助工业互联网平台的大数据工坊实现对研发数据的快速导入、快速清洗和标签准确划分，结合专家的分析经验和机理模型，通过平台的 AI 能力转换成算子，并结合 AI 的各种分析方法，极大提高了数据的分析效率和准确率。

2. 智能制造

该企业应用工业互联网平台和物联网、云计算、大数据等新一代信息技术，实现了从"制造"向"智造"的转型。

生产方式的改变需要采集大量的生产要素和设备的数据。通过工业互联网平台，企业解决了现场大量设备的接入和数据采集问题，极大地降低了设备的接入和数据采集的成本和难度，提高了效率。

通过建立的数据中心保障了与合作伙伴、供应商、客户等单位协作和数据共享，实现了制造过程中的信息互联互通和数据安全管理，以确保业务流程安全可靠。

3. 智能服务

在售后服务方面，企业通过开发的智能服务 APP 和设备上采集点的数据信息，能够在工业互联网平台上对设备的整体运行情况进行查看和诊断，保证在最短时间内排查问题，有些情况下工程师不用到现场，就可以远程指导现场人员进行故障排除。

1.1 工业互联网起源和发展历程

1.1.1 工业互联网的起源

工业互联网这一概念的提出源于通用电气公司（General Electric Company，GE）。2012年11月，通用电气公司发布了 *Industrial Internet：Pushing the Boundaries of Minds and Machines*（工业互联网：打破智慧与机器的边界）白皮书，正式引入了"工业互联网"这一概念。

该白皮书中写到：工业互联网将融合两大革命性转变的优势。其一是工业革命，伴随着工业革命，出现了无数的机器、设备、机组和工作站；其二是网络革命，在其影响之下，计算、信息与通信系统应运而生并不断发展。伴随着这样的发展，智能机器、高级分析和工作人员三种元素逐渐融合，构成了工业互联网的三大元素，充分体现出工业互联网的精髓。

该白皮书中也详细地阐述了增效在工业生产中的巨大价值。例如，在商用航空领域，每节省1%的燃料意味着在未来15年中能节省300亿美元支出。同样，若全球燃气电厂的运作效率提升1%，将节省660亿美元的能耗支出。

2014年3月，通用电气公司联合AT&T、Cisco、IBM、Intel在美国波士顿成立工业互联网联盟（Industrial Internet Consortium，IIC），初步形成行业生态。这个联盟的成立是为了推进工业互联网技术的发展、应用和推广，特别是在技术、标准、产业化等方面制定前瞻性策略。通用电气公司的研究报告表明，未来工业互联网有望影响46%的全球经济，工业部门将成为工业互联网发展的基础。

1.1.2 工业互联网的发展历程

如今工业互联网已经成为全球各界讨论的热点话题。工业互联网这一概念被提出后，世界各国政府和产业界都给予积极响应，不断调整政策方向、优化产业结构，并大力支持新技术的应用和新产业发展。

1. 中国工业互联网

我国工业互联网的发展大致经历了从工业控制系统、传感网、物联网到工业互联网的演变过程。

我国工业自动化控制系统的应用，最早是在引进成套设备的基础上，对设备运行进行分析后再实现开发和技术应用。国家传感信息中心的成立是我国对传感技术，尤其是微型传感器发展表现出热切关注的重要标志。随后，我国又成立了传感器网络标准工作组，对传感器网络标准开启了正式研究。随着IBM"智慧地球"概念的提出，我国也提出了"感知中国"的概念，这标志着我国实现了从传感网络到物联网的关注点转换。首颗物联网核心芯片——"唐芯一号"的研制成功，让人们看到了物联网即将引领的未来。目前，物联网在我国的发展已经由技术研究阶段过渡到了实际应用阶段，建立了在广东的南方物联网信息中心、北京的中国物联网产业中心、无锡的物联网产业创新集群和全国首个四川物联网产业智慧县城等。

2015年，我国在政府工作报告中首次提出要实施"中国制造2025"战略。

该战略以促进制造业创新发展为主题，以提质增效为中心，以加快新一代信息技术与制造业深度融合为主线，以推进智能制造为主攻方向，以满足经济社会发展和国防建设对重大技术装备的需求为目标，强化工业基础能力，提高综合集成水平，完善多层次多类型人才培养体系，促进产业转型升级，培育有中国特色的制造文化，实现制造业由大变强的历史跨越。

2016年，中国工业互联网产业联盟正式成立。

2017年11月，国务院发布《关于深化"互联网+先进制造业"发展工业互联网的指导意见》，这是规范和指导我国工业互联网发展的纲领性文件。该文件确定了工业互联网"323行动"，即打造网络、平台、安全三大体系，推进大型企业集成创新和中小企业应用普及两类应用，构筑产业、生态、国际化三大支撑。

2018年5月,工业和信息化部发布《工业互联网发展行动计划(2018—2020年)》,该行动计划以供给侧结构性改革为主线,以全面支撑制造强国和网络强国建设为目标,从网络、标识解析、平台、安全等方面突破核心技术,促进行业应用,形成有力支撑先进制造业发展的工业互联网体系,细化了工业互联网起步阶段的发展目标和重点任务。

2020年2月,中共中央政治局会议强调,推动生物医药、医疗设备、5G网络、工业互联网等加快发展。

2021年3月11日,十三届全国人大四次会议通过的《中华人民共和国国民经济和社会发展第十四个五年规划和2035年远景目标纲要》中三次提及工业互联网,并要求积极稳妥发展工业互联网,推进"工业互联网+智能制造"产业生态建设。2021年,工业和信息化部围绕网络集成创新、平台集成创新、安全集成创新、园区集成创新4大类17个具体方向,启动了新一批的工业互联网试点示范项目遴选,并先后在全国范围内征集和遴选平台创新应用和工业APP优秀解决方案,加强典型经验总结和优秀案例推广,全面支撑制造业数字化转型和产业链现代化建设。各地结合产业特色积极布局差异化发展路径,截至2021年底,多个省(区、市)和部分地方政府先后将发展工业互联网写入本地"十四五"规划。

2022年3月5日,十三届全国人大五次会议的政府工作报告中提出要加快发展工业互联网。"工业互联网"连续5年写入政府工作报告。

全国人大、国务院和各部委相继出台相关政策支持加快中国工业互联网的发展,见表1-1-1。

表1-1-1 关于工业互联网相关政策

部门	政策时间	政策名称
国务院	2017年11月	《关于深化"互联网+先进制造业"发展工业互联网的指导意见》
工业和信息化部	2018年4月	《工业互联网APP培育工程实施方案(2018—2020年)》
工业和信息化部	2018年5月	《工业互联网发展行动计划(2018—2020年)》
工业和信息化部	2018年7月	《工业互联网平台建设及推广指南》《工业互联网平台评价方法》
工业和信息化部	2018年12月	《工业互联网网络建设及推广指南》
工业和信息化部	2019年7月	《加强工业互联网安全工作的指导意见》
工业和信息化部	2019年11月	《"5G+工业互联网"512工程推进方案》
工业和信息化部	2019年12月	《工业互联网企业网络安全分类分级指南(试行)(征求意见稿)》
工业和信息化部	2020年3月	《工业和信息化部办公厅关于推动工业互联网加快发展的通知》

2. 美国工业互联网

美国在航空航天、计算芯片制造等先进制造业领域一直领先全球,软件工业和互联网产业也处于领先地位。然而,美国现在却面临着工业萎缩的问题,即所谓的"产业的空心化",这实际上也是"人才的空心化"的问题。

很多美国大型企业按照"研发在国内,制造在国外"的思路布局全球化产业,虽然利润丰厚,但也带来了一个无法逃避的问题:各领域的人才衰落。在制造业领域,即使是生产一些低端产品,也需要组建专业团队,并安排人员进驻制造车间,从生产实践中掌握技术和经验。

社会整体的技术发展和服务业的繁荣都需要一个健全的工业生态作为坚实的基础。美国在产业结构上存在不平衡的状况，中低端产品依赖国外生产，从而导致了产业发展受到掣肘。因此，美国希望重新获得对工业领域全盘的掌控力。

2012年，美国政府颁布了"先进制造业国家战略计划"，2014年颁布了"制造业创新中心网络发展计划"。美国工业互联网关注设备的互联、数据的分析以及基于数据的业务洞察和模式创新，其发展路径为：以信息物理系统（Cyber Physical System，CPS）和物联网技术为核心，发挥互联网等信息技术优势，加强协同制造，以数据驱动制造业数字化转型，提升体系性服务能力，破解制造业空心化困境。

3. 德国工业互联网

德国的"工业4.0"战略可以看作是德国版的工业互联网。2011年4月，在汉诺威工业博览会上，"工业4.0"这一概念第一次出现，2013年4月，德国正式推出了"工业4.0"战略，并组建了一个由政府、企业、大学以及研究机构共同参与的项目团队，举国上下共同推动"工业4.0"战略的相关工作，明确了工业制造智能化与数字化的发展道路。

项目团队中的合作企业包括西门子股份公司、罗伯特·博世有限公司、大众汽车、梅赛德斯-奔驰集团股份公司、汉莎航空股份公司等，而研究机构就是著名的弗劳恩霍夫研究所。弗劳恩霍夫研究所作为主导研究机构，参与了德国"工业4.0"战略（2013年）的起草工作，并落实到下属的多项生产领域的研究中。

德国的优势在于强大的工业技术实力。"工业4.0"战略是以生产车间为核心的信息化革命，主要关注的是复杂生产场景中的工业自动化、软/硬件的融合和内部信息系统的智能化。它更关注工厂内部的制造环节，旨在通过"智能工厂"实现网络协同的"智能生产"，制造"智能产品"，侧重工厂智能化和生产流程的智能化，推动虚拟世界和物理世界深度融合。

1.2 工业互联网定义和内涵

1.2.1 工业互联网的定义

通用电气公司在2012年提出工业互联网概念的时候认为，工业互联网是将人、数据和机器连接起来的，可以实现"数据流"的定向流动，数据流将到达云端，借助云计算、大数据等信息技术升级产品，产生价值。因此，工业互联网不仅仅是一个"网"，它更是一个生态，连接和整合了工业生产过程中的所有要素。

目前，工业互联网还没有一个被广泛接受的统一的定义。一般认为，工业互联网（Industrial Internet）是新一代信息通信技术与工业经济深度融合的新型基础设施、应用模式和工业生态，通过对人、机、物、系统等的全面连接，构建起覆盖全产业链、全价值链的全新制造和服务体系，为工业乃至产业的数字化、网络化、智能化发展提供实现途径，是第四次工业革命的重要基石。

工业互联网不是互联网在工业中的简单应用，它具有更为丰富的内涵和外延。它以网络为基础、平台为中枢、数据为要素、安全为保障，既是工业数字化、网络化、智能化转型的基础设施，也是互联网、大数据、人工智能与实体经济深度融合的应用模式，同时也是一种新业态、新产业，将重塑企业形态、供应链和产业链。

当前，工业互联网的融合应用正在向国民经济的重点行业广泛拓展，形成了平台化设计、智能化制造、网络化协同、个性化定制、服务化延伸、数字化管理六大新模式，赋能、赋智、赋值作用不断显现，有力地促进了实体经济提质、增效、降本、绿色、安全发展。

1.2.2 工业互联网的内涵

工业互联网是关键基础设施，其本质和核心在于连接各种设备、产品、生产线、工厂、供应商和客户等。它可以帮助制造业延长产业链，形成跨设备、跨系统、跨工厂和跨区域的互联，以提高效率并促进整个生产的智能化服务体系。这不仅有利于促进制造业的发展，还能实现制造业与服务业的跨越式发展，实现产业经济资源的各种要素的高效共享。

通过人、机、物的全面互联，工业互联网可以实现全要素、全产业链、全价值链的全面连接，对各类数据进行采集、传输、分析并形成智能反馈，推动形成全新的生产制造和服务体系，优化资源要素配置效率。

工业互联网是新兴业态与应用模式，由新一代信息通信技术与先进制造业深度融合所形成，在全球范围内不断颠覆传统制造模式、生产组织方式和产业形态，推动传统产业加快转型升级、新兴产业加速发展壮大。

工业互联网是全新工业生态，是互联网从消费领域向生产领域、从虚拟经济向实体经济拓展的核心载体，带动共享经济、平台经济、大数据分析等以更快速度在更大范围进行更深层次拓展，加速实体经济数字化转型进程。

工业互联网与制造业的融合将带来四方面的智能化提升。一是智能化生产，即实现从单个机器到产线、车间乃至整个工厂的智能决策和动态优化，显著提升全流程生产率、提高质量、降低成本。二是网络化协同，即形成众包众创、协同设计、协同制造、垂直电商等一系列新模式，大幅降低新产品开发和制造成本，缩短产品上市周期。三是个性化定制，即基于互联网获取用户个性化需求，通过灵活柔性组织设计、制造资源和生产流程，实现低成本大规模定制。四是服务化转型，即通过对产品运行的实时监测，提供远程维护、故障预测、性能优化等一系列服务，并反馈优化产品设计，实现企业服务化转型。

工业互联网驱动的制造业变革将是一个长期过程，构建新的工业生产模式、资源组织方式也并非一蹴而就，将由局部到整体、由浅入深，最终实现信息通信技术在工业全要素、全领域、全产业链、全价值链的深度融合与集成应用。

1.3 工业互联网体系架构

1.3.1 中国工业互联网参考架构

为推进工业互联网发展，中国工业互联网产业联盟于 2016 年 8 月发布了《工业互联网体系架构（版本 1.0）》（简称体系架构 1.0）。体系架构 1.0 提出工业互联网网络、数据、安全三大体系。基于这三大体系，工业互联网重点构建三大优化闭环，即面向机器设备运行优化的闭环，面向生产运营决策优化的闭环，以及面向企业协同、用户交互与产品服务优化的全产业链、全价值链的闭环，并进一步形成智能化生产、网络化协同、个性化定制、服务化延伸四大应用模式，如图 1-3-1 所示。

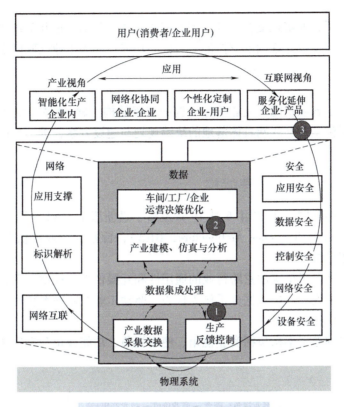

图 1-3-1　工业互联网体系架构 1.0

工业互联网体系架构 2.0 是在 1.0 版本基础上的完善和升级，包括业务视图、功能架构、实施框架三大板块。该架构的设计思路是以商业目标和业务需求为牵引，进而明确系统功能定义与实施部署方式，自上向下层层细化和深入，如图 1-3-2 所示。

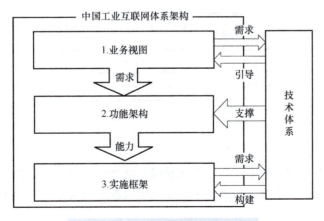

图 1-3-2　工业互联网体系架构 2.0

1. 业务视图

业务视图明确了企业应用工业互联网实现数字化转型的目标、方向、业务场景及相应的数字化能力。业务视图主要用于指导企业在商业层面明确工业互联网的定位和作用,提出的业务需求和数字化能力需求对于功能架构设计是重要指引。

2. 功能架构

功能架构明确了企业实现支撑业务所需的核心功能、基本原理和关键要素。功能架构主要用于指导企业构建工业互联网的支撑能力与核心功能,并为工业互联网实施框架的制定提供参考。

3. 实施框架

实施框架描述了各项功能在企业落地实施的层级结构、软/硬件系统和部署方式。实施框架主要为企业提供工业互联网具体落地的统筹规划与建设方案,进一步可用于指导技术选型与系统搭建。

1.3.2 美国工业互联网参考架构

美国工业互联网联盟于 2019 年 6 月 19 日发布了最新版本为 v1.9 版的工业互联网参考架构(Industrial Internet Reference Architecture,IIRA),旨在为企业提供开发和部署工业互联网解决方案的指导框架。

美国工业互联网参考架构注重跨行业的通用性和互操作性,提供一套方法论和模型,以业务价值推动系统的设计,把数据分析作为核心,驱动工业互联网系统从设备到业务信息系统的端到端的全面优化。

美国工业互联网参考架构包括商业视角、使用视角、功能视角和实现视角四个层级,如图 1-3-3 所示。

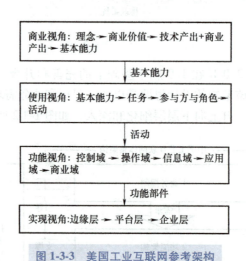

图 1-3-3 美国工业互联网参考架构

1. 商业视角

从商业视角来看,在企业中建立工业互联网系统之后,利益相关者的企业愿景、价值观和企业目标被更多聚焦。它进一步明确了工业互联网系统如何通过映射基本的系统功能去达到既定目标。

2. 使用视角

使用视角指出系统预期使用的一些问题。它主要涉及的目标包含最终实现系统功能的人或用户。这些问题通常牵涉系统工程师、产品经理和其他利益相关者,包括参与到工业互联网系统规范制定和代表最终使用用户的人。

3. 功能视角

功能视角聚焦工业互联网系统里的功能元件，包括它们的相互关系、结构、相互之间接口与交互，以及与外部环境的相互作用，来支撑整个系统的使用活动。该视角确定了商业、运营、信息、应用和控制五大功能领域，对系统组件建筑师、开发商和集成商有强大的吸引力。

4. 实现视角

实现视角主要关注功能部件之间通信方案与生命周期所需要的技术问题。这些功能部件通过活动来实现协调并支持系统能力。此视角所关注的问题与系统组件工程师、开发商、集成商和系统运营商有密切联系。

1.3.3 德国"工业4.0"参考架构

2015年4月，德国电工电子与信息技术标准化委员会发布了"工业4.0参考架构"（Reference Architecture Model Industry 4.0，RAMI 4.0），并对"工业4.0"进行了多角度描述。

"工业4.0"参考架构模型深度聚焦于制造过程和价值链的生命周期，为其建立了一个比较完整的三维模型。这个模型对在制造环境中不同环节或单元的功能进行分析、它们之间互操作性的需求识别，以及对相应标准的制定和采用都十分有价值。

"工业4.0"参考架构模型以一个三维模型展示了"工业4.0"涉及的所有关键要素，如图1-3-4所示。"工业4.0"参考架构模型的第一个维度（垂直轴）是信息物理系统的核心功能，借用了信息和通信技术常用的分层概念。各层实现相对独立的功能，同时下层为上层提供接口，上层使用下层的服务。从下到上各层代表的主要功能为：

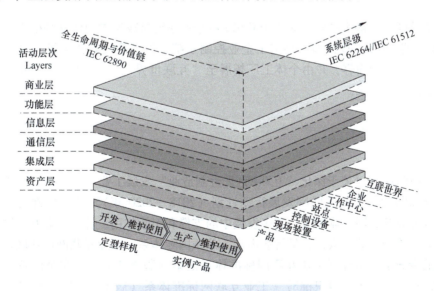

图1-3-4 德国"工业4.0"参考架构

资产层是机器、设备、零部件及人等生产环节的各个单元；集成层是传感器和控制实体等；通信层是专业的网络架构等；信息层是对数据的处理与分析过程；功能层是企业运营管理的集成化平台；商业层是各类商业模式、业务流程、任务下发等，体现了制造企业的各类业务活动，如图1-3-5所示。

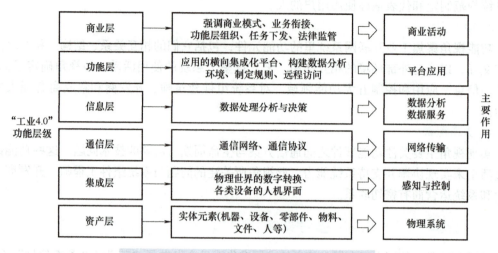

图 1-3-5 "工业 4.0" 模型功能层级划分及作用

第二个维度（左侧水平轴）描述的是全生命周期及其相关价值链。这一维度从产品全生命周期视角出发，描述了以零部件、机器和工厂为典型代表的工业要素从虚拟原型到实物的全过程。具体体现在三个方面：一是基于 IEC 62890 标准，将其划分为模拟原型和实物制造两个阶段；二是突出零部件、机器和工厂等各类工业生产部分都要有虚拟和现实两个过程，体现了全要素"数字孪生"特征；三是在价值链构建过程中，工业生产要素之间依托数字系统紧密联系，实现工业生产环节的末端链接。以机器设备为例，虚拟阶段就是建立一个数字模型，包含了建模与仿真。在实物阶段主要就是实现最终的末端制造。

第三个维度（右侧水平轴）是在 IEC 62264 企业系统层级架构的标准基础之上（该标准是基于普度大学的 ISA-95 模型，界定了企业控制系统、管理系统等各层级的集成化标准），补充了产品或工件的内容，并由个体工厂拓展至"互联世界"，从而体现工业 4.0 针对产品服务和企业协同的要求。

1.4 标准体系

根据国务院印发《关于深化"互联网+先进制造业"发展工业互联网的指导意见》和工业和信息化部印发《工业互联网发展行动计划（2018—2020 年)》的工作部署，充分发挥标准在推进工业互联网产业健康、有序发展中的支撑和引领作用，针对工业互联网标准跨行业、跨专业、跨领域的特点，立足行业需求，兼顾国际体系，工业互联网产业联盟在工业和信息化部的指导下，结合《工业互联网标准体系框架（版本 1.0)》，在全面总结工业互联网标准化需求的基础上，组织撰写《工业互联网标准体系（版本 2.0)》，修订了工业互联网标准体系框架及重点标准化方向，形成了统一、综合、开放的工业互联网标准体系。

工业互联网标准体系框架包括基础共性、总体、应用三大类标准，如图 1-4-1 所示。

1. 基础共性标准

基础共性标准主要规范工业互联网的通用性、指导性标准，包括术语定义、通用需求、架构、测试与评估、管理等标准。

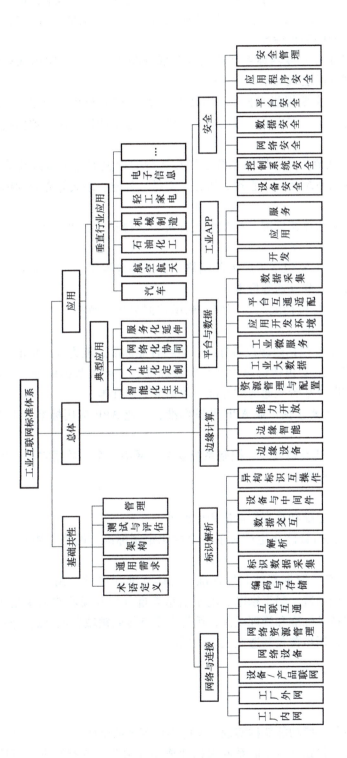

图 1-4-1 工业互联网标准体系

（1）术语定义标准　主要规范工业互联网相关概念，为其他各部分标准的制定提供支撑，包括工业互联网场景、技术、业务等主要概念的定义、分类、相近概念之间关系等。

（2）通用需求标准　主要规范工业互联网的通用能力需求，包括业务、功能、性能、安全、可靠性和管理等方面的需求标准。

（3）架构标准　包括工业互联网体系架构以及各部分参考架构，以明确和界定工业互联网的对象、边界、各部分的层级关系和内在联系。

（4）测试与评估标准　主要规范工业互联网技术、设备/产品和系统的测试要求，以及工业互联网应用领域、应用企业和应用项目的成熟度要求，包括测试方法、评估指标、评估方法等。

（5）管理标准　主要规范工业互联网系统建设和运行的相关责任主体以及关键要素的管理要求，包括工业互联网系统运行、管理、服务、交易、分配、绩效等方面的标准。

2. 总体标准

总体标准主要包括网络与连接标准、标识解析标准、边缘计算标准、平台与数据标准、工业 APP 标准和安全标准。

（1）网络与连接标准　主要包括工厂内部网络、工厂外部网络、工业设备/产品联网、网络设备、网络资源管理、互联互通等标准。

（2）标识解析标准　主要包括编码与存储、标识数据采集、解析、数据交互、设备与中间件、异构标识互操作等标准。

（3）边缘计算标准　主要包括边缘设备标准、边缘智能标准、能力开放标准三个部分。

（4）平台与数据标准　主要包括资源管理与配置标准、工业大数据标准、工业微服务标准、应用开发环境标准以及平台互通适配标准、数据采集标准等。

（5）工业 APP 标准　主要包括工业 APP 开发标准、工业 APP 应用标准、工业 APP 服务标准。

（6）安全标准　主要包括设备安全、控制系统安全、网络安全、数据安全、平台安全、应用程序安全、安全管理等标准。

3. 应用标准

应用标准包括典型应用标准和垂直行业应用标准等。

（1）典型应用标准　包括智能化生产标准、个性化定制标准、网络化协同标准、服务化延伸标准。

（2）垂直行业应用标准　依据基础共性标准、总体标准和典型应用标准，面向汽车、航空航天、石油化工、机械制造、轻工家电、电子信息等重点行业领域的工业互联网应用，开发行业应用导则、特定技术标准和管理规范，优先在重点行业领域实现突破，同时兼顾传统制造业转型的升级需求，逐步覆盖制造业全应用领域。

1.5　技术体系

工业互联网技术体系是支撑功能架构实现、实施架构落地的整体技术结构，它超出了单一学科和工程的范围，需要将独立技术联系起来构建成相互关联、各有侧重的新技术体系，并在此基础上考虑功能实现或系统建设所需重点技术集合。同时，将人工智能、5G 为代表的新技术加速融入工业互联网，不断拓展工业互联网的能力内涵和作用边界。

工业互联网的技术体系由制造技术、信息技术以及两大技术交织形成的融合性技术组成，如图1-5-1所示。制造技术和信息技术的突破是工业互联网发展的基础，例如，增材制造、现代金属、复合材料等新材料和加工技术不断拓展制造能力边界，云计算、大数据、物联网、人工智能等信息技术快速提升人类获取、处理、分析数据的能力。制造技术和信息技术的融合强化了工业互联网的赋能作用，催生工业软件、工业大数据、工业人工智能等融合性技术，使机器、工艺和系统的实时建模和仿真，产品和工艺技术隐性知识的挖掘和提炼等创新应用成为可能。

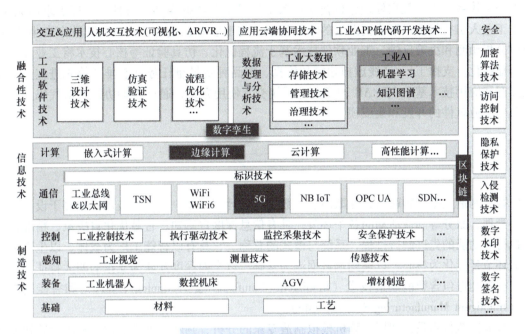

图 1-5-1　工业互联网技术体系

1. 制造技术

制造技术支撑构建了工业互联网的物理系统，它基于机械、电机、化工等工程学中提炼出的材料、工艺等基础技术，叠加工业视觉、测量传感等感知技术，以及执行驱动、自动控制、监控采集等控制技术，面向运输、加工、检测、装配、物流等需求，构成了工业机器人、数控机床、3D打印机、反应容器等装备技术，进而组成产线、车间、工厂等制造系统。从工业互联网视角看，制造技术发挥了两个关键作用：一是构建了专业领域技术和知识基础，指明了数据分析和知识积累的方向，成为设计网络、平台、安全等工业互联网功能的出发点。二是构建了工业数字化应用优化闭环的起点和终点，工业数据源头绝大部分都产生于制造物理系统，数据分析结果的最终执行也均作用于制造物理系统，使其贯穿设备、边缘、企业、产业等各层工业互联网系统的实施落地。

2. 信息技术

信息技术勾勒了工业互联网的数字空间，新一代信息通信技术一部分直接作用于工业领域，构成了工业互联网的通信、计算、安全基础设施，另一部分基于工业需求进行二次开发，成为融合性技术发展的基石。

在通信技术方面，5G、WiFi为代表的网络技术提供更可靠、快捷、灵活的数据传输能力，标识解析技术为对应工业设备或算法工艺提供标识地址，保障工业数据的互联互通和精准可靠。

在计算技术方面，边缘计算、云计算等计算技术为不同工业场景提供分布式、低成本数据计算能力。

在安全技术方面，数据安全和权限管理等安全技术保障数据的安全、可靠、可信。

3. 融合性技术

融合性技术驱动了工业互联网物理系统与数字空间全面互联与深度协同。制造技术和信息技术都需要根据工业互联网中的新场景、新需求进行不同程度的调整，才能构建出完整可用的技术体系。工业数据处理分析技术在满足海量工业数据存储、管理、治理需求的同时，基于工业人工智能技术形成更深度的数据洞察，与工业知识整合，共同构建数字孪生体系，支撑分析预测和决策反馈。工业软件技术基于流程优化、仿真验证等核心技术将工业知识进一步显性化，支撑工厂/产线虚拟建模与仿真、多品种变批量任务动态排产等先进应用。工业交互和应用技术基于 VR/AR 改变制造系统交互使用方式，通过云端协同和低代码开发技术改变工业软件的开发和集成模式。

1.6 工业互联网与智能制造的关系

智能制造是基于物联网、互联网、大数据、云计算等新一代信息技术，贯穿于设计、生产、管理、服务等制造活动的各个环节，具有信息深度自感知、智慧优化自决策、精准控制自执行等功能的先进制造过程、系统与模式的总称。它具有以智能工厂为载体、以生产关键制造环节智能化为核心、以端到端数据流为基础、以全面深度互联为支撑的四大特征。

智能制造包含智能制造技术（Intelligent Manufacturing Technology，IMT）和智能制造系统（Intelligent Manufacturing System，IMS）。

智能制造技术是指利用计算机模拟制造专家的分析、判断、推理、构思和决策等智能活动，并将这些智能活动与智能机器有机地融合起来，将其贯穿应用于整个制造企业的各个子系统（如经营决策、采购、产品设计、生产计划、制造、装配、质量保证和市场销售等），以实现整个制造企业经营运作的高度柔性化和集成化，从而取代或延伸制造环境中专家的部分脑力劳动，并对制造业专家的智能信息进行收集、存储、完善、共享、继承和发展的一种极大地提高生产率的先进制造技术。

智能制造系统是指基于智能制造技术，利用计算机综合应用人工智能技术（如人工神经网络、遗传算法等）、智能制造机器、代理技术、材料技术、现代管理技术、制造技术、信息技术、自动化技术、并行工程、生命科学和系统工程理论与方法，在国际标准化和互换性的基础上，使整个企业制造系统中的各个子系统分别智能化，并使制造系统形成由网络集成的、高度自动化的一种制造系统。

智能制造与工业互联网有着紧密的联系。智能制造的实现主要依托于两方面基础能力，一是工业制造技术，包括先进装备、先进材料和先进工艺等，是决定制造边界与制造能力的根本。二是工业互联网，包括智能传感控制软硬件、新型工业网络、工业大数据平台等综合信息技术要素，是充分发挥工业装备、工艺和材料潜能、提高生产率、优化资源配置效率、创造差异化产品和实现服务增值的关键。

工业互联网是智能制造的关键基础，为其变革提供了必须的共性基础设施和能力，同时也可以用于支撑其他产业的智能化发展。

【本章小结】

本章主要通过工业互联网的起源和发展历程、工业互联网的定义和内涵、工业互联网的体系架构、标准体系、技术体系和工业互联网与智能制造的关系六个方面介绍了工业互联网的相关知识,帮助读者从总体上初步了解工业互联网,为学习后续章节的内容打好基础。

【本章习题】

一、判断题

1. 工业互联网这一概念的提出源于通用电气公司。（   ）
2. 2014年3月,通用电气公司联合AT&T、Cisco、IBM、Intel在美国波士顿成立工业互联网联盟,初步形成行业生态。（   ）
3. 美国工业互联网参考架构包括业务视角、功能视角和实施视角三个层级。（   ）

二、选择题

1. 中国工业互联网体系架构2.0包括（   ）三大板块。
   A. 业务视图　　　　B. 功能架构　　　　C. 实施框架　　　　D. 商业视角
2. 工业互联网标准体系框架包括（   ）三大类标准。
   A. 基础共性　　　　B. 总体　　　　　　C. 应用　　　　　　D. 管理
3. 工业互联网以（   ）为基础、（   ）为中枢、（   ）为要素、（   ）为保障。
   A. 安全　　　　　　B. 网络　　　　　　C. 数据　　　　　　D. 平台
4. 工业互联网的技术体系由（   ）和（   ）以及两大技术交织形成的融合性技术组成。
   A. 传感技术　　　　B. 安全技术　　　　C. 制造技术　　　　D. 信息技术

三、简答题

1. 查找相关资料,并简要说明工业互联网的发展历程。
2. 查找相关资料,并说明与工业互联网相关的技术。
3. 简述工业互联网技术与智能制造的关系。

第二章
工业互联网网络互联

【本章导读】

某制造工厂在全国各省都设有分厂。那么，在数量众多的分厂中，通过什么方式才能实现总部和分部的数据通信呢？随着网络的发展，网络设备间互联的需求越来越强烈。各制造工厂通过工厂外网、工厂内网进行网络互联，通过通信技术进行数据传输。在生产过程中，设备运转会产生海量数据，这些数据通过工业边缘计算技术进行智能采集和分析，从而实现对工厂的设备管理、生产管理和智能决策。本章针对工业互联网网络互联，介绍相关基础理论以及工业边缘计算技术。

【学习目标】

- 了解工业互联网网络的内部、外部网络组建。
- 掌握工业设备互联感知技术。
- 掌握网络互联通信技术。
- 了解网络互联工业边缘计算。
- 形成严谨、认真的工作态度。
- 培养高尚的职业道德和追求精益求精的职业素养。

【学习导图】

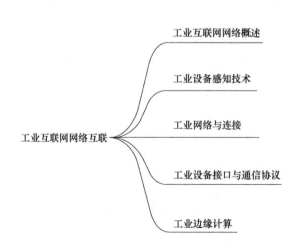

【情景描述】

某汽车公司是全球知名的SUV、皮卡、轿车制造商,也是汽车行业的领先品牌,在该汽车公司取得瞩目成绩的背后,公司内部的信息化管理起到了非常重要的支撑作用,其中IT战略是该汽车公司整体发展战略的重要组成部分。该公司秉承主动、务实、专业、创新的团队文化,通过实施统一化、集中化、平台化的管理,为该汽车公司快速发展提供了坚实的系统保障。

作为一家先进汽车制造商,生产制造设备的运转效率直接影响企业成本和利润。目前,该公司以传统设备运维模式即被动运维和周期性运维为主,依靠既定周期的维保和基于故障经验的预防措施来保证设备的正常运行。这一过程存在维护周期设置不合理、网络通信不畅通、资源调配不精准、知识经验分散难以有效利用等问题。在工厂设备网络互联中,公司存在以下业务痛点。

1. 网络连接不通畅,信息系统数据不连通

目前虽已部署若干软件系统,但生产设备、生产资料和信息化系统之间无法建立有效连接,导致信息数据碎片化严重。缺少统一的大数据集成和存储平台,数据的信息化管理水平低,存在数据孤岛。

2. 存量控制系统协议存在很多安全漏洞

在网络系统中,可能涉及路由器、交换机等设备之间的通信协议,用于数据转发和网络管理。这些协议往往非常复杂,包含众多的参数、命令和交互逻辑。一个控制系统可能需要多个不同的协议协同工作,它们相互关联、相互影响。任何一个协议中的安全漏洞都可能影响整个系统的安全性。例如,一个工业自动化系统可能同时使用了Modbus协议(用于工业设备通信)和TCP/IP协议(用于网络连接),如果Modbus协议存在安全漏洞,攻击者可能通过这个漏洞利用TCP/IP网络连接进入整个系统,进而影响工业生产的正常运行。

3. 设备数据分析能力不足

现有系统信息查询维度单一,不能支持以设备为对象的信息关联(一机一档)。报表分析维度和形式单一,不能采用多形态图表,不支持多维数据分析。数据处理算法简单,无法根据设备运行的实时和历史数据进行在线或远程分析判断,从而迅速反馈指导业务。

4. 业务之间存在断层

数据与业务关联性低,如备件库存信息与保养、维修业务损耗数据未关联,设备保养维修策略库与实时任务未关联,未能有效支持业务展开。同时,业务与数据未能形成有效闭环,不能很好地满足工厂精益生产、高效管理的需求。

因此,如何有效利用工业互联网技术助力汽车公司实现设备网络连接通畅、协议传输迅速、快速处理设备数据采集、提升设备稳定性,是亟需解决的问题。

某工业互联网科技公司针对以上问题,给出了解决方案。厂内外部网络互联,所涉及技术包括工业设备互联感知技术、网络互联通信技术、网络互联通信协议、工业边缘计算数据采集等。通过以上技术将工厂设备互联互通,实时采集数据,并通过边缘计算进行通信数据的智能分析,实现工厂的设备管理、生产管理和智能决策。本章内容也将围绕此方案涉及相关技术进行介绍。

2.1 工业互联网网络概述

在工业设备互联及互联网体系架构中，接入网络是基础。网络为人、机、物全面互联提供了基础设施，促进各种工业数据的相互流通和无缝集成。工业互联网网络连接涉及工厂内外的多要素、多主体间的不同技术领域，影响范围大，可选技术多。在工业领域内已广泛存在各种网络连接技术，这些技术针对工业领域的特定场景进行设计，并在特定场景下发挥了巨大作用和性能优势，但在数据操作和无缝集成方面，往往不能满足工业互联网日益发展的需求。工业互联网网络连接的总体目标是促进系统间的互联互通，从孤立的系统/网络中解锁数据，使数据能为行业内及跨行业的应用发挥更大价值。图 2-1-1 所示为工业互联网网络架构。

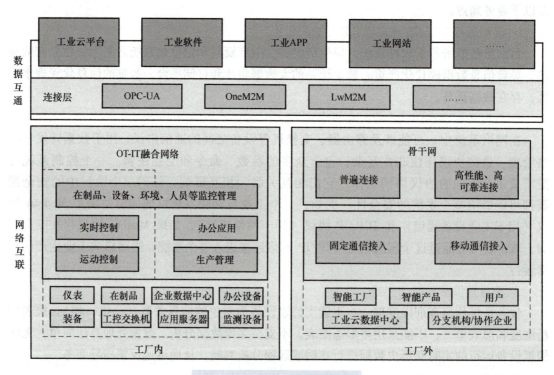

图 2-1-1 工业互联网网络架构

2.1.1 工业互联网网络内涵和定义

工业互联网网络是构建工业环境下人、机、物全面互联的关键基础设施。通过工业互联网网络可以实现工业研发、设计、生产、销售、管理、服务等全产业链要素的泛在互联，促进各类工业数据的开放流动和深度融合，推动各类工业资源的优化集成和高效配置，加速制造业数字化、网络化、智能化发展，支撑工业互联网下的各种新兴业态和应用模式，有力推动工业转型升级和提质增效。

目前，工业互联网有两大内涵。首先，工业互联网基于现有互联网，以满足工业环境对安全性、实时性、可靠性等要求，包括工厂内网、工厂外网和标识解析。其次，工业互联网也是一种新的业态和新模式,类似互联网和移动互联网,围绕工业生产经营活动,会产生很多应用创新,包括智能化生产、网络化协同等。

工业互联网的功能视角包括三大体系,即网络体系、数据体系和安全体系。网络体系是基础,其主要作用是把各个工业要素和工业环节连接起来,以支持数据的流动,具体包括网络互联、标识解析、信息交互。数据体系是核心,通过数据的流动、共享和汇聚,支撑形成各种智能化应用。数据体系包括三大闭环,即生产控制闭环、企业运行决策优化闭环和整个产业链价值链闭环。其中,生产控制闭环因为要满足生产环节实时反馈控制要求,需要满足超低时延、超高可靠性等要求。安全体系是保障,需要和工业互联网发展同步规划和部署。这三大体系构成了工业互联网的关键技术设施,把三大体系建设好,可以更好地支撑各种创新应用的发展。

2.1.2 工业互联网网络分类

工业互联网是新一代信息通信技术与先进制造业深度融合所形成的新兴业态与应用模式。根据业务需求和数据流向,可将工业互联网网络进一步划分为工厂内网和工厂外网,如图 2-1-2 所示。

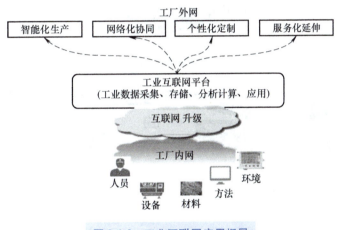

图 2-1-2 工业互联网应用场景

1. 工厂内网

工厂内网是指在工厂或园区内部,满足工厂内部生产、办公、管理、安防等连接需求,用于生产要素互联以及企业 IT 管理系统之间连接的网络。现阶段,工厂内网呈现"两层三级"的结构,"两层"是指"IT 网络"和"OT 网络"两层技术异构的网络;"三级"是指根据目前工厂管理层级的划分,网络也被分为"现场级""车间级""工厂级/企业级"三个层次,每层之间的网络配置和管理策略相互独立。

为适应智能化发展需求,工厂内部网络呈现扁平化、IP 化、灵活化的发展趋势。例如,工业现场用于连接仪表、机床等设备的生产控制网络,用于连接企业数据库、ERP、MES 等办公业务系统的企业信息网络,以及用于能源、安防等监控的物联网都属于工厂内网范畴。工厂内网的使用主体是工业企业,存在企业自建、运营商代建、以租代建等多种形式。随着工业互联网业务不断发展,工厂内网呈现出融合、开放、灵活的发展趋势。在工业生产应用中,使用较多的工厂内网主要包含生产网络、办公网络、安防网络等类型。

(1) 生产网络　生产网络可支持控制类业务、采集类业务、连接类业务等多种业务类型。控制类业务包括远程控制和现场产线控制两种应用场景。远程控制对于网络时延、网络带宽存在一定的要求，例如，视频远程控制类业务要求网络时延一般不大于 20ms，同时应能根据远程控制视频的清晰度要求，提供相应的网络带宽保障。现场产线控制主要包括对产线可编程逻辑控制器（Programmable Logic Controller，PLC）、产线输入/输出、设备运动控制，其网络流量一般具备周期性特征，根据不同的控制对象，其网络时延和丢包等关键指标参数存在差异化的需求。

(2) 办公网络　办公网络是工厂内网中面向人与人、人与机器之间连接层级的网络，其典型的架构如图 2-1-3 所示，主要涵盖了企业员工宽带办公和上网业务、固定电话业务、远程视频/语音会议业务以及与工厂内网中其他管理和信息系统互联互通的主要业务。

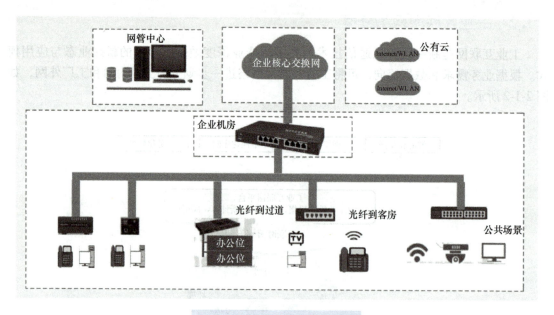

图 2-1-3　办公网络的典型架构

1）宽带办公和上网业务。宽带办公和上网业务主要用于企业员工访问企业内部管理和信息系统以及公众互联网，其主要业务需求为稳定、低成本、统一接口的带宽接入。

2）固定电话业务。固定电话业务在企业客户中仍然扮演着非常重要的作用，在工业互联网的场景中，其主要实现方式有基于传统电话交换机的固定电话和传真业务，以及基于 VoIP（语音通话技术）、软交换技术，采用 PON（无源光网络）等光纤技术承载的光纤电话形式的固定电话。

3）远程视频/语音会议业务。宽带网络连接同样可以用于承载基于互联网的视频/语音会议业务，通过计算机或者专用的视频/语音设备，可以实现工厂内高清/高保真的多方远程会议系统。

4）内网系统互联互通业务（如与 MES 系统、安防监控系统等互联互通）。在企业工厂内网中，位于办公网络的操作维护人员，存在与企业生产管理系统和企业/园区安防监控系统的互联互通需求。通过有线/无线的连接方式，接入企业生产管理系统中，实现生产数据的处理以及生产任务的配置和下发；同时，通过有线/无线的连接方式，按需及时接入企业/园区安防监控系统，进行紧急事件的处理和监控历史记录的调用和分析等工作。

（3）安防网络　工业企业的安防网络主要包括企业范围内的视频监控、道闸门禁和其他基于物联网的传感系统。企业工厂内网的安防网络的典型架构如图 2-1-4 所示。

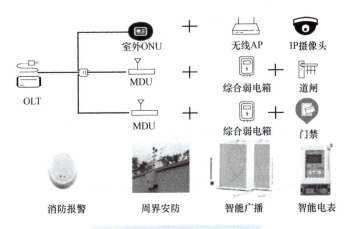

图 2-1-4　安防网络的典型架构

1）视频监控系统。视频监控系统主要实现企业生产车间、办公区域、设备机房、工厂外围等范围的安防监控，其主要业务需求为稳定、低成本的上行带宽接入。按照接入方式，可以分为基于以太网、PON 等方式的有线接入和基于 WiFi、5G 的无线接入两种类型。对于视频监控摄像头，如果采用以太网方式的有线接入，一般还需要配备以太网供电（PoE）能力，实现一根铜缆同时承载数据和实现供电的能力。

2）门禁系统。门禁系统主要包括企业外围大门、内部厂房、办公楼等的门禁，其主要业务需求为稳定的有线连接。一般门禁系统通过以太网等有线方式实现接入。

3）物联网传感系统。物联网传感系统主要包括企业周界安防、智能电表等数据定期采集业务，其主要业务流量特征一般为周期性的低带宽业务流，常规连接方式为低功耗的无线/有线连接，例如，基于 NB-IoT、WiFi 等方式的无线接入和基于常规以太网、单对双绞线以太网的有线接入方式。

（4）企业内数据中心　企业内数据中心主要承载企业生产和日常办公所产生的各类与生产相关的数据，以及企业正常运行所必须的各类管理和信息系统。如图 2-1-5 所示，企业内数据中心与工厂内网的其他要素之间紧密相连，如制造执行系统（MES）、供应链管理系统（SCM）、产品数据管理系统（PDM）、企业资源计划系统（ERP）、客户关系管理系统（CRM）等。同时，企业内数据中心也可作为企业日常产生的各类其他数据的存储和处理中心，如企业内部视频监控、人员出入门禁数据等。

企业内数据中心的实现形式包括为独立的业务系统配备独立的通用服务器资源；基于虚拟机、容器等方式，提供虚拟化环境，以承载多个独立业务系统；在网络设备侧集成边缘计算资源板卡，用于运行各类独立业务系统。

企业内数据中心作为工厂内网各类数据和服务的承载中心，承担了企业内部边缘数据的汇聚、存储和处理的主要工作，是工厂内网信息化、智能化的核心节点，也是上连工厂外网，实现跨域数据互通的关键节点。

面向工厂内网，企业内数据中心汇聚工厂内各类有线网络（工业 PON、以太网等）及无线网络（5G、WiFi 等）承载的生产、办公、安防等子网的数据，并进行数据的处理和存储。

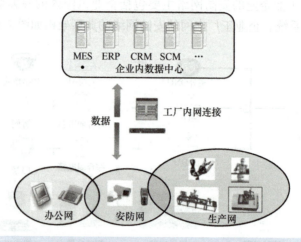

图 2-1-5　企业内数据中心与工厂内网其他要素之间的关系

面向外部连接，企业内数据中心通过各类专线（按照企业规模，可包含 PON 专线、OTN 专线、企业入云专线等），以及 SD-WAN 等新兴外网技术，实现与云数据中心的互联互通，进行工业数据的传输和异地备份等业务。企业内数据中心组网架构以及和工业云的互联如图 2-1-6 所示。

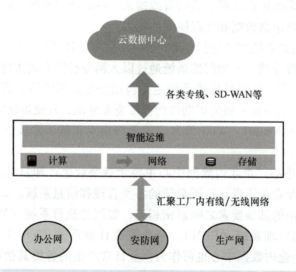

图 2-1-6　企业内数据中心组网架构以及和工业云的互联

从以上场景和需求来看，工厂内网中设备连接类型越来越多，设备连接量越来越大，逐步呈现出全连接的趋势。因此，网络部署上朝着融合方案发展，最典型的是有线/无线融合的方案，如工业 PON/工业以太网+5G+工业 WiFi。随着越来越多的工业设备连接，工厂需要具有对设备、对网络和对业务的整体管控方案，随着管控系统的不断成熟和发展，将朝着全连接和自服务能力不断发展，以满足工厂灵活调配网络适应业务的需求，以及智能化故障预测诊断及远程运维的需求。

2. 工厂外网

工厂外网是以支撑工业全生命周期各项活动为目的，满足工厂数据交互、工业应用运行以及工厂业务开展过程中,与云平台或者其他网络互联的需求,用于连接企业上下游合作伙伴、企业多分支机构、企业与云应用/云业务、企业与智能产品、企业与用户之间的网络。例如,企业用于开展电子商务业务的公众互联网,租用基础电信企业线路用于异地园区互联的专线等都属于工厂外网范畴。面向工业互联网高质量业务需求,构建多种形式的专网及实现网间互联,打造工业互联网高质量网络平面是工厂外网的重要发展趋势。

工厂外网主要包括互联网连接业务、企业网专线业务、企业云网融合业务、企业无线外网业务等业务场景。工业互联网外部网络如图 2-1-7 所示。

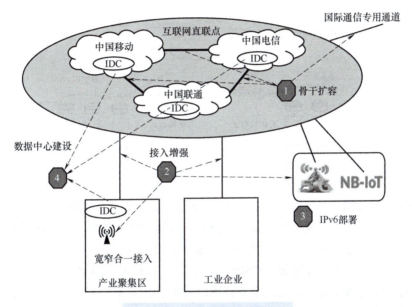

图 2-1-7 工业互联网外部网络

(1) 互联网连接业务 互联网连接业务为企业提供大带宽公网出口,实现互联网连接,主要包括普通互联网业务和企业上网专线业务。

普通互联网业务支持多种接入方式,可为对时延、可靠性、灵活性要求不高的工业应用提供网络数据转发,实现工业企业与用户、客户之间的信息沟通与产品之间的连接互通。典型的普通互联网业务应用包括企业电子商务活动,出厂产品和企业用户通过互联网连接到智能工厂和工业云平台,实现出厂产品的升级维护和人工远程信息访问等。上网专线为企业客户提供直接连接到互联网的专用链路,实现方便快捷的高速互联网接入访问服务。

相对普通互联网业务,企业上网专线通过相对永久的通信链路接入互联网,保证连接的高速、稳定、安全;提供完全独享的接入方式和带宽,保证数据传输的低误码率、低时延;分配固定真实的 IP 地址,方便为互联网上其他客户提供信息服务。典型的互联网专线业务应用包括工业企业连接到互联网、企业办公和企业用户访问智能工厂等。

(2) 企业网专线业务 企业网专线可为工业企业用户的不同分支机构/上下游企业之间提供基于互联网的虚拟专线(如 SD-WAN、MPLS VPN 等)、物理隔离的专线(如 SDH、OTN 等)、网络切片等定制化的专属资源。企业专线具有上网速度快、质量稳定、丢包率低、安全可靠等特性,可为大中型企业不同分支机构/上下游企业之间提供高可靠、高安全、高质量的端到端业务互联和部署服务。典型的企业专线业务应用包括大规模异地协同办公、低延时生产控制、智能安防等场景。

（3）企业云网融合业务　随着企业在云端部署信息系统成为一种趋势，传统的工业互联网架构和能力已经逐渐无法满足企业"多系统、多场景、多业务"的上云要求。在这种场景下，云和网不再各自独立，开始进行深度协同，云网融合的概念应运而生。

针对云网融合业务需求，可采取入云专线为工业企业提供云数据中心和企业虚拟私有云之间高速、低时延、安全可靠的专属连接通道，实现工业企业本地的数据中心、办公网络、总部和分支机构与云数据中心连接。企业入云专线应具有静态路由配置、无缝资源扩展、用户独占、高安全性能等特性，满足工业企业高等级网络连接需求。云网融合典型网络架构如图2-1-8所示。

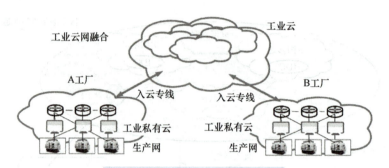

图 2-1-8　云网融合典型网络架构

（4）企业无线外网业务　基于公共蜂窝网络形式的企业无线外网技术也在逐步延伸到工厂中的各个生产环节，实现机器设备、原材料、控制系统、信息系统、产品以及人之间的网络互联，同时通过对工业数据的全面深度感知、实时传输交换、快速计算处理和高级建模分析，实现智能控制、运营优化和生产组织方式变革。以5G、NB-IoT（窄带物联网）技术为代表的公共蜂窝网络具有的超大的覆盖范围以及提供高可靠的无线网络连接，可以解决工业场景下布网困难、工厂内网无法全覆盖，以及在具有电磁干扰、辐射、化学腐蚀等复杂生产环境下的数据采集问题。5G网络切片技术支持独立定义网络架构、功能模块、网络能力、业务类型等，减轻工业互联网平台及工业APP面向不同场景需求时的开发、部署、调试的复杂度，降低平台应用落地的技术门槛，有效满足不同工业场景连接需求。具有低时延、广连接、大带宽、网络切片、边缘计算等特点的5G网络，将会进一步促进企业物联网应用场景的不断成熟，为工业数字化、自动化、智能化的生产管理提供支撑。NB-IoT网络技术，在授权频段内满足企业窄带场景下超低功耗、超低成本、超大连接的业务应用需求，可以作为企业物联网等网络的底层承载方案。

工业互联网的发展就是通过开放的网络将工厂的设备、生产线、供应商、产品和客户等紧密地连接和融合起来，高效地共享和复用各种要素资源，从整体上提升工业生产的自动化、智能化水平，达到降本增效、延长产业链、推动转型发展的目的。从以上场景和需求来看，工厂外网短期看还是聚焦在企业专线上，但随着业务的发展和新技术的赋能，虚拟切片网络会在一定程度上替代原本的企业专线，还会存在根据业务需求来划分不同性能和保障能力的专网予以匹配。因此，工厂外网的部署上应更加关注云网融合发展，逐步实现网随云动、云随网生。

3. 工业园区网

工业园区网络作为工业网络的一种典型部署形态，从承载的业务角度看，工业园区网络主要由工业生产网、企业信息网、园区公共服务网以及云基础设施组成，所用的网络技术、组网方式、发展趋势等方面与工厂内网和工厂外网有重叠之处。

由于工业园区内部存在生产网、办公网、安防网等多个子网，其网元类型、网元数量、网络能力、网络接口、承载的业务等关键指标存在较大差异，因此需要引入各类子网所需的网络连接技术方案，实现对于园区内部所有网元和业务的统一融合承载。同时，在工业园区网络的设计和部署过程中，需要考虑整体网络的可扩展和演进能力，业界已经采用开放式或基于业务的架构以及标准化的网络连接技术，尽量避免私有化的技术实现，以适应快速发展的工业业务对于网络基础架构的能力要求，同时保护现有网络建设投资，控制园区网络系统完整生命周期的总体成本。

针对新建的工业园区网络场景，需要对网络架构进行统一的规划，结合网络安全和网络管控的要求，可采用"一网到底"和"云网融合"的网络架构。

针对已有工业园区网络改造场景，可采用新型网络替代/补充的方式，除了考虑网络安全和网络管控的要求，还需解决现存网络架构和网络性能不满足企业新业务发展的痛点问题，在改造过程中考虑老设备的利旧及与多类型工业协议数据互通等问题，最终实现工业设备能互联和工业数据能互通的目标。

2.2 工业设备感知技术

大型的工厂设备互联过程中涉及数亿、数十亿个传感设备（如传感器、多媒体采集设备、遥感设施等）在不断地感知动态变化的物理世界，网络互联、数据互通、标识解析的三大网络功能组成被充分继承，并通过各类移动通信设备、计算机与互联网连接和整合，共同构成了人类未来的信息网络，最终将形成人、机、物三元融合的信息世界。

如图2-2-1所示，人、机、物依靠网络进行互联，但伴随着物联网设备增多，数据规模的爆炸式增长，数据的获取方式、表现形态、相互关系、存取速度和语义演化也会发生一系列根本变化，给目前的海量信息处理技术带来前所未有的挑战。为解决上述问题及使工厂管理者得到更精准的数据，实现工厂间的数据共享，产生了工业互联标识解析、工业视觉、传感设备、边缘云计算等相关技术。研究以上技术已经成为工业互联网技术发展的必然趋势，本节将对设备感知技术进行介绍。

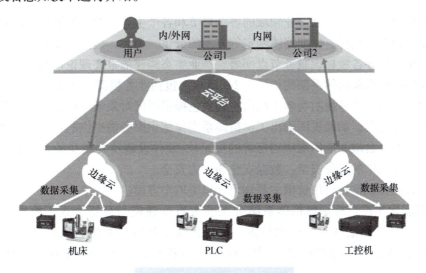

图 2-2-1　工厂工业设备互联

2.2.1 标识解析

伴随着 5G、大数据、人工智能等新一代信息技术的应用和发展，网络化、智能化、数字化成为社会发展的风向标。进入万物互联时代，人、事、物都可以通过互联网连接起来。那么，对于工业制造来说，庞大、复杂、固定的机器如何实现与之对话？又怎样实现设备间互通互联？这就出现了工业互联网标识解析体系。

工业互联网标识解析体系是工业互联网网络体系的重要组成部分，是支撑工业互联网互联互通的神经枢纽。通过为机器、产品等物理资源以及算法、工艺等虚拟资源赋予唯一"身份证"并进行快速定位和信息查询，实现跨企业、跨行业、跨地域的信息资源集成共享，是全球供应链系统和企业生产系统精准对接、产品全生命周期管理和智能化服务的前提和基础。目前，标识解析已应用于能源、船舶、医疗、食品等多个行业，在与制造业和信息通信等多领域技术的融合集成显现了巨大的生命力和创造力，为进一步创造新的工业互联网发展动能奠定了基础。

标识解析技术和应用的快速发展，使标准化工作面临更新、更高的要求。然而，目前标识解析体系仍存在面向工业互联网场景的标准供给不足、产业发展与标准制定步伐不匹配等问题，需建立健全工业互联网标识解析标准体系，着力补齐标识解析发展中的标准化短板，加强跨行业、跨领域的标准化统筹协调。

1. 体系架构

工业互联网标识解析体系的核心包括由标识编码、标识载体、标识解析系统、标识数据服务四个部分。标识编码能够唯一识别机器、产品等物理资源以及算法、工序、标识数据等虚拟资源的身份符号，类似于"身份证"。标识载体能够承载标识编码的标签或存储装置，包括主动标识载体和被动标识载体两类。

标识解析系统能够根据标识编码查询目标对象的网络位置或者相关信息的系统，对机器和物品进行唯一性的定位和信息查询，是实现全球供应链系统和企业生产系统的精准对接、产品全生命周期管理和智能化服务的前提和基础。标识数据服务能够借助标识编码资源和标识解析系统开展工业标识数据管理和跨企业、跨行业、跨地区、跨国家的数据共享共用。

标识解析涉及互联网和制造业领域的各个环节和各个主体，对标识解析认识和理解的差异，有可能导致技术选择、标准路线制定等方面的分化。为此，建立了工业互联网标识解析体系架构，作为指导各级标识服务节点部署、产业生态构建的重要理论依据。

工业互联网标识解析体系架构如图 2-2-2 所示，包括业务视图、功能视图、实施视图和安全视图四个部分。业务视图明确了面向不同角色提供联网对象唯一标识、数据管理和信息共享服务的业务过程；功能视图给出了解析体系支撑标识服务需提供的功能；实施视图给出了企业端、公共平台端和应用端应当部署的标识软/硬件设施及其相互关系；安全视图主要考虑标识服务过程中的身份安全、数据安全和行为安全。

工业互联网标识解析应用价值主要体现在以下四个方面。

（1）智能化生产　标识解析体系结合工业大数据建模与分析、人工智能、区块链等新技术，通过分析和挖掘产品追溯数据，可以形成系统性的智能，实现产品使用信息与产品制造信息共享，促进智能化生产，使工厂内的设计、制造、库存、采购等数据一体化。

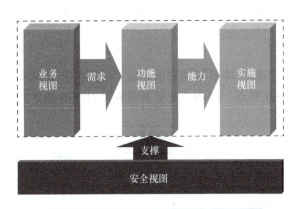

图 2-2-2 工业互联网标识解析体系架构

（2）网络化协同　通过工厂内网络与工厂外网络的充分结合，企业内私有标识系统与公共标识解析系统的互联互通，促进工业产品数据的充分流动与信息共享，实现企业间网络化协同，有效提升供应链竞争能力。

（3）服务化延伸　标识解析体系使物联网感知系统、定位系统、工业信息系统全面结合，实现工业产品数据的全方位感知、采集、关联和处理，形成防伪溯源、产品追踪、产品售后服务等丰富的应用形式，实现产品的全生命周期管理。

（4）规模化定制　标识解析体系的规模化定制应用场景非常广泛，建筑家装、服装纺织、医疗卫生、电子信息等各行业领域都有或多或少的使用案例，体系发展成熟后可拓展形成满足各个领域的个性化需求、低成本生产的大规模定制方案，为各行各业提供更多、更高价值的服务。

在 2G 到 4G 时代，只需对手机号码和联系人进行标注，便可以快速、便捷地找到想要的联系人及信息。同样，在全面到来的 5G 时代，凭借移动互联网、物联网、工业互联网和区块链技术，万物互联即将成为现实，依靠标识解析应用，可以轻松的定位到所查询的目标物品。工业互联网标识解析平台及应用，将是促进工业互联网发展的新鲜血液。

2. 编码规范

标识编码作为标识解析体系的核心基础资源，应建立符合我国工业互联网发展的规范化标识编码规则及管理体系。当前，处于多标识体系并存的发展阶段，主流的公有标识编码方案可归纳为统一的逻辑结构，即最多包括前缀字段、后缀字段以及可选的安全字段三个部分。将各类编码纳入到工业互联网标识解析体系中，建立兼容并存的标识编码规范，可基于标识解析各级节点，提供各类标识的解析寻址服务。工业互联网标识编码规则一般为两部分，标识前缀用于唯一标识企业主体，标识后缀用于唯一识别标识对象，如图 2-2-3 所示。

图 2-2-3 工业互联网标识编码结构

工业互联网标识编码规则用于规范不同行业对象的标识分类、编码规则和编码结构，指导二级节点、企业节点建立自身的对象标识编码体系。当前，根据"急用先行"原则，已面向能源、航空、船舶、药品等十几个领域研制行业编码标准，后续将统筹考虑国民经济分类，建立全面覆盖制造业门类的编码体系。

3. 节点设施

我国的工业互联网标识解析体系架构采用分层、分级的部署模式，由国际根节点、国家顶级节点、二级节点、企业节点、递归节点要素组成，对应的部署方式如图 2-2-4 所示。

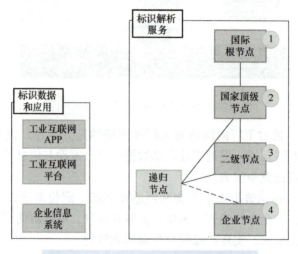

图 2-2-4 工业互联网标识解析部署架构

（1）国际根节点　国际根节点是指一种标识体系管理的最高层级服务节点，提供面向全球范围公共的根层级的标识服务，并不限于特定国家或地区。

（2）国家顶级节点　国家顶级节点是指一个国家或地区内部顶级的标识服务节点，能够面向全国范围提供顶级标识解析服务以及标识备案、标识认证等管理能力。

（3）二级节点　二级节点是面向特定行业或者多个行业提供标识服务的公共节点。二级节点既要向上与国家顶级节点对接，又要向下为工业企业分配标识编码及提供标识注册、标识解析、标识数据服务等，同时要满足安全性、稳定性和扩展性等方面的要求。

（4）企业节点　企业节点是指一个企业内部的标识服务节点，能够面向特定企业提供标识注册、标识解析服务、标识数据服务等，既可以独立部署，也可以作为企业信息系统的组成要素。

（5）递归节点　递归节点是指标识解析体系的关键性入口设施，能够通过缓存等技术手段提升整体服务性能。此外，标识解析服务的查询触发，可以是来自企业信息系统、工业互联网平台、工业互联网 APP 等多种不同形式。

目前，国家顶级节点部署于北京、上海、广州、武汉、重庆五个城市，节点之间数据互为备份，提供标识就近解析服务，以保障标识解析效率。二级节点和企业节点主要分布在我国东部、中部等工业发展程度相对较高的省市，截至 2024 年 4 月底，348 个二级节点上线运行，工业互联网标识服务企业超过 42 万家，覆盖了 47 个重点行业，注册总量突破了 4907 亿。

4. 标识解析应用场景

（1）产品信息追溯　传统供应链解决方案强调发挥个体效率优势，并未达到统筹协同需求的高度，而且单向、线性的数据流动方式难以实现覆盖全局、全链的按需协同。在工业互联网标识解析体系中，借助分布式数据架构的 Handle 技术能实现跨主体供应链信息采集与信息关联，并为不同的用户组（整机制造商、物流商、经销商或客户、维护服务商）提供不同的授权解析机制，提供指定信息实时共享增值服务。

例如，市场服务人员可通过扫描整机二维码，获取授权并解析出该整机产品及全部相关核心零部件的信息，并可根据零部件批次信息解析出同批次零部件装配在哪些整机产品上，从而实现敏捷的质量追溯管理，如图 2-2-5 所示。

质量溯源管理还可以在医疗行业、食品质量方面大展身手，如老百姓比较关心的疫苗安全性溯源问题、食品流通环节质量管理问题等，通过多元渠道实现"源头可溯、去向可查"，提升企业产品的全过程质量管理能力和品牌价值，保护消费者的权益。

（2）零部件物流可视化 基于标识解析体系，可轻松获得核心零部件在供应商本地、在途运输、待配（第三方仓储地点）不同地点的物流数据，通过数据的解析集成生成可视化库存报表。"管理+技术"双管齐下，合理管控供应商生产节奏，提高零部件库存周转率，降低库存成本，实现共赢。

图 2-2-5　产品信息溯源

例如，工厂某设备有个螺钉即将因磨损而出现问题，该信息被自动发送至云端，经过大数据计算，在设备还没出现故障前，需要更换的螺钉的具体位置、型号都可查询，并按维修计划提前发送新的螺钉至工厂。可提前预防，无须人为排查，完全无感知地降低停机误工的风险，它甚至可以自动计算出用哪类螺钉整体成本最低。

（3）防窜货 每件商品的溯源码都含有地区销售信息，系统会定位消费者扫码的位置，若商品被大量窜货，扫码地址与销售地区地址验证不符。此过程可断定商品是否被窜货。标识解析体系可帮助品牌商掌握商品全程流向，有效监管并精准打击恶性窜货事件，从而提升厂家利润，维护价格体系，保护品牌形象。同时，根据不同地区货物的扫码时间，大体可以掌握货物物流、销售的时间节奏。

2.2.2 工业视觉

工业视觉系统是用于监控自动检验、自动化加工和装配工件以及生产过程的图像识别机器。工业视觉系统的图像识别过程是按任务需要从原始图像数据中提取有关信息、高度概括地描述图像内容，以便对图像的某些内容加以解释和判断。工业视觉系统可看作是针对任务做了简化的初级机器视觉系统。几乎所有的工业生产领域都需要应用机器视觉代替人的视觉，特别是那些对速度、精度或可靠性要求高的视觉任务更需要采用工业视觉系统。

1. 工业视觉特性

机器视觉是采用机器代替人眼来进行测量与判断，其功能不仅包括通过计算机摄取图像和接收信息，也包括对信息的处理和判断，实现人眼视觉的延伸。作为机器视觉的一大分支，工业视觉更多注重广义图像信号（激光或摄像头）与自动化控制（生产线）方面的应用，即"眼睛对着机器"，具有自动化和非接触性的特点。与人眼相比，工业视觉在精确程度、客观程度、可重复性、成本以及效率上都有明显的优势。

（1）精度 相对于人眼的一些局限性，机器视觉在准确度上具有明显的优势。即使人眼可以通过放大镜或显微镜检查产品，机器视觉也更准确，因为其精度可以达到0.001mm，这是肉眼无法比拟的。

（2）可重复性　机器可以批量操作完成检查工作而不会感到疲倦。相比之下，人眼每一次检测，都会有细微的差别，哪怕是一模一样的产品。机器视觉检测应用软件可以更快地检测产品，尤其是检测生产线等高速运动物体时，可以提高生产率。

（3）客观性　人眼检测还有一个难以解决的问题，就是主观性容易受到情绪的影响。测试结果也会随着测试人员的心情而产生变化，而机器不会有这类问题的存在。正是因为具备这样深刻而可靠的优点，工业视觉检测被广泛应用在规模化生产当中。

（4）成本　通过机器视觉自动化检测，可以减少对人工检测的依赖，降低人工成本以及因人为因素而造成的误差。

2. 工业视觉的系统构成

一个完整的工业视觉系统是由众多功能模块共同组成，一般由光学系统（光源、摄像头、工业相机）、图像采集单元、图像处理单元、执行机构及人机界面等模块组成。工业视觉系统构成如图2-2-6所示。

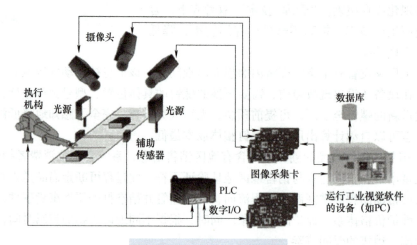

图2-2-6　工业视觉系统构成

1）光源是工业视觉系统的重要组成部分，它作为辅助成像设备，为工业视觉系统的图像获取提供足够的光线，光源的设计和选取是工业视觉系统设计的决定因素。

2）光学传感器（如CCD摄像机）负责将外部场景转换为电信号。

3）图像采集设备（如图像采集卡）可以将来自光学传感器的信号转换成一定格式的图像数据流，传送给图像处理设备。

4）图像处理设备（如PC或其他嵌入式硬件设备）上运行有工业视觉软件，可以对图像数据进行分析、处理并发送控制指令。

5）控制指令经由数字I/O卡发送给控制单元（如PLC）后，由控制单元综合辅助传感器传回的信息，控制执行机构做出相应的动作。

3. 工业视觉的工作原理

工业视觉的目的是给机器或自动生产线添加一套视觉系统，用工业视觉系统代替人眼来进行测量和判断。通过工业视觉产品（即工业相机）将待检测目标转换成图像信号，传送给图像处理分析系统，得到被摄目标的形态信息，根据像素分布、亮度和颜色等信息，转变成数字化信号；图像系统对这些信号进行各种运算来抽取目标的特征，进而根据判别的结果来控制现场设备的动作。

在工业视觉检测系统工作流程中，主要分为图像信息获取、图像信息处理和机电系统执行检测结果三个部分。另外，根据系统需要还可以实时地通过人机界面进行参数设置和调整。

当被检测的对象运动到某一设定位置时会被位置传感器发现，位置传感器会向 PLC 发送"探测到被检测物体"的电脉冲信号，PLC 经过计算得出何时物体将移动到 CCD 工业相机的采集位置，然后准确地向图像采集卡发送触发信号，采集卡检测到此信号后会立即要求 CCD 工业相机采集图像。被采集到的物体图像会以 BMP 格式传送到工控机，然后调用专用的分析工具软件对图像进行分析处理，得出被检测对象是否符合预设要求的结论，根据"合格"或"不合格"信号，执行机会对被检测物体做出相应的处理。系统如此循环工作，完成对被检测物体队列连续处理，如图 2-2-7 所示。

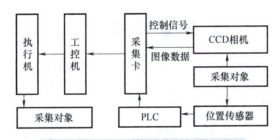

图 2-2-7 工业视觉检测系统工作原理

一个完整的工业视觉检测系统的主要工作过程如下。

1）工件定位传感器探测到被检测物体已经运动到接近工业视觉摄像系统的视野中心，向工业视觉检测系统的图像采集单元发送触发脉冲。

2）工业视觉检测系统的图像采集单元按照事先设定的程序和延时，分别向摄像机和照明系统发出触发脉冲。

3）工业视觉摄像机停止目前的扫描，重新开始新的一帧扫描，或者工业视觉摄像机在触发脉冲来到之前处于等待状态，触发脉冲到来后启动一帧扫描。

4）工业视觉摄像机开始新的一帧扫描之前打开电子快门，曝光时间可以事先设定。

5）另一个触发脉冲打开灯光照明，灯光的开启时间应该与工业视觉摄像机的曝光时间相匹配。

6）工业视觉摄像机曝光后，正式开始新一帧图像的扫描和输出。

7）工业视觉检测系统的图像采集单元接收模拟视频信号，通过 A/D 转换器将其数字化，或者是直接接收工业视觉摄像机数字化后的数字视频信号。

8）处理结果控制生产流水线的动作、进行定位、纠正运动的误差等。

从上述的工作流程可以看出，工业视觉检测系统是一种相对复杂的系统。大多监控和检测对象都是运动的物体，系统与运动物体的匹配和协调动作尤为重要，因此给系统各部分的动作时间和处理速度带来了严格的要求。在某些应用领域，如机器人、飞行物体制导等，对整个系统或者系统的一部分的重量、体积和功耗等都会有严格的要求。

尽管工业视觉应用各异，归纳一下，都包含以下几个过程。

1）图像采集：光学系统采集图像，将图像转换成数字格式并传入计算机存储器。

2）图像处理：处理器运用不同的算法来提高对检测有影响的图像因素。

3）特征提取：处理器首先识别并量化图像的关键特征，如位置、数量、面积等，然后将这些数据传送到控制程序。

4）判别和控制：处理器的控制程序根据接收到的数据做出结论。例如，位置是否合乎规格，或者执行机构去拾取某个部件的移动方式。

图 2-2-8 所示为工程应用上的典型的工业视觉检测系统。在流水线上，零件经过输送带到达触发器时，工业视觉摄像单元立即打开照明，拍摄零件图像；随即图像数据被传送到处理器，处理器根据像素分布、亮度和颜色等信息进行运算来抽取目标的特征（面积、长度、数量、位置等）；再根据预设的判据来输出结果（尺寸、角度、偏移量、个数、合格/不合格、有/无等）；通过现场总线与 PLC 通信，指挥执行机构（诸如气泵），弹出不合格产品。

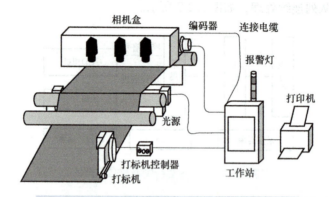

图 2-2-8 工程应用上的典型的工业视觉检测系统

4. 工业视觉的用途

工业视觉可用于实现对产品表面信息进行检测、非接触式测量产品外观尺寸、判断物体位置坐标以及识别/判断物体的颜色、形状等特征。从应用工艺来看，工业视觉既可以和机器人配合，实现分拣、装配、印刷等工艺，也可以进行高性能和精密组件的检测和测量，后者对精密程度要求更高，但也恰恰是人眼难以实现的，需求也更大。工业视觉的用途如图 2-2-9 所示。

（1）尺寸测量　随着制造工艺的不断提高，工业产品尤其是大型构件的外形设计日趋复杂。同时，由于大型构件的体积和重量限制，不便于经常移动，给传统的测量方式带来了巨大的困扰。工业视觉测量技术是一种基于光学成像、数字图像处理、计算机图形学的无接触的测量方式，拥有严密的理论基础，测量范围更广，而且相对于传统测量方式而言，拥有更高的测量精度和效率。

（2）视觉定位　传统制造业中的焊接、搬运、装配等固定流程在工业机器人的操作过程中，零件的初始状态与

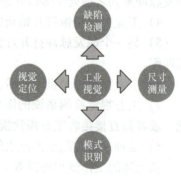

图 2-2-9 工业视觉的用途

机器人的相对位置并不是固定的。这导致工件的实际摆放位置和理想加工位置存在差距，机器人难以按原定的程序进行加工。随着工业视觉技术以及更灵活的机器手臂的出现，这个问题得到了很好的解决，为智能制造的迅速发展提供了动力。

（3）缺陷检测　缺陷检测是机器视觉技术在工业生产中最重要的应用之一，在制造生产的过程中，几乎所有的产品都面临着缺陷检测。传统的手工检测存在着许多不足。首先，人工检测的准确性依赖于工人的状态和熟练程度；其次，人工操作效率相对较低，不能很好地满足大量生产检测的要求；近年来人工成本也在逐步上升。

因此，机器视觉技术被广泛用于产品检测中，在制造环节中，某些步骤的缺失或者加工缺陷会导致零部件的丢失以及孔洞、污渍、划痕等常见的表面缺陷，这些工业生产中遇到的问题，都可以通过工业视觉检测及算法来解决。

（4）模式识别　在工业领域中的主要应用有条形码读取、二维码扫描识别等，以往多用 NFC 标签等载体进行信息读取，需要与产品进行近距离接触。随着工业摄像机等硬件设备的更新换代，二维码等标识可以被远距离读取和识别，而且携带的信息更丰富，可以将所有产品信息写入二维码，而无须联网查询信息。变焦相机截取条码影像与其他可视化信息，以控管产品品质。

2.2.3　传感设备

工业的发展离不开众多感知技术的加持，其中最为关键的技术之一便是传感器。可以说，工业传感器让自动化智能设备有了感知能力。经过半个多世纪的发展，我国工业传感器在体系、规模、产品种类、基础技术研究、产学研用一条龙建设等多方面取得了一定的进步，基本满足国民经济建设需要。

工业传感器是用于各种工业场景如能源、石油、化工、冶金、电力、机械制造、汽车等工业制造过程中的各类传感器，泛指在工业制造过程能将感受的力、热、光、磁、声、湿、电、环境等被测量转换成电信号输出的器件与装置，是一类涉及多学科基础技术融合的工业产品，具有技术密集、多品种、小批量、使用灵活及应用分布广泛的典型特征。

工业互联网的关键在于数据信息，因此前端用于采集数据的传感器对于所有生态系统的智能系统尤为重要。这些传感器为智能系统提供了必要的数据支持，使得智能决策和自动化控制成为可能。其中光电、温度、健身运动、位置和视觉效果是最常见的。以下是一些常用于工业自动化解决方案的传感器类型。

（1）粉尘传感器　粉尘传感器（图2-2-10）出现已久，在应用物联网技术的工业自动化解决方案中具有许多成功的应用案例，如暖通空调、建筑监理、火灾事故和气体泄漏概率高的机械设备等。粉尘传感器与工业互联网解决方案集成后，可及时处理最轻微的蒸汽泄漏或轻微火灾事故。

图2-2-10　粉尘传感器

（2）接近传感器　接近传感器主要用于检测物体的位移，在航空、航天技术以及工业生产中都有广泛的应用；在日常生活中，如宾馆、饭店、车库的自动门、自动热风机上都有应用；在安全防盗方面，如档案室、博物馆、金库等重地，通常都装有由各种接近传感器组成的防盗装置。在测量技术中，接近传感器可用于长度、位置的测量；在控制技术中，如位移、速度、加速度的测量和控制，也都使用了大量的接近传感器，如图2-2-11所示。

（3）红外线传感器　红外线传感器的关键是探测人类的存在，在国防上已经得到广泛应用。然而，近年来，集成工业互联网解决方案的红外线传感器也在其他行业得到了应用，现在已经广泛应用于电子器件、有机化学、诊断和治疗等领域。图 2-2-12 所示为红外线传感器。

图 2-2-11 接近传感器

图 2-2-12 红外线传感器

（4）压阻式传感器　压阻式传感器（图 2-2-13）是指利用单晶硅材料的压阻效应和集成电路技术制成的传感器。单晶硅材料在受到力的作用后，电阻率发生变化，通过测量电路就可得到正比于力变化的电信号输出。它可以将压力、拉力、压力差以及可以转化为力变化的其他物理量（如液位、加速度、重量、应变、流量、真空度）转换成可测量的电信号。这些传感器因其高灵敏度、快速响应和良好的稳定性，广泛地应用于航天、航空、航海、石油化工、动力机械、生物医学工程、气象、地质、地震测量等各个领域，如图 2-2-13 所示。

图 2-2-13 压阻式传感器

（5）位移传感器　位移传感器（图 2-2-14）又称为线性传感器，是一种属于金属感应的线性器件，传感器的作用是把各种被测物理量转换为电量。在生产过程中，位移的测量一般分为测量实物尺寸和机械位移两种。按被测变量变换的形式不同，位移传感器可分为模拟式和数字式两种。模拟式又可分为物性型和结构型两种。常用位移传感器以模拟式结构型居多，包括电位器式位移传感器、电感式位移传感器、自整角机、电容式位移传感器、电涡流式位移传感器、霍尔式位移传感器等。

位移传感器的应用范围相当广泛，常用在工业自动化或者建筑桥梁等方面。位移传感器根据位移量的大小输出不同的电信号，并能判断位移量的大小。常用的有应变式位移传感器、磁致伸缩位移传感器、光栅位移传感器、激光位移传感器和角度位移传感器等。

图 2-2-14　位移传感器

（6）温度传感器　温度传感器（图 2-2-15）是使用范围最广，数量最多的传感器之一，在日常生活中或工业生产领域都扮演十分重要的角色。温度传感器是指能感受温度并转换成可用输出信号的传感器。温度传感器是温度测量仪表的核心部分，品种繁多。按测量方式可分为非接触式和接触式两大类；按照传感器材料及电子元件特性可分为热电阻和热电偶两类。

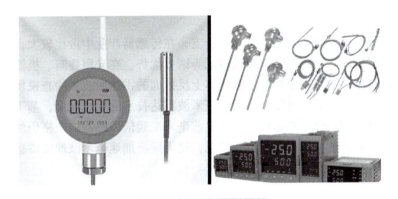

图 2-2-15　温度传感器

温度传感器是工业互联网应用中应用最广泛的传感器之一。它们用于许多领域，包括制药工业、生物技术和其他对温度监控要求较高的领域。

（7）光敏传感器　光敏传感器（图 2-2-16）是最常见的传感器之一，它的种类繁多，主要有光电管、光电倍增管、光敏电阻、光敏三极管、太阳能电池、红外线传感器、紫外线传感器、光纤式光电传感器、色彩传感器、CCD 和 CMOS 图像传感器等。光传感器是产量最多、应用最广的传感器之一，它在自动控制和非电量电测技术中占有非常重要的地位。最简单的光敏传感器是光敏电阻，当光子冲击接合处就会产生电流。

图 2-2-16　光敏传感器

光敏传感器的基本技术是用它来测试各种电磁辐射，如光、电、电磁场等。通信、电梯轿厢、工程建筑、诊断和治疗以及保护系统都是光学传感器在工业控制自动化中的应用。

（8）超声波传感器 超声波传感器（图 2-2-17）是将超声波信号转换成其他能量信号（通常是电信号）的传感器。超声波是振动频率高于 20kHz 的机械波，它具有频率高、波长短、绕射现象小，特别是方向性好、能够成为射线而定向传播等特点。超声波对液体、固体的穿透能力很强，尤其是在阳光下不透明的固体中。超声波碰到杂质或分界面会产生显著反射形成反射回波，碰到活动物体能产生多普勒效应。超声波传感器广泛应用在工业、国防、生物医学等方面。

图 2-2-17 超声波传感器

超声波传感器是传感器产品的一个重要分支，在传感器产业中占比较大，超声波传感器具有精度高、灵敏度高、适应性强以及成本低等诸多优势。在光源昏暗、机器视觉系统受限的情况下，超声波传感器可以根据被监测物体上反射面的雷达回波来检查视场内的物体，是一种性价比很高的避障方案。近年来，随着毫米波雷达技术的快速发展，基于毫米波通信的检测方案得到了越来越多公司的认可。虽然目前毫米波通信传感器的价格仍然很高，但它可以准确测量更多的物体速度、视角和位置信息，这无疑将加速毫米波通信传感器的普及。

2.3 工业网络与连接

在工厂网络互联过程中，需要连接的设备繁多，工业互联网环境存在大量的传感器、阀门等设备低速信号需要采集与处理。本节介绍工业物联网互联互通相关技术的演进过程，包括典型技术和新兴技术。其中工业有线通信、短距离无线通信、射频识别、远程无线通信是工业应用往往会同时采用的通信手段，而这几种通信方式又有很多不同的标准。现场总线、工业以太网、工业无线技术是目前工业通信领域的三大主流技术。这三大技术将现场总线、以太网、嵌入式技术和无线通信技术融合到控制网络中，在保证系统稳定性的同时，又增强了系统的开放性和互操作性，从而有助于企业加快新品开发、降低生产成本、完善信息服务。按照工业网络传输介质的不同，通信方式分为有线网络和无线网络。本站将重点介绍工业现场总线、工业以太网、工业有线网络和工业无线网络技术。

2.3.1 工业现场总线

工业现场总线是指伴随着计算机通信技术发展起来的，应用在工厂自动化领域的一种工业数据通信总线。它主要解决工业现场的智能化仪器仪表、控制器、执行机构等现场设备间的数字通信以及这些现场控制设备和高级控制系统之间的信息传递问题。现场总线企业控制方式如图 2-3-1 所示。现场总线具有使用简单、经济、可靠等一系列突出的优点，因而受到了许多标准团体和计算机厂商的高度重视。

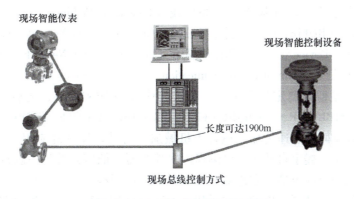

图 2-3-1　现场总线企业控制方式

现场总线是由英文单词"Fieldbus"翻译过来的。众所周知，Bus 的本义是公共汽车，而公共汽车是一种连接城市内部各个站点以及城市与城市的专用交通工具，常在某个区域内穿梭，属于短途和中短途运输工具，而 Field 的本义是指领域、田野、场地。因此，Fieldbus 可以理解成在某一区域运行的一种交通工具，在工业领域中就被翻译成了现场总线。

1. 现场总线技术概述

现场总线是 20 世纪 80 年代中后期随着计算机、通信、控制和模块化集成等技术发展而出现的一门新兴技术，代表自动化领域发展的最新阶段。关于现场总线的定义有多种。国际电工委员会（International Electrotechnical Commission，IEC）对现场总线 Fieldbus 一词的定义为：现场总线是一种应用于生产现场，在现场设备之间、现场设备与控制装置之间实行双向、串行、多节点数字通信的技术。现场总线的概念最早由欧洲人提出，随后北美和南美也都投入巨大的人力、物力开展研究工作。现场总线的应用范围非常广泛，可以应用于各种工业自动化领域，如制造业、能源、交通等。同时，现场总线的发展也在不断推动着工业自动化的智能化和网络化进程。目前流行的现场总线已达 40 多种，在不同的领域各自发挥重要的作用。

现场总线为什么会出现众多种类呢？这其中既有历史原因，也有技术原因和商业利益原因，主要概括为以下几点。

1）工业现场各种网络架构和拓扑方案较多。在生产过程中，工业现场的网络架构包含 485 组网、ZigBee 组网、蓝牙组网、LoRa 组网、内外网结合等。

2）工业现场需要传输的数据速率和数据量差异很大。从工业通信需要传输的数据特点来看，有些数据要求实时性高，有些数据是周期性的，有些则是突发的；数据种类不同，有的数据是生产数据，有的数据是管理数据，有些数据在完整性方面要求较高，不能数据丢失。

3）科技进步和市场需求催生出新的通信协议标准。随着以太网的发展和控制器对实时性提出更高的要求，许多原来基于串口的总线，改为以太网网络，相继出现了 Modbus/TCP（传输控制协议）、Profinet、EtherCAT 等总线标准。同时由于 WSN（无线传感器网络）的技术发展，HART（可寻址远程传感器高速通道）总线也出现了无线版本 Wireless HART。

4）不同企业和国家都想制定现场总线标准，通过标准获取利益。随着 PLC、智能传感器和执行器的技术进步，自动化行业有了很大的发展。这也进一步提高了对布线紧凑的要求。不同的应用需求催生了不同的总线系统。

目前,比较流行的主要有基金会现场总线(Foudation Fieldbus,FF)、过程现场总线(Process Field Bus,PROFIBUS)、控制器局域网(Controller Area Network,CAN)、自动化技术的现场总线标准(DeviceNet)、局部操作网络(Local Operating Network,LON)、控制与通信链路系统等现场总线(Control & Communication Link,CC-Link)。

① PROFIBUS 是德国制定的国家工业标准,代号为 DIN19245,之后被列为欧洲标准 EN50170,由 PROFIBUS-DP、PROFIBUS-FMS、PROFIBUS-PA 组成了 PROFIBUS 系列。DP 型用于分散外部设备间的高速传输,适合于机械加工自动化领域的应用;FMS 型为现场信息规范,适用于纺织、楼宇自动化、可编程逻辑控制器、低压开关等一般自动化;PA 型则是用于过程自动化的总线类型,它遵从 IEC1158-2 标准,该项技术是以西门子公司为主的十几家德国公司、研究所共同推出的,它采用了 OSI 模型的物理层、数据链路层。PROFIBUS 支持主从系统、纯主站系统、多主多从混合系统等几种传输方式。

② CAN 最早由德国 BOSCH 公司提出,用于汽车内部测量与执行部件之间的数据通信。其总线规范现已被 ISO 国际标准组织制订为国际标准,得到了 Motorola(摩托罗拉)、Intel(英特尔)、Philips(飞利浦)、Siemens(西门子)、NEC(日本电气)等公司的支持,已广泛应用在离散控制领域。CAN 协议也是建立在国际标准组织的开放系统互联模型基础上的,不过,其模型结构只有三层,分别为 OSI 的物理层、数据链路层和应用层。其信号传输介质为双绞线,通信速率最高可 1Mbit/s,直接传输距离最远可达 10km,可挂接设备最多可达 110 个。

③ DeviceNet 是一种低成本的通信连接,它将工业设备连接到网络,从而免去了昂贵的硬接线。DeviceNet 又是一种简单的网络解决方案,在提供多供货商同类部件间的可互换性的同时,减少了配线和安装工业自动化设备的成本和时间。DeviceNet 的直接互联性不仅改善了设备间的通信,而且同时提供了相当重要的设备级诊断功能,这是通过硬接线 I/O 接口很难实现的。

④ LonWorks 是又一具有强劲实力的现场总线技术,它是由美国 Echelon(埃施朗)公司推出并由它们与 Motorola、Toshiba(东芝)公司共同倡导,于 1990 年正式公布而形成的。它采用了 ISO/OSI 模型的全部七层通信协议以及面向对象的设计方法,通过网络变量把网络通信设计简化为参数设置,其通信速率可达 300~1.5Mbit/s,直接通信距离可达到 2700m(78kbit/s,双绞线),支持双绞线、同轴电缆、光纤、射频、红外线、电源线等多种通信介质,被誉为通用控制网络。

⑤ CC-Link 是在工控系统中可以将控制和信息数据同时以 10Mbit/s 的速率高速传输的现场网络。CC-Link 具有性能卓越、应用广泛、使用简单、节省成本等突出优点。作为开放式现场总线,CC-Link 是唯一起源于亚洲地区的总线系统,CC-Link 的技术特点尤其适合亚洲人的思维习惯。

现场总线是电气工程及其自动化领域发展起来的一种工业数据总线,它主要解决工业现场的智能化仪仪表、控制器、执行机构等现场设备间的数字通信以及这些现场控制设备和高级控制系统之间的信息传递问题。由于现场总线简单、可靠、经济实用等一系列突出的优点,因而受到了许多标准团体和计算机厂商的高度重视。现场总线是当今自动化领域发展的热点之一,被誉为自动化领域的计算机局域网。它作为工业数据通信网络的基础,沟通了生产过程现场级控制设备之间及其与更高控制管理层之间的联系。它不仅是一个基层网络,而且还是一种开放式、新型全分布式的控制系统。这项以智能传感、控制、计算机、数据通信为主要内容的综合技术已受到世界范围的关注而成为自动化技术发展的热点并将导致自动化系统结构与设备的深刻变革。工厂设线场总线网络结构如图 2-3-2。

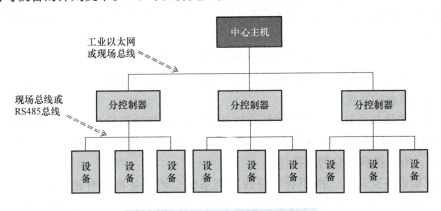

图 2-3-2　工厂设线场总线网络结构

2. 现场总线的本质

由于标准并未统一，因此对现场总线也有不同的定义。但现场总线的本质含义主要表现在以下六个方面。

（1）现场通信网络　用于过程以及制造自动化的现场设备或现场仪表互联的通信网络。

（2）现场设备互联　现场设备或现场仪表是指传感器、变送器和执行器等，这些设备通过一对传输线互联，传输线可以使用双绞线、同轴电缆、光纤和电源线等，并可根据需要因地制宜地选择不同类型的传输介质。

（3）互操作性　现场设备或现场仪表种类繁多，没有任何一家制造商可以提供一个工厂所需的全部现场设备。因此，互相连接不同制造商的产品是不可避免的。用户不希望为选用不同的产品而在硬件或软件上花很大气力，而希望选用各制造商的性能价格比最优的产品，并将其集成在一起实现"即接即用"，这些就是现场总线设备互操作性的含义。现场设备互联是基本的要求，只有实现互操作性，用户才能自由地集成现场总线控制系统。

（4）功能块　现场总线控制系统（Fieldbus Control System，FCS）废弃了分布式控制系统（Distributed Control System，DCS）的输入/输出单元和控制站，把 DCS 控制站的功能块分散地分配给现场仪表，从而构成虚拟控制站。例如，流量变送器不仅具有流量信号变换、补偿和累加输入模块，而且有比例、积分和微分（Proportion Integral Differential，PID）控制和运算功能块。调节阀的基本功能是信号驱动和执行，还内含输出特性补偿模块，也可以有 PID 控制和运算模块，甚至有阀门特性自检验和自诊断功能。由于功能块分散在多台现场仪表中，并可统一组态供用户灵活选用各种功能块，构成所需的控制系统，实现彻底的分散控制。

（5）通信线供电　通信线供电方式允许现场仪表直接从通信线上摄取能量，对于要求本征安全的低功耗现场仪表可采用这种供电方式。众所周知，化工、炼油等企业的生产现场有可燃性物质，所有现场设备都必须严格遵循安全防爆标准。现场总线设备也不例外。

（6）开放式互联网络　现场总线为开放式互联网络，它既可与同层网络互联，也可与不同层网络互联，还可以实现网络数据库的共享。不同制造商的网络互联十分简便，用户不必在硬件或软件上花太多气力。通过网络对现场设备和功能块统一组态，把不同厂商的网络及设备融为一体构成统一的 FCS。

3. 现场总线的优点

现场总线系统结构的简化使控制系统从设计、安装、投运到正常生产运行及检修维护，都体现出优越性。

（1）系统的开放性　传统的控制系统是个自我封闭的系统，一般只能通过工作站的串口或并口对外通信。在现场总线技术中，用户可按自己的需要和对象，将来自不同供应商的产品组成大小随意的系统。

（2）可操作性与可靠性　现场总线在选用相同的通信协议情况下，只要选择合适的总线网卡、插口与适配器即可实现设备间互联，系统间的信息传输与沟通，大大减少接线与查线的工作量，有效提高控制的可靠性。

（3）现场设备互通性　由于现场总线控制系统中的设备都具有相同标准的总线协议，这样由现场总线控制的设备都具有了互换性和可操作性的特点，从而减少了用户的备品备件，节省了设备的维护成本。

（4）现场设备的智能化与功能自治性　传统数控机床的信号传递是模拟信号的单向传递，信号在传递过程中产生的误差较大，系统因难以迅速判断故障而带故障运行。而现场总线中采用双向数字通信，将传感测量、补偿计算、工程量处理与控制等功能分散到现场设备中完成，可随时诊断设备的运行状态。

（5）对现场环境的适应性　现场总线是作为适应现场环境工作而设计的，可支持双绞线、同轴电缆、光缆、射频、红外线及电力线等，其具有较强的抗干扰能力，能采用两线制实现送电与通信，并可满足安全及防爆要求等。

（6）系统的准确性与可靠性　由于现场总线设备的智能化、数字化与模拟信号相比，它从根本上提高了测量与控制的准确度，减少了传送误差。同时，由于系统的结构简化，设备与连线减少，现场仪表内部功能加强，减少了信号的往返传输，提高了系统的工作可靠性。

2.3.2　工业以太网

1. 工业以太网技术的发展现状

工业以太网一般来说是指技术上与商用以太网，即 IEEE 802.3 标准兼容，但在产品设计时，在材质的选用、产品的强度、适用性以及实时性、可互操作性、可靠性、抗干扰性和本质安全等方面能满足工业现场的需要。

目前工业以太网技术的发展体现在以下几个方面。

（1）通信确定性与实时性　工业控制网络不同于普通数据网络的最大特点在于它必须满足控制作用对实时性的要求，即信号传输要足够的快和满足信号的确定性。实时控制往往要求对某些变量的数据准确定时刷新。由于 Ethernet（以太网）采用载波监听多路访问/冲突检测方法（Carrier Sense Multiple Access with Collision Detection，CSMA/CD）碰撞检测方式网络负荷较大时，以太网技术难以满足控制系统对准确定时通信的实时性要求，一直被视为非确定性的网络。然而，快速以太网与交换式以太网技术的发展，给解决以太网的非确定性问题带来了新的契机，使这一应用成为可能。

（2）稳定性与可靠性　Ethernet 进入工业控制领域的另一个主要问题是，它所用的接插件、集线器、交换机和电缆等均是为商用领域设计的，而未针对较恶劣的工业现场环境来设计,如振动、冲击、电磁干扰、高温、低温、灰尘和污染等,故商用网络产品不能应用在有较高可靠性要求的恶劣工业现场环境中。此外,在实际应用中主干网可采用光纤传输,现场设备的连接则可采用屏蔽双绞线,对于重要的网段还可采用冗余网络技术,以此提高网络的抗干扰能力和可靠性。

(3)工业以太网协议 为满足工业现场控制系统的应用要求,必须在 Ethernet+TCP/IP 协议之上,建立完整且有效的通信服务模型,制定有效的实时通信服务机制,协调好工业现场控制系统中实时和非实时信息的传输服务,形成被广大工控生产厂商和用户所接受的应用层、用户层协议,进而形成开放的标准。

为此,各现场总线组织纷纷将以太网引入其现场总线体系中的高速部分,利用以太网和 TCP/IP 技术,以及原有的低速现场总线应用层协议,从而构成了所谓的工业以太网协议,如 HSE、Profinet、Ethernet/IP 等。

从目前的趋势看,以太网进入工业控制领域是必然的,但会同时存在几个标准。现场总线目前处于相对稳定时期,已有的现场总线仍将存在,并非每种总线都将被工业以太网替代。伴随着多种现场总线的工业以太网标准在近期内也不会完全统一,会同时存在多个协议和标准。

2. 工业以太网的主要标准

工业以太网是按照工业控制的要求,发展适当的应用层和用户层协议使以太网和 TCP/IP 技术真正能应用到控制层,延伸至现场层,而在信息层又尽可能采用 IT 行业一切有效而又最新的成果。因此,工业以太网与以太网在工业中的应用全然不是同一个概念。

(1)IDA 的通信结构和通信协议 IDA(the Interface for Distributed Automation)是一种完全建立在以太网基础上的工业以太网规范,将一种实时的基于 Web 的分布自动化环境与集中的安全体系结构加以结合,目标是创立一个基于 TCP/IP 的分散自动化的解决方案。

(2)Ethernet/IP 的通信结构和通信协议 ODVA 除了拥有 DeviceNet 和 ControlNet 还控制另一个总线 EtherNet/IP(EtherNet/Industrial Protocol)。它将应用层和用户层的 DeviceNet 和 ControlNet 的目标库 CIP(Control and Information Protocol)结合起来,CIP 包含了所有经典的 PLC 运算,与以太网物理介质捆绑在一起。

IDA 通信协议模型如图 2-3-3 所示。

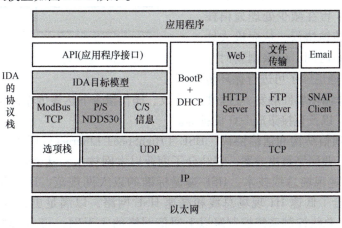

图 2-3-3 IDA 通信协议模型

EtherNet/IP 通信协议模型如图 2-3-4 所示。

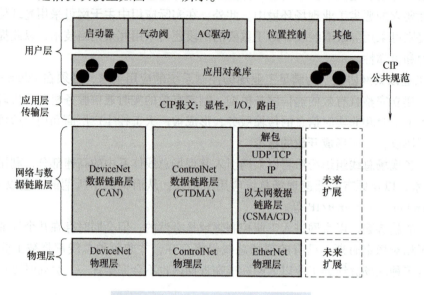

图 2-3-4　EtherNet/IP 通信协议模型

（3）PROFINET 的通信结构和通信协议　在 PROFINET 的第一次公布的版本中，提供了一种非确定性的控制层的结构，有点类似于 PROFIBUS 网络。在 PROFINET V1.0 中大大地加强了商用以太网、TCP/IP 与 UDP（用户数据报协议）/IP 以及 Microsoft 的 DCOM、OPC 还有 XML 的作用。这样，有些背离了传统 PROFIBUS 的结构，但实际上很好地嵌入了西门子公司近来所采取的基于组件自动化的策略。在 2003 年推出的新版本 PROFINET V2.0 中，将通过实时通道，旁路掉 TCP/IP 协议栈，加进实时的功能，如图 2-3-5 所示，它在数据链路层采用了旨在减少处理通信栈所需时间的一种传输协议，从而极大地缩短了网络的刷新时间，确保刷新时间为 5~10ms。实时通道除了可进行循环传输外，还可完成非循环事件触发、过程数据修改、操作指令下达等传输，同时还要加入网络管理、Web 功能，以及直接集成 I/O 设备等。

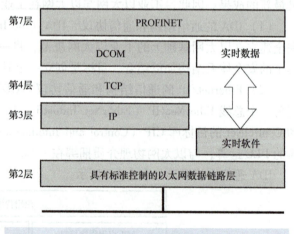

图 2-3-5　PROFINET V2.0 的实时数据优化通信通道

（4）HSE 的通信结构和通信协议　HSE（HighSpeed Ethernet）现场总线是一种基于高速以太网技术的工业网络解决方案，它结合了商业以太网技术和基金会现场总线（Fieldbus Foundation）的低速现场总线技术。HSE 遵循标准的以太网规范。HSE 是 FF 总线技术的一个扩展，它整合了低速 H1 现场总线和高速 HSE 网络，以满足更大数据传输速率的需求。HSE 作为 FF 总线控制系统控制级以上通信网络的主干网，与 H1 现场总线整合构成信息集成开放的体系结构。HSE 和 H1 使用同样的用户层，现场总线信息规范（FMS）在 H1 中定义了服务接口，现场设备访问代理（FDA）为 HSE 提供接口。HSE 通信协议模型如图 2-3-6 所示。

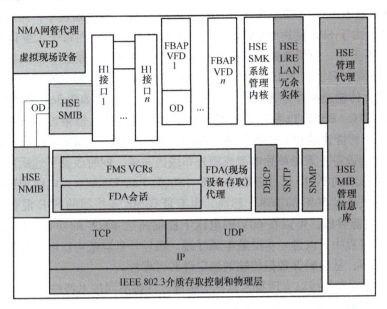

图 2-3-6　HSE 通信协议模型

2.3.3　工业有线网络

1. 工业有线网络概述

有线网络是在工厂内被广泛使用的网络类型。近些年，随着工业互联网的日益剧增的需求，在不同的协议层，各种针对有线网络的创新技术迅速发展。

按照协议层次划分：

① 在物理层，主要有单对双绞线以太网和工业 PON（无源光网络）。

② 在链路层，主要有时间敏感网络 TSN。

③ 在网络层，主要有确定性网络 DetNet。

这些工作在不同协议层的技术，可以单独或者联合使用，满足不同场景下的特定需求。

2. 工业有线网络协议

（1）单对以太网

1) 技术的介绍。长期以来，以太网技术朝着提供更高传输速率的方向演进，主要采用双绞线网线（内含四对双绞线）、光纤作为传输介质。近些年，随着物联网广泛应用，采用单对双绞线作为传输介质，为低速应用提供更具成本效益，成为业界以太网技术发展方向之一。此时，单对工业以太网（Single Pair Ethernet，SPE）的出现解决了工业无线网络中出现的特殊问题。SPE 技术是一种在短距离内以达到 1Gbit/s 的数据传输速率进行双向通信的方法，同时在相同的紧凑接口中提供数据线供电（PoDL）。这种新的互联技术是工厂、工业物联网（IIoT）、机器人、建筑、农业和其他工业自动化应用中的控制、数据采集和云连接的一个飞跃。SPE 技术的主要驱动因素是满足应用程序对高效双向通信的需求，这种双向通信可以实现设备到基础设施和设备到云的实时安全连接。因此，SPE 带来的这些优势，实现了一个低姿态、经济高效、易于安装的系统，并增强了数据分析能力和加快了错误响应速度。

2) 单对以太网技术的优势。传统的以太网需要四对双绞线才能达到 1Gbit/s 的数据传输速率,而 SPE 技术可以在 40m 的范围内提供 1Gbit/s 的数据传输速率,同时提供带有一对双绞线的 PoDL。由于 SPE 使用 600MHz 的带宽进行数据通信,而每个工业以太网双绞线在 100MHz 的频率下工作,使得单根双绞线能够实现这样的速率。通过单根双绞线传输,可以在长达 1km 的距离内提供高达 10Mbit/s 的传输速率,这比 10/100/1000BASE-T 以太网标准下 100m 内的最大传输速率有显著提升。这种能力是通过 IEEE 802.3cg 以太网标准实现的,也就是 10BASE-T1L。BASE-T1 标准最初是为汽车市场设计的,但最近的 802.3cg 扩展了该标准,使其适用于智能建筑和工业物联网(IIoT)市场。此外,PoDL(Power over Data Line)技术消除了在连接设备上需要单独电源或额外布线的需求,同时改善了远距离电力传输的低效率问题。目前标准的 PoDL 通过标准的 SPE(Single Pair Ethernet)电缆和连接器,能够在 40m 的距离内提供最大 50W 的功率。然而,也有带有 M8 连接器的 SPE 混合电缆,它包括额外的 18AWG 电源导线,可以在 60V 的电压下提供高达 400W 的功率,传输距离达 40m。这些电缆在传输过程中可以进一步屏蔽电源导线,而且外部屏蔽可以限制数据信号路径工程中的任何电力噪声,从而确保数据传输的稳定性和可靠性。

当前业界的单对双绞线以太网技术有三个标准,具备不同技术特性,分别支持 10Mbit/s、100Mbit/s 和 1000Mbit/s 速率,见表 2-3-1。

表 2-3-1 单对双绞线以太网的 3 个标准

以太网标准	10BASE-T1	100BASE-T1	1000BASE-T1
速度	10Mbit/s	100Mbit/s	1000Mbit/s
传输介质	无屏蔽单对双绞线		
最大传输距离	1000m	40m	
数据线供电	支持	支持,与 IEEE 802.3bu 标准联合使用	
本安	支持	不支持	
国际标准名称	IEEE 802.3cg	IEEE 802.3bw	IEEE 802.3bp
标准发布时间	2019 年 11 月	2015 年 10 月	2016 年 6 月

新的汽车、运输、铁路甚至航空航天系统都是 SPE 的潜在市场,传统互联解决方案的尺寸、重量和可靠性与要求更小、更轻和更快的通信链路新应用不一致。例如,楼宇自动化中许多小型分布式传感器遍布大型复杂设施,SPE 甚至可以通过无线解决方案很好地为这些应用提供服务。

(2) 无源光网络(PON)

1) 技术介绍。无源光网络(PON)利用光纤技术将数据从单一来源传输到多个端点。"无源"是指使用连接到无电源分路器的光纤电缆,进而将数据从服务提供商的网络传输到多个客户,它是一种典型的无源光纤网络,是指(光配线网中)不含有任何电子器件及电子电源。人们普遍认为无源光网络(PON)是接入网未来发展的方向。一方面是由于它提供的带宽可以满足现在和未来各种宽带业务的需要,因此在解决宽带接入问题上被普遍看好;另一方面,无论在设备成本还是运维管理开销方面,其费用都相对较低。综合经济技术分析表明,PON 是实现 FTTB/FTTH(光纤到大楼/光纤到户)的主要技术。同时,一个无源光网络包括一个安装于中心控制站的光线路终端(OLT),以及一批配套的安装于用户场所的光网络单元(ONU)。目前工业 PON 技术,主流有 EPON(以太网无源光网络)技术和

GPON（千兆无源光网络）技术，分别由 IEEE 和 ITU 制定技术标准。EPON 和 GPON 的主要对比见表 2-3-2。

表 2-3-2　EPON 和 GPON 对比

技术名称	EPON	10G-EPON	GPON	XG-PON
国际标准	IEEE 802.3ah	IEEE 802.3av	ITU-T G.984	ITU-T G.987
单 PON 口上行速率	1Gbit/s	1Gbit/s	1.25Gbit/s	1.25Gbit/s
单 PON 口下行速率	1Gbit/s	10Gbit/s	2.5Gbit/s	10Gbit/s

EPON 和 GPON 的网络架构均为物理点对多点，均采用 TDM（时分复用）方式实现逻辑上的点对点连接，其原理如图 2-3-7 所示。

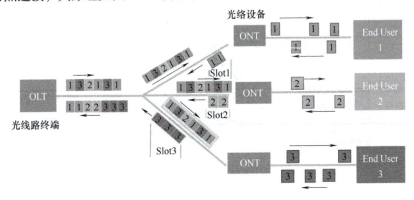

图 2-3-7　工业 PON 原理

2）PON 优点。

① 相对成本低，维护简单，容易扩展，易于升级。PON 结构在传输途中不需要电源，没有电子部件，因此容易铺设，基本不用维护，节省长期运营成本和管理成本。

② 纯介质网络。无源光网络是纯介质网络，彻底避免了电磁干扰和雷电影响，极适合在自然条件恶劣的地区使用。

③ 资源占用少。PON 系统对局端资源占用很少，系统初期投入低，扩展容易，投资回报率高。

④ 提供非常高的带宽。EPON 目前可以提供上下行对称的 1.25Gbit/s 的带宽，并且随着以太技术的发展可以升级到 10Gbit/s。GPON 则是高达 2.5Gbit/s 的带宽。

⑤ 服务范围大。PON 作为一种点到多点网络，以一种扇形的结构来节省 CO（Central Office，中心局）的资源，服务大量用户。用户共享局端设备和光纤的方式更是节省了用户投资。

⑥ 带宽分配灵活，服务质量（QoS）有保证。PON 系统对带宽的分配和保证都有一套完整的体系，可以实现用户级的服务级别协议（Service Level Agreement，SLA）。

（3）时间敏感网络（TSN）

1）技术介绍。时间敏感网络（Time Sensitive Networking，TSN）指的是在 IEEE 802.1 标准框架下，基于特定应用需求制定的一组"子标准"，旨在为以太网协议建立"通用"的时间敏感机制，以确保网络数据传输的时间确定性。其架构如图 2-3-8。时间敏感网络是面向工业智能化生产的新型网络技术，为工业生产环境提供了一种既支持高速率、大带宽的数据采集，又兼顾控制信息传输实时性的网络。在传统工业生产环境中，大量工业应用（如机器控制、流程控制、机器人控制等）对实时通信有着迫切需求，以保证高效和安全地生产流程。当前满足该要求的通常做法是，修改工厂内网络的以太网协议或者在关键生产流程中部署独立的专用以太网络。然而，这类方法的互通性、扩展性和兼容性不够的问题，在从传统工厂控制网络升级到工业互联网的过程中日益明显。时间敏感网络为解决这个难题提供了一个有效的解决方案。

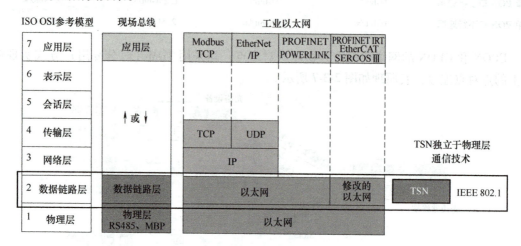

图 2-3-8　TSN 在七层架构中的位置

TSN 是一种具有有界传输时延、低传输抖动和极低数据丢失率的高质量实时传输网络。它基于标准以太网，凭借时间同步、数据调度、负载整形等多种优化机制，来保证对时间敏感数据的实时、高效、稳定、安全传输。简要来说，TSN 通过一个全局时钟和一个连接各网络组件的传输调度器，实现网络内的确定性实时通信。调度器依据相应调度策略，控制时间敏感数据流的实际传输时间和传输路径，以避免链路争抢所导致的传输性能下降和不可预测性，从而保证时间敏感应用的点对点实时通信。当前，IEEE 802.1 正在推进 TSN 系列标准的制定，核心内容涵盖时间同步、数据帧控制、数据流调度、传输可靠性保障等多个协议。我国也在同步推进工业互联网 TSN 系列标准的研制。

2）技术优势。

① 互联互通。标准的以太网具有开放性好、互操作性好的技术优势，常规的调度方式导致网络性能往往能不能满足工业业务的承载要求，存在确定性方面的问题，而工业控制网络通常通过对网络协议进行专门定制化开发来解决确定性问题，但协议之间通常彼此封闭，并且往往需要专用硬件的支持，造成了不同协议无法互通、只能专网专用、可扩展性差、成本高等问题，增加了网络部署的复杂性。传统工业网络和以太网的区别见表 2-3-3。

表 2-3-3　传统工业网络和以太网的区别

项目	以太网	工业网络
应用场所	应用场所	工业场合、工况恶劣、抗干扰性要求较高
拓扑结构	支持线形、环形、星形等结构	支持线形、环形、星形等结构，并便于各种结构的组合和转换，安装简单，具有较高的灵活性、模块性和扩展能力

(续)

项目	以太网	工业网络
可用性	一般的实用性需求，允许网络故障；时间以 s 或 min 为单位	极高的实用性需求，允许网络故障
网络监控与维护	必须有专人使用工具完成	网络监控成为工厂监控的一部分，网络模块可以被 HMI 软件如 WIN CC 网络监控，故障模块容易更换

时间敏感网络（TSN）技术遵循标准的以太网协议体系，天然具有更好的互联互通优势，可以在提供确定性时延、带宽保证等能力的同时，实现标准的、开放的二层转发，提升了互操作性，同时降低了成本；可以整合相互隔离的工业控制网络，为原有的分层的工业信息网络与工业控制网络向融合的扁平化的架构演进提供了技术支撑。

② 全业务高质量承载。工业互联网时代，工业数据作为核心要素的流传范围不再局限于工业控制网络内部，需要进一步向工业信息网络传递。此外，工业数据的类型也呈现多样化趋势，逐步演变为包括视频数据、海量运维数据、远程控制信号在内的多种业务类型。需要网络支持不同类型的业务流在工业网络上实现混合承载。时间敏感网络（TSN）技术体系中提出了包括时间片调度、抢占、流监控及过滤等一系列流量调度特性，支撑二层网络为数据面不同等级的业务流提供差异化承载服务，进而使能各类工业业务数据在工业设备到工业云之间的传输和流转的能力。

③ 智慧运维。时间敏感网络（TSN）技术的互操作架构遵循软件定义网络（SDN）体系架构，可以基于 SDN 架构实现设备及网络的灵活配置、监控、管理及按需调优，以达到网络智慧运维的目标。TSN 系列标准中已经定义或正在定义改进的控制面相关的协议，将会大大增强二层网络的配置与管理的能力，为整个工业网络的灵活性配置提供了支撑。

TSN 的应用前景非常广阔，目前在汽车领域、工业物联网和工业控制中都已广泛应用。

(4) 确定性网络（DetNet）

1) 技术介绍。确定性网络（Deterministic Networking，DetNet）是 IETF 正在制定中的网络层标准，它通过提供有确定范围的时延、丢包和时延抖动参数的数据路径，为应用提供一个可靠的网络环境。DetNet 主要采用了资源预留、确定路径、无缝冗余三大技术，实现向用户提供拥塞控制、确定路径、确定性的延迟和抖动、多路径传输、分组编码保护等主要服务。DetNet 网络为 DetNet 流在路由路径的每个节点上预留足够的缓存和带宽资源，保证 DetNet 流不会因为缓存不够而出现丢包。DetNet 对 DetNet 流的传输路径计算采用相对固定的路由路径技术，它一方面为资源预留技术提供了基础的保障，同时固定路径也为延迟的精确计算提供了可能，是保证确定性延迟和抖动的基础。同时，DetNet 通过无缝冗余技术，即多路径传输的方式，保证在工作路径发生故障时，依然有备份的数据流通过其他路径正确、实时地传输到目标节点。确定性网络由确定性网络使能的终端和节点组成。所有启用确定性网络的节点都连接到子网，其中点对点链接也被认为是简单的子网。这些子网提供确定性网络的兼容服务，以支持确定性业务流。子网包括基于 IEEE 802.1 标准的时间敏感网络（TSN）和光传送网（OTN）。多层确定性网络系统也是可能实现的，例如将其中一个确定性网络作为子网，为更高层的确定性网络系统提供服务。一个简单的确定性网络概念图如图 2-3-9 所示。

此外，DetNet 系列技术还包括排队整形技术和流标识技术。排队整形技术用于解决排

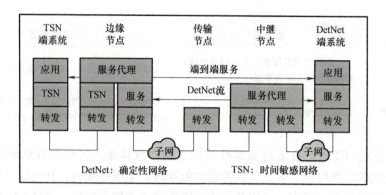

图 2-3-9　确定性网络概念图

队带来的时延问题，通过排队和传输选择算法，由中央控制器计算每个节点的时延，并计算它们对每个新增 DetNet 流提供的缓存容量，从而更好地调度和控制节点和终端系统。流标识技术用来区分网络中的确定性流和非确定性流，以及带有不同 QoS 标准的确定性流，如图 2-3-10 所示。

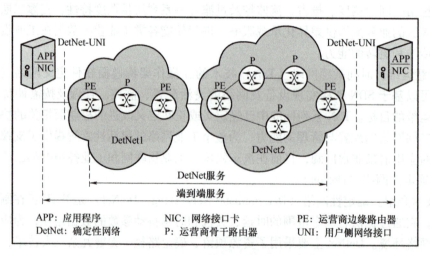

图 2-3-10　确定性网络参考架构

2) 主要特点和优势。DetNet 技术的优势在于它可以在网络的 L3 层来保证网络业务的确定性传送。DetNet 重点针对多子网的 L3 实时互联。它在 TSN 现有机制，如资源预留、冗余路径、队列整形等基础上，针对 L3 设备如路由器、防火墙、服务器等进行接口调度融合或实现机制与算法的 L3 上移，以保障严格的跨域子网之间的确定性网络服务。随着智能工厂的发展，远程控制的需求将逐渐显现，而目前的工作控制网络主要局限在局域网的范围，不能满足跨局域网的确定性业务传输需求，而 DetNet 则可以很好地解决跨域的问题。目前，DetNet 技术主要应用到交通、工业、电信等领域。

2.3.4　工业无线网络

1. 工业无线网络概述

无线技术使用专有无线电已经有 40 多年的历史。然而，随着工业网络的现代化以及不同以太网协议和工业物联网的出现,对无线技术标准化的需求日益增长。在过去的几年中,WiFi（IEEE 802.11）、蓝牙技术（IEEE 802.15.1）和 ZigBee 等标准已成为主流的无线技术,在工厂内采用无线网络,可以消除线缆对车间内人员羁绊、纠缠等危险,使工厂内环境更安全、整洁,并且具有低成本、易部署、易使用、灵活调整等优点。这些技术主要基于短距（如 IEEE 802.11）或者近距（如 IEEE 802.15）标准,由于种种原因,尤其是在可靠性、数据传输速率、覆盖距离、移动性等方面的不足,导致在工业领域未能广泛应用。

未来工业互联网,为满足工厂要素全面互联,生产灵活调配的需求,以及一些新的无人操作的诉求（如远程巡检等）,对于无线网络有更迫切的需求。工厂内无线网络,将更多采用创新技术,在工业领域逐步渗透,呈现从信息采集到生产控制,从少量部署到广泛应用的发展趋势。

2. 工业无线网络技术

（1）近距离非蜂窝通信

1）WiFi　WiFi（Wireless Fidelity）具有传输速率较高（可以达到 Mbps）、有效距离长和接入设备多等优点。WiFi 是一种基于 IEEE 802.11 系列协议标准实现的无线通信技术,该通信协议于 1996 年由澳大利亚的研究机构 CSIRO 提出,WiFi 凭借其独特的技术优势,被公认为是目前主流的 WLAN 技术标准。随着 WiFi 无线通信技术的不断优化和发展,当前主要有 4 种通信协议标准,即 IEEE 802.11g、IEEE 802.11b、IEEE 802.11n 和 IEEE 802.11a,根据不同的协议标准主要有两个工作频段,分别为 2.4GHz 和 5.0GHz。一个 WiFi 网络,通常包含至少一个无线接入点（Access Point, AP）、一个或多个无线终端,无线接入点允许无线终端连接到 WiFi 网络,无线路由器（集成了无线接入点功能）和无线接入点等 WiFi 设备都具备这些功能。而在企业场景下,通常有以下几种 WiFi 网络部署类型。

① FAT AP（无线接入点）独立部署。FAT AP,又称为胖 AP,独立完成 WiFi 覆盖,不需要另外部署管控设备。但是,由于 FAT AP 独自控制用户的接入,用户无法在 FAT AP 之间实现无线漫游,只有在 FAT AP 覆盖范围内才能使用 WiFi 网络。

因此,FAT AP 通常用于家庭或 SOHO（居家办工）环境的小范围 WiFi 覆盖,在企业场景已经逐步被"AC+FIT AP"和"云管理平台+云 AP"的模式所取代。

② AC（接入控制器）+FIT AP 集中式部署。AC+FIT AP 的模式目前广泛应用于大中型园区的 WiFi 网络部署,如商场、超市、酒店、企业办公等。AC 的主要功能是通过 CAPWAP 隧道对所有 FIT AP 进行管理和控制。AC 统一给 FIT AP 批量下发配置,因此不需要对 AP 逐个进行配置,大大降低了 WLAN 的管控和维护成本。同时,因为用户的接入认证可以由 AC 统一管理,所以用户可以在 AP 间实现无线漫游。对于小范围 WiFi 覆盖的场景,本身所需 AP 数量较少,如果额外部署一台 AC 的话,会导致整体无线网络成本较高。这种场景下,如果没有用户无线漫游的需求,建议部署 FAT AP；如果希望同时满足用户无线漫游的需求,建议部署云 AP。

③ 云化部署。云 AP 自身功能和 FAT AP 类似,因此可以应用于家庭 WLAN 或 SOHO 环境的小型组网；同时,云管理平台+云 AP 的组网结构和 AC+FIT AP 的组网结构类似,云 AP 由云管理平台统一管理和控制,因此又可以应用于大中型组网。云 AP 支持即插即用,部署简单,并且不受部署空间的限制,能灵活的扩展,目前比较多的应用于分支较多的场景。

2）ZigBee。ZigBee 是一种低速短距离传输的无线通信协议,是一种高可靠的无线数传网络，主要特色有低速、低耗电、低成本、支持大量网上节点、支持多种网上拓扑、低复杂度、快速、可靠、安全。ZigBee 技术是一种新型技术，它最近出现，主要是依靠无线网络进行传输，它能够近距离的进行无线连接，属于无线网络通信技术。

图 2-3-11 所示为 ZigBee 的组网方式。

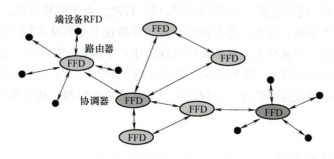

图 2-3-11　ZigBee 组网方式

① 在一个 ZigBee 网络中有一个 FFD（完整功能设备）充当该网络的协调器（Coordinator）。

② 协调器负责维护整个 ZigBee 网络的节点信息，同时还可以与其他 ZigBee 网络的协调器交换数据。

③ 通过各网络协调器的相互通信，可以得到覆盖更大范围、超过 6.5 万个节点的 ZigBee 网络。

ZigBee 技术的先天性优势，使得它在物联网行业逐渐成为一个主流技术，ZigBee 网络被广泛应用于家庭自动化、家庭安全、工业现场控制、环境控制、医疗护理、交通运输等各个领域。

3）蓝牙技术。蓝牙技术最早始于 1994 年，由爱立信公司研发，是在两个设备间进行无线短距离通信的最简单、最便捷的方法之一，可实现固定设备、移动设备和楼宇个人域网之间的短距离数据交换。蓝牙技术被广泛地用于手机、PDA（掌上电脑）等移动设备、PC、GPS 设备，以及大量的无线外围设备（蓝牙耳机、蓝牙键盘等）。蓝牙采用跳频技术，通信频段为 2.402~2.480GHz。目前蓝牙已经更新了 14 个版本，分别是 V1.0、V1.1、V1.2、V2.0、V2.1、V3.0、V4.0、V4.1、V4.2、V5.0、V5.1、V5.2、V5.3、V5.4，通信半径从几米到几百米延伸。相比之前的蓝牙 4.2 甚至更老的版本，蓝牙 5.0 有如下特点。

① 更快的传输速率。蓝牙 5.0 的最大传输速率为 2Mbit/s，是之前 4.2 版本的 2 倍。

② 更远的有效距离。蓝牙 5.0 的最大传输有效距离是上一版本的 4 倍。理论上，蓝牙发射和接收设备之间的有效工作距离可达 300m。

③ 导航功能。蓝牙 5.0 添加了更多的导航功能，可以作为室内导航信标或类似定位设备使用，结合 WiFi 可以实现精度小于 1m 的室内定位。

④ 更多的传输功能。蓝牙 5.0 增加了更多的数据传输功能，硬件厂商可以通过蓝牙 5.0 创建更复杂的连接系统，比如 Beacon（信标）或位置服务。

⑤ 更低的功耗。蓝牙 5.0 大大降低了功耗，人们在使用蓝牙的过程中再也不必担心移动设备的待机时长的问题。

蓝牙技术的最大的优点是不依赖于外部网络、速率快、低功耗、安全性高。只要有手机和智能设备，就能保持稳定的连接，走到哪连到哪。其缺点是不能直接连接云端，传输速率比较慢，组网能力比较弱，而且网络节点少，不适合多点布控。

WiFi、ZigBee、蓝牙技术三者之间的比较如下。

蓝牙技术的出现使得短距离无线通信成为可能，但其协议较复杂、功耗高、成本高等特点不太适用于要求低成本、低功耗的工业控制和家庭网络。蓝牙最大的障碍在于传输范围受限，一般有效的范围约为10m，抗干扰能力不强、信息安全问题等问题也是制约其进一步发展和大规模应用的主要因素。

WiFi也是一种短距离无线传输技术，可以随时接入无线信号，移动性强，比较适合在办公室及家庭的环境下应用。当然WiFi也存在一个很大的缺点，由于WiFi采用的是射频技术，通过空气发送和接收数据，使用无线电波传输数据信号，比较容易受到外界的干扰。

ZigBee则是国际通行的无线通信技术，它的每个网络端口可以最多接入6.5万多个端口，常用于物联网、智能家居、工业控制等多个领域，而蓝牙和WiFi网端只能接入10个端口，显然不能适应家庭需要。ZigBee还具有低功耗和低成本优势。

目前来说，WiFi的优势是应用广泛，已经普及到千家万户；ZigBee的优势是低功耗和自组网；蓝牙的优势组网简单。然而，这三种技术也都有各自的不足，没有一种技术能完全满足智能家居的全部要求。

（2）远距离无线通信　远距离无线通信是指通信双方通过无线电波传输数据，并且传输距离较远，用于通信双方空间距离较远以及物理位置不宜铺设线路的情况。目前，在工业场景中应用较为广泛的远距离无线通信技术主要有GPRS、NB-IoT、5G、LoRa等。

1）GPRS　通用分组无线服务技术（General Packet Radio Service，GPRS）是GSM手机用户可以使用的移动数据服务，属于第二代移动通信中的数据传输技术。可以说GPRS是GSM的延续，GPRS与以往的连续信道传输方式不同，以分组方式传输，因此使用者负担的费用以传输数据为单位进行计算，并不使用信道整体，理论上是廉价的。GPRS的传输速率提高到56kbit/s或114kbit/s。移动通信技术从第一代模拟通信系统向第二代数字通信系统发展，之后的3G、4G、5G正在以飞跃的速度发展。在第二代移动通信技术中，GSM的应用最广泛。但是GSM系统只能交换电路域的数据，最高传输率为9.6kbit/s，难以满足数据服务的需要，为此，欧洲电信标准委员会（ETSI）发布了GPRS（通用分组无线电服务）。分组交换技术是计算机网络上的重要数据传输技术，为了实现从以往的语音服务到新兴数据服务的转变，GPRS在原来的GSM网络上重叠支持高速分组数据的网络，向用户提供WAP阅览（互联网页面阅览）、Email等功能，GPRS是介于2G和3G之间的技术，也称为2.5G，其后面有EDGE网络，称为2.75G。这些为实现从GSM到3G的平稳过渡奠定了基础。

在实际应用中，工业物联网领域还是有不少关于GPRS的应用，典型的应用如图2-3-12所示。之所以用途较广，一方面是GPRS成本低，一方面是GPRS网络建设时间长，网络稳定，技术成熟；这也是移动公司迟迟没宣布关闭GSM网络的原因。

2）LoRa。LoRa是一种基于扩频技术的远距离无线传输技术，其实也是诸多LPWAN（低功率广域网络）通信技术中的一种，是Semtech公司创建的低功耗局域网无线标准，它最大特点就是在同样的功耗条件下比其他无线方式传播的距离更远，实现了低功耗和远距离的统一，它在同样的功耗下比传统的无线射频通信距离扩大了3~5倍。这一方案为用户提供了一种简单的能实现远距离、低功耗的无线通信手段。目前，LoRa主要在ISM频段运行，主要频率包括433MHz、868MHz、915MHz等。

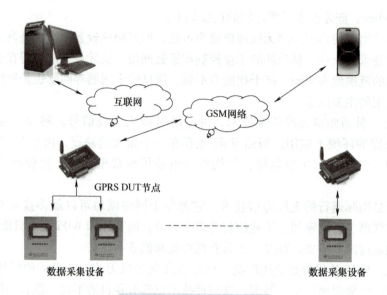

图 2-3-12　GPRS 典型应用

LoRa 物联网的架构主要分为三大类：LoRaWAN、LinkWAN 和私有协议。

① LoRaWAN：由 LoRa 联盟制定的基于 LoRa 的网络通信协议和系统架构。凡是符合这个协议和和系统架构的都 LoRaWAN。

② LinkWAN：阿里公司在 LoRaWAN 的基础上进行了修改，网络架构还和 LoRaWAN 是一样的，仅仅支持 470~510Mhz 频段。

③ 私有协议：不符合上面两种的都归为私有协议，例如市面上一些点对点、Mesh 网络等。

LoRaWAN 的网络架构如图 2-3-13 所示，LoRaWAN 网络由以下四部分构成。

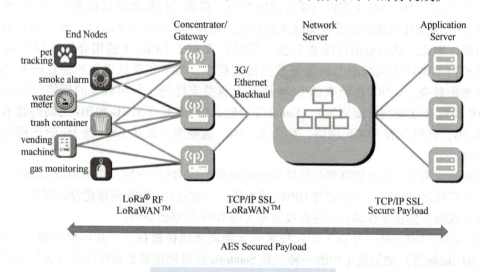

图 2-3-13　LoRaWAN 的网络架构

① End Nodes（终端节点）：一般基于 SX127x、SX126x 系列芯片开发，终端设备根据下行窗口打开的时间分为 A、B、C 三类，其中 A 类最省电，B 类次之，C 类最耗电。典型应

用如烟雾监测、温湿度监控、宠物追踪等、路灯控制等。

② Concentrator/Gateway（集中器或网关）：基于 SX1301、SX1302、SX1308 系列芯片开发，上行 8 个通道、下行 1 个通道，一般 SX1301 和 SX1302 用于室外网关，SX1308 用于室内网关，不过这三款芯片的价格比较贵，因此也会基于 SX127x、SX126x 开发低成本的单通道网关。

③ Network Server（网络服务器）：负责终端入网、数据加解密、设备管理等核心功能。典型的服务器有 ChirpStack、The Things Network、Loriot、腾讯云物联网平台等，当然也可以自己开发。其中 ChirpStack 开放源代码，支持自己私有部署；The Things Network 上面运行了上万台网关，分布在全球 150 多个国家和地区；loriot 是一个商用 Network Server，在深圳有服务器；腾讯云物联网平台目前可以免费使用。

④ Application Server（应用服务器）：典型应用有 Web 监控管理平台等，也可以是手机 APP，Network Server 与 Application Serve 之间的交互，上面提到的 ChirpStack、The Things Network 都提供了应用程序编程接口（API），Application Serve 可以通过 API 管理设备、获取数据等。

LoRa 技术具有如下特点。

① 低功耗：通信距离可达 15km，接收电流仅为 10mA，睡眠电流为 200nA，延长了电池的使用寿命。

② 大容量：在建筑密集的城市环境中可以覆盖半径为 2km 左右，而在密度较低的郊区覆盖半径可达 10km。

③ 支持测距和定位：LoRa 对距离的测量是基于信号在空中的传输时间，定位则基于多点（网关）对一点（节点）空间传输时间差的测量，定位精度可达 5m（假设 10km 的范围）。

因此，LoRa 技术非常适于要求低功耗、远距离、大量连接以及定位跟踪等的物联网应用，如智能停车、车辆追踪、智慧工业、智慧城市、智慧社区等。LoRa 的缺点是传输速率慢，通信频段易受干扰，芯片供应被 Semtech 垄断，从底层开发周期较长，以及自组网的网络机制较为复杂，因此一般公司不愿研究 LoRa 技术，更愿意买模块直接用。低功耗广域网络（Low Power Wide Area Network，LPWAN）是物联网中不可或缺的一部分，具有功耗低、覆盖范围广、穿透性强的特点，适用于每隔几分钟发送和接收少量数据的应用情况，如水运定位、路灯监测、停车位监测等。LoRa 定位的应用场景包括智慧城市和交通监控、计量和物流、农业定位监控。

3）NB-IoT 协议。窄带物联网（Narrow Band Internet of Things，NB-IoT）是物联网（IoT）领域一个新兴的技术，支持低功耗设备在广域网的蜂窝数据连接，也被称为低功耗广域网（LPWAN）。NB-IoT 基于蜂窝的窄带物联网，是 3GPP LTE Release 13 的新增网络协议，与现有 LTE 网络兼容，是 GSM 网络的替代方案之一，未来还可以进一步升级满足 5G 需求，成为 5G 的一部分。NB-IoT 的发展优势如下。

① 移动通信正在从人和人的连接，向人与物以及物与物的连接迈进，万物互联是必然趋势。NB-IoT 具有覆盖广、连接多、速率快、成本低、功耗低、架构优等特点，能够带来更加丰富的应用场景，成为物联网的主要连接技术，其组网方式如图 2-3-14 所示。

② 具有广覆盖、低功耗、模块成本低、大连接等特性，传输速率约为 250kbit/s 左右。NB-IoT 逐渐取代了原来 2G 的相关应用，未来将会有更大规模、更多类型的应用。目前其典

型应用有智能表记（水、电、气）、智慧井盖、智慧烟感、智慧环卫、智能门锁、共享单车等。

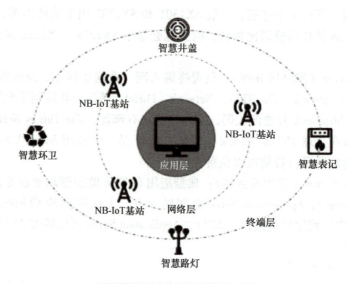

图 2-3-14　NB-IoT 组网方式

4）4G 和 5G。4G 通信技术是第四代的移动信息系统，是在 3G 技术上的一次更好的改良，它相较于 3G 通信技术来说一个更大的优势是将 WLAN 技术和 3G 通信技术进行了很好的结合，使图像的传输速率更快，让传输图像的质量和图像看起来更加清晰。在智能通信设备中应用 4G 通信技术让用户的上网速率更快，可达 100Mbit/s。4G 通信具有非对称的超过 2Mbit/s 的数据传输能力，数据率超过 UMTS，是支持高速数据率（2~20Mbit/s）连接的理想模式，上网速率从 2Mbit/s 提高到 100Mbit/s，具有不同速率间的自动切换能力。4G 网络具有以下优势。

① 通信速率快。通信系统传输速率为 20Mbit/s，最高可达 100Mbit/s，这种速率相当于 2009 年新款高配置手机传输速率的 1 万倍，是第三代手机传输速率的 50 倍。

② 网络频谱宽。通信带宽上比 3G 网络的蜂窝系统的带宽高出许多，相当于 3G 网络（W-CDMA）的 20 倍。

③ 通信灵活。可以双向下载传递资料、图画、影像。

④ 同时还具有智能性高，兼容性好等特点。

为满足当下爆炸式增长的物联网应用需求，工业级 4G DTU，提供 RS485/RS232/AI/DO 多种接口，稳定可靠；可以全网络覆盖，支持 TCP/UDP 透明传输、HTTP 双向通信、自动采集数据、自动控制开关；支持 Web 远程配置、FOTA 固件升级，简单便捷，让设备轻松实现 Internet 的无线连接；可广泛应用于电力系统、工业监控、交通管理、环境监控、气象、水利、煤矿、石油、新能源等行业，为项目的通信组网与无线传输提供有力支撑。通常说的 4G，大部分是高速的 4G，Cat. 即 UE-Category，根据 3GPP 的定义，UE-Category 分为 1~10 共 10 个等级，其中 Cat. 1~Cat. 5 为 R8 定义，Cat. 6~Cat. 8 为 R10 定义，Cat. 9~Cat. 10 为 R11 定义。

a. Cat. 1 技术介绍。Cat. 1 是低速 4G，是为物联网中的物提供连接服务。Cat. 1 的全称是 LTEUE-Category1，其中 LTE 指的是 4G 网络、UE 指的是用户设备、Category 翻译为等级，它是 LTE 网络下用户终端设备的无线性能的分类。根据 3GPP 的定义，UE 类别分为 1~15 共 15 个等级。Cat.1 的最终目标是服务于物联网并实现低功耗和低成本 LTE 连接的目的，这对物联网的发展具有重要意义。

b. Cat.1 的发展前景。在蜂窝物联网连接的代际迁移过程中，原始 2G/3G 连接只能由 NB-IoT 和 4G 进行。其中，低频、小分组、低移动性、低延迟敏感性、高成本敏感性的场景可以通过 NB-IoT 进行；中等速率、对延迟和移动性的某些要求、对语音和成本的支持具有一定承受能力的方案可以通过 Cat.1 进行。4GIoT 连接具有明显的结构特征，其中 Cat.1 是值得关注的分支。从蜂窝物联网的当前发展趋势来看，Cat.1 承担起 4GIoT 连接主要角色的时机已经到来。

c. Cat.1 模块自身的优势。Cat.1 支持高达 10Mbit/s 的终端下行链路速率，从而能够以更低的功耗和更低的成本将 IoT 设备连接到 LTE 网络。由于世界各地的 4GLTE 运营商均基于最低 3GPPRelease8 协议版本进行部署，因此运营商无须升级网络，仅需要简单的参数配置即可允许 Cat.1 终端访问网络。

d. Cat.1 应用场景。Cat.1 的应用场景包括穿戴式设备、智能家电、工业传感器、水文水利的检测、港口物流跟踪以及共享支付类。这些场景对于宽带速率要求不高，同时又对是电池供电，但对功耗与数据传输稳定性要求都很高。

5G 技术。5G 网络指的是在移动通信网络发展中的第五代网络，与之前的四代移动网络相比较而言，5G 网络在实际应用过程中表现出更加强化的功能，并且理论上其传输速率能够达到数十 Gbit/s，这种速率是 4G 移动网络的几百倍。5G 网络在实际应用过程中表现出了更加明显的优势及更加强大的功能。

5G 是目前唯一可确保数据以接近实时的速率传输的低延迟网络，可支持需要实时通信的工业应用。与 4G 网络相比，5G 网络的延迟率低 4 到 5 倍，从而能够传输大数据包。5G 网络的超低延迟非常适合依靠大数据传输实现的工业 4.0 商业模式。

5G 是可供公众使用的新一代无线网络。与 4G 相比，5G 网络为工业设施实现其工业 4.0 的目标提供了更稳定、更可靠和更可塑化的途径。5G 保证的低延迟和高带宽是推动基于网络连接和大量数据交换的业务模式发展的关键因素。

2.4 工业设备接口与通信协议

工业生产过程涉及人、机、物三者之间信息的传送，有时需要依靠接口来进行。传送过程中，传输协议常用于定义多个设备之间传播信息时的系统标准。通信协议定义了设备通信中的语法、语义、同步规则和发生错误时的处理原则，可以理解为机器之间使用的语言。通过标准化的协议制定，可以使平台具备良好的开放性，而良好的开放性可以有效降低成本，并且使得系统具备良好的可移植性。下面介绍工业设备接口以及工业设备常用协议。

2.4.1 工业设备接口

工业设备接口通常称为 I/O 接口，是一种电子电路（以 IC 芯片或接口板形式出现），其内有若干专用寄存器和相应的控制逻辑电路构成，是 CPU 和 I/O 设备之间交换信息的媒介和桥梁。由于 I/O 设备品种繁多，其相应的接口电路也各不相同，因此习惯上说到接口只是指 I/O 接口。在工业应用中，工业设备通信架构如图 2-4-1 所示。

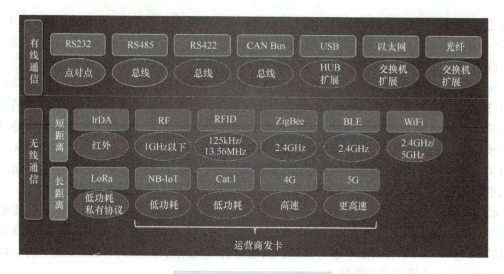

图 2-4-1　工业设备通信架构

1. RS232 接口

RS232 是美国电子工业联盟制定的串行数据通信接口标准，原始编号全称是 EIA-RS-232（简称 RS232），它被广泛用于数据通信设备（Data Communication Equipment，DCE）和数据终端设备（Data Terminal Equipment，DTE）之间的连接。DCE 可以理解为数据通信端，如调制解调器设备；DTE 可以理解为数据终端，如计算机。最早的台式计算机都会保留 9 针的 232 接口，用于串口通信，目前基本被 USB 接口取代。现在 RS232 接口常用于仪器仪表设备、PLC 以及嵌入式领域的调试口，如图 2-4-2 所示。

RS232 是串行通信接口，串口通信使用串行方式进行通信，即串口按位（bit）发送和接收字节序列。RS232 传输线少，配线简单，常用针脚定义：2 为发送，3 为接收，5 为地。RS232 为电平信号，逻辑"1"为 −15 ~ −3V，逻辑"0"为 +3 ~ +15V，噪声容限为 2V。电平信号传输过程中有衰减，因此 RS232 的传输距离有限，最大传输距离 15m 左右，其信号示意图如图 2-4-3 所示。

RS-232-C 标准接口如图 2-4-4 所示。RS232 就是串口，计算机机箱后方的 9 芯插座。

图 2-4-2　RS232 接口

由于 RS232 接口标准出现较早，难免有不足之处，主要有以下四点。

① 接口的信号电平值较高，易损坏接口电路的芯片，又因为与 TTL 电平不兼容，故需使用电平转换电路方能与 TTL 电路连接。

② 传输速率较低，在异步传输时，传输速率为 20kbit/s。

③ 接口使用一根信号线和一根信号返回线而构成共地的传输形式，这种共地传输容易产生共模干扰，因此抗噪声和干扰性弱。

④ 传输距离有限，实际上只能在 15m 内使用。

既然 RS232 的最大传输距离只有 15m 这么短，那么有什么作用呢？其实它的应用非常广泛，可以连接各种设备，如监控、其他的设备升级或调试等都可能需要用到它。功能与 USB 比较接近，随着 USB 端口越来越普遍，将会出现更多地把 USB 转换成 RS232 或其他接口的转换装置。通过 USB 接口可连接更多的 RS232 设备，不仅可获得更高的传输速率，实现真正的即插即用，同时解决了 USB 接口不能远距离传输的缺点（USB 通信距离在 5m 内）。

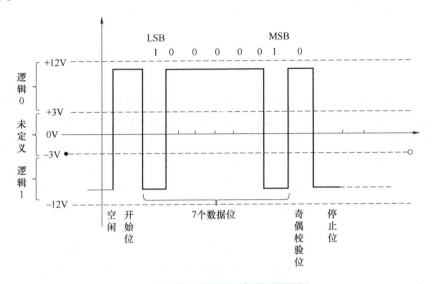

图 2-4-3　RS232 电平信号示意图

外形	针脚	符号	输入/输出	说明
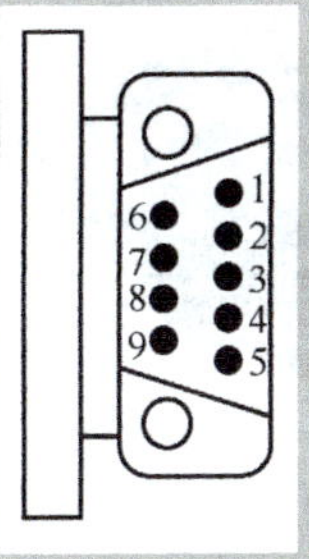	1	DCD	输入	数据载波检测
	2	RXD	输入	接收数据
	3	TXD	输出	发送数据
	4	DTR	输出	数据终端准备好
	5	GND	—	信号地
	6	DSR	输入	数据装置准备好
	7	RTS	输出	请求发送
	8	CTS	输入	允许发送
	9	RI	输入	振铃指示

图 2-4-4　RS-232-C 标准接口

由于 RS232 接口为异步通信方式，两条都为数据线，没有时钟线，因此要约定通信频率来判定数据位，即比特率。

RS232 串口通信参数如图 2-4-5 所示。

RS232 串口通信参数。

① 比特率：RS-232-C 标准规定的数据传输速率为 50、75、100、150、300、600、1200、2400、4800、9600、19200bit/s。

② 数据位：标准的值是 7 位、8 位和 10 位，如何设置取决于用户想传送的信息。例如，标准的 ASCII 码是 0~127（7 位）；扩展的 ASCII 码是 0~255（8 位）。

③ 停止位：用于表示单个包的最后一位，典型的值为 1、1.5 和 2 位。由于数值是在传

设置	参数
比特率	常用比特率为2400bit/s、4800bit/s、9600bit/s、19200bit/s
数据位	7位、8位、9位
检验位	奇检验(O)、偶检验(E)、无检验(N)
停止位	1位、2位

图 2-4-5　RS232 串口通信参数

输线上定时的，并且每一个设备有其自己的时钟，很可能在通信中两台设备间出现了小小的不同步。因此停止位不仅仅是表示传输的结束，并且提供计算机校正时钟同步的机会。

④ 奇偶校验位：在串口通信中一种简单的检错方式。对于偶校验和奇校验的情况，串口会设置校验位（数据位后面的一位），用一个值确保传输的数据有偶个或者奇个逻辑高位。例如，如果数据是011，那么对于偶校验，校验位为0，保证逻辑高的位数是偶数个。如果是奇校验，校验位为1，这样就有3个逻辑高位。

2. RS485 接口

针对 RS232 串口标准的局限性，人们又提出了 RS485 接口标准，如图 2-4-6 所示。RS485 采用平衡发送和差分接收方式实现通信：发送端将串行口的 TTL 电平信号转换成差分信号 A、B 两路输出，经过线缆传输之后在接收端将差分信号还原成 TTL 电平信号。由于传输线通常使用双绞线，又是差分传输，因此有极强的抗共模干扰的能力，总线收发器灵敏度很高，可以检测到低至 200mV 电压，故传输信号在千米之外都是可以恢复。

图 2-4-6　RS485 接口

RS485 为总线通信接口，一般为两线制，A（DATA+）和 B（DATA-）。RS485 为差分信号，逻辑"1"以两线间的电压差为+(2~6)V 表示，逻辑"0"以两线间的电压差为-(2~6)V 表示。虽然长距离通信两条通信线电压有衰减，但差值稳定，如图 2-4-7 所示。

RS485 和 RS232 一样，都为异步通信方式，通信参数相同，都需设置比特率、数据位、检验位和停止位。RS485 采用半双工工作方式，任何时候只能有一点处于发送状态。RS485 采用主从式结构构成的多机通信系统，主机控制多个从机，从机不主动发送命令或数据，是主机一问一答的形式通信，每台从机均分配一个从机地址，同一总线中，从机

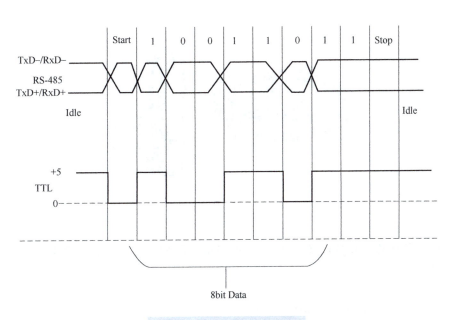

图 2-4-7　RS485 信号示意图

地址是唯一的。

针对 RS232 的不足，人们不断出现了一些新的接口标准，RS485 就是其中之一，它具有以下特点。

① RS485 的电气特性：逻辑"1"以两线间的电压差为+(2~6)V 表示；逻辑"0"以两线间的电压差为-(2~6)V 表示。RS485 接口信号电平比 RS-232-C 降低了，不易损坏接口电路的芯片，且该电平与 TTL 电平兼容，可方便与 TTL 电路连接。

② RS485 的数据最高传输速率为 10Mbit/s。

③ RS485 接口是采用平衡驱动器和差分接收器的组合，抗共模干扰能力增强，即抗噪声干扰性好。

④ RS485 接口的最大传输距离可达 3000m，另外 RS-232-C 接口在总线上只允许连接 1 个收发器，即单站能力。而 RS485 接口在总线上是允许连接多达 128 个收发器，即具有多站能力，用户可以利用单一的 RS485 接口方便地建立起设备网络。

因为 RS485 接口具有良好的抗噪声干扰性、长的传输距离和多站能力等优点，就使其成为首选的串行接口，如图 2-4-8 所示。因为 RS485 接口组成的半双工网络，一般只需要两根连线，所以 RS485 接口均采用屏蔽双绞线传输。

RS485 接口连接器采用 DB-9 的 9 芯插头座，与智能终端 RS485 接口采用 DB-9（孔），与键盘连接的键盘接口 RS485 采用 DB-9（针）。

2.4.2　物联网通信协议 MQTT

物联网价值和意义在于能够使组件进行通信，而这种通信能力能够将数据从端点设备通过物联网管道移动到中央服务器。

通信过程是通过物联网协议进行，可确保连接环境中的后续步骤接收和理解从端点设备（例如传感器）发送的数据，无论数据的下一步是发送到另一个端点设备还是应用程序或网关。

图 2-4-8 RS485 类型智能终端

物联网常用协议有 MQTT、CoAP、HTTP、LoRa 和 NB-IoT 等，如图 2-4-9 所示。本小节主要介绍 MQTT 协议。

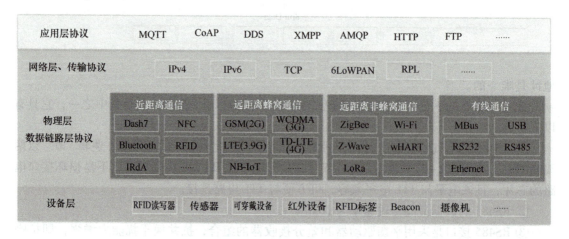

图 2-4-9 物联网中的常用协议

1. MQTT 协议概述

MQTT 协议（Message Queue Telemetry Transport，消息队列遥测传输协议）是一种基于发布/订阅（Publish/Subscribe）模式的"轻量级"通信协议，该协议构建于 TCP/IP 协议上，由 IBM 公司在 1999 年发布。MQTT 最大优点在于，可以以极少的代码和有限的带宽，为连接远程设备提供实时可靠的消息服务。作为一种低开销、低带宽占用的即时通信协议，使它在物联网、小型设备、移动应用等方面有较广泛的应用。MQTT 是一个基于客户端/服务器的消息发布/订阅传输协议。MQTT 协议是轻量、简单、开放和易于实现的，这些特点使它适用范围非常广泛，其通信方式如图 2-4-10 所示。

MQTT 协议在设计之初就包含了以下几个特点。

1) 实现简单。

2) 提供数据传输的服务质量（Quality of Service，QoS）。

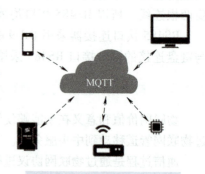

图 2-4-10 MQTT 通信方式

3）轻量、占用带宽低。
4）可传输任意类型的数据。
5）具有持久会话模式（Session）。

随着多年的发展，MQTT 协议的重点应用不再只有嵌入式系统，而是更广泛的物联网世界。简单来说，MQTT 协议具有以下新特性。

1）使用发布/订阅消息模式，提供一对多的消息发布，解除应用程序耦合。
2）对负载内容屏蔽的消息进行传输。
3）使用 TCP/IP 提供网络连接。主流的 MQTT 是基于 TCP 连接进行数据推送的，但是同样有基于 UDP 的版本，称为 MQTT-SN。
4）小型传输，开销很小（固定长度的头部是 2 字节）；协议交换最小化，以降低网络流量。
5）使用 Last Will 特性通知有关各方客户端异常中断的机制。Last Wil，即遗言机制，用于通知同一主题下的其他设备发送遗言的设备已经断开了连接。
6）有以下三种消息发布服务质量。

a. "至多一次"，消息发布完全依赖底层 TCP/IP 网络。会发生消息丢失或重复的情况。这一级别可用于环境传感器数据，丢失一次读记录没有影响，因为不久后还会有第二次发送。这一种方式主要用于普通 APP 的推送，倘若用户的智能设备在消息推送时未联网，推送过去的消息没收到，再次联网也就收不到了。

b. "至少一次"，确保消息到达，但消息重复接收的情况可能会发生。

c. "只有一次"，确保消息到达一次。在一些要求比较严格的计费系统中，可以使用此级别。在计费系统中，消息重复或丢失会导致不正确的结果。这种最高质量的消息发布服务还可以用于即时通信类的 APP 的推送，确保用户收到且只会收到一次推送消息。

2. MQTT 协议实现方式

实现 MQTT 协议需要客户端和服务器端通信完成，在通信过程中，MQTT 协议中有三种身份：发布者（Publish）、代理（Broker）、订阅者（Subscribe），网络传输模式如图 2-4-11 所示。其中，消息的发布者和订阅者都是客户端，消息代理是服务器，消息发布者可以同时是订阅者。

图 2-4-11　网络传输模式

MQTT 传输的消息分为主题（Topic）和负载（Payload）两部分。Topic 可以理解为消息的类型，订阅者订阅后，就会收到该主题的消息内容（Payload）；Payload 可以理解为消息的内容，是指订阅者具体要使用的内容。

MQTT 会构建底层网络传输。它将建立客户端到服务器的连接，提供两者之间的一个有序的、无损的、基于字节流的双向传输。当应用数据通过 MQTT 网络发送时，MQTT 会把与之相关的服务质量（QoS）和主题名（Topic）相关联。

MQTT 客户端，即一个使用 MQTT 协议的应用程序或者设备，它总是与服务器的网络建立连接。客户端可以发布其他客户端可能会订阅的信息；订阅其他客户端发布的消息；退订或删除应用程序的消息；断开与服务器连接。

MQTT 服务器称为"消息代理"（Broker），可以是一个应用程序或一台设备。它是位于消息发布者和订阅者之间，它可以接受来自客户的网络连接；接受客户发布的应用信息；处理来自客户端的订阅和退订请求；向订阅的客户转发应用程序消息。

与 MQTT 协议中的订阅、主题和会话：

（1）订阅（Subscription） 订阅包含主题筛选器（Topic Filter）和最大服务质量（QoS）。订阅会与一个会话（Session）关联。一个会话可以包含多个订阅。每一个会话中的每个订阅都有一个不同的主题筛选器。

（2）会话（Session） 每个客户端与服务器建立连接后就是一个会话，客户端和服务器之间有状态交互。会话存在于一个网络之间，也可能在客户端和服务器之间跨越多个连续的网络连接。

（3）主题名（Topic Name） 主题名为连接到一个应用程序消息的标签，该标签与服务器的订阅相匹配。服务器会将消息发送给订阅所匹配标签的每个客户端。

（4）主题筛选器（Topic Filter） 主题筛选器是一个针对主题名的通配符筛选器，在订阅表达式中使用，显示订阅所匹配到的多个主题。

（5）负载（Payload） 消息订阅者所具体接收的内容为负载。

3. MQTT 协议中的方法

MQTT 协议定义了一些方法（也被称为动作），用于表示对特定资源进行的操作。这些资源可以是预先存在的数据，也可以是动态生成的数据，具体取决于服务器的实现。通常来说，资源指的是服务器上的文件或输出。MQTT 协议中的主要方法如下。

（1）Connect 等待与服务器建立连接。

（2）Disconnect 等待 MQTT 客户端完成所做的工作，并与服务器断开 TCP/IP 会话。

（3）Subscribe 等待完成订阅。

（4）UnSubscribe 等待服务器取消客户端的一个或多个 Topics 订阅。

（5）Publish MQTT 客户端发送消息请求，发送完成后返回应用程序线程。

MQTT 协议的架构由 Broker 和连接到 Broker 的多个 Client 组成，如图 2-4-12 所示。

MQTT 协议可以为大量的低功率、工作网络环境中不可靠的物联网设备提供通信保障。而它在移动互联网领域也大有作为，很多 Android App 的推送功能都是基于 MQTT 协议实现的，一些即时通信（Instan Messaging，IM）的实现也是基于 MQTT 协议的。

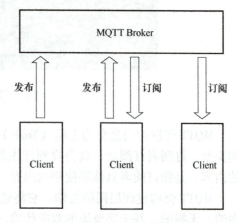

图 2-4-12 MQTT 协议框架

2.4.3 Modbus 通信协议概述

1. Modbus 通信协议

Modbus 是使用串行方式进行通信的应用层协议标准。Modbus 家族分为 Modbus RTU 协议、Modbus

ASCII 协议和 Modbus/TCP 协议，三个协议都活跃在工业通信领域。Modbus RTU 和 Modbus ASCII 常用在串行通信，如基于 RS485 或者 RS232 的通信，而 Modbus/TCP 则常用在基于以太网的通信。Modbus 已成为工业领域最受欢迎的通信协议，它采用主/从（Master/Slave）方式通信，即一对多的方式连接，一个主控制器最多可以支持 247 个从属控制器。

Modbus 是一个请求/应答协议，并且提供功能码规定的服务。Modbus 功能码是 Modbus 请求/应答 PDU（协议数据单元）的元素，Modbus 通信协议原理图如图 2-4-13 所示。

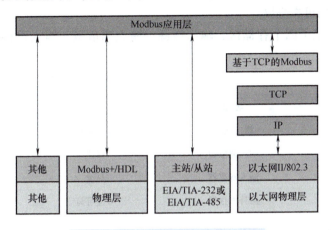

图 2-4-13 Modbus 通信协议原理图

Modbus 作为目前工业领域应用最广泛的协议之一，与其他通信协议相比，有以下特点。

1）Modbus 协议标准开放、公开发表且无版权要求。

2）Modbus 协议支持多种电气接口，包括 RS232、RS485、TCP/IP 等，还可以在各种介质上传输，如双绞线、光纤、红外、无线等。

3）Modbus 协议消息帧格式简单、紧凑、通俗易懂。

Modbus 的工作原理图如图 2-4-14 所示。对于 Modbus RTU 和 Modbus ASCII 来说，主站是 Master，从站是 Slave，对于 Modbus/TCP 而言，主站通常称为 Client，从站称为 Server。

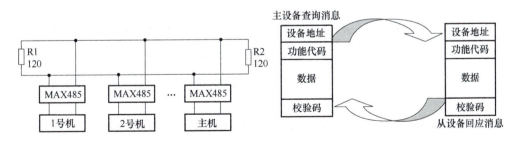

图 2-4-14 Modbus 协议工作原理图

Modbus 具有以下优点。

1）标准化、开放，免费使用，无许可证费，无须知识产权授权。

2）支持多种电气接口，如串口和以太网接口等；支持多种传输介质，如双绞线、网线等。

3）Modbus 协议的帧格式简单、紧凑，通俗易懂；易开发，易用。

Modbus 的缺点如下。

1）组网能力差，只有主从方式通信。
2）网络规模有限，从属控制器数量限制了网络规模。
3）安全性差，无认证、无权限管理，明文传输使得它在非受控环境下是有风险的。

Modbus 协议使用串口传输时可以选择 RTU 或 ASCII 模式，并规定了消息和数据结构、命令和应答方式并需要对数据进行校验。ASCII 模式采用 LRC 校验（纵向冗余校验），RTU 模式采用 16 位 CRC 校验，通过以太网传输时使用 TCP，这种模式不使用校验，因为 TCP 协议是一个面向连接的可靠协议。

Modbus 协议规定了四个存储区，输出线圈、输入离散量、输入寄存器、保持寄存器，见表 2-4-1。

表 2-4-1　Modbus 存储区

区号	名称	读写	范围
0 区	输出线圈	可读可写	00001-09999
1 区	输入离散量	只读	10001-19999
3 区	输入寄存器	只读	30001-39999
4 区	保持寄存器	可读可写	40001-49999

Modbus 协议同时规定了 20 多种功能码，但是常用的只有 8 种，用于针对上述存储区的读写，见表 2-4-2。

表 2-4-2　Modbus 常用功能码

功能码	名称	功能说明
01H	读取输出线圈状态	读位（读 n 个 bit）—读从机线圈寄存器，位操作
02H	读取输入离散量	读位（读 n 个 bit）—读从机线圈寄存器，位操作
03H	读取多个寄存器	读整型、字符型、状态字、浮点型（读 n 个 words）—读保持寄存器，字节操作
04H	读取输入寄存器	读整型、状态字、浮点型（读 n 个 words）—读输入寄存器，字节操作
05H	预置单线圈	写位（写一个 bit）—写线圈寄存器，位操作
06H	预置单寄存器	写整型、字符型、状态字、浮点型（写一个 word）—写保持寄存器，字节操作
0FH	预置多线圈	写位（写 n 个 bit）—强置一串连续逻辑线圈的通断
10H	预置多个寄存器	写整形、字符型、状态字、浮点型（写 n 个 word）—把具体的二进制值装入一串连续的保持寄存器

2. Modbus-TCP

Modbus-TCP 是简单的、中立厂商的用于管理和控制自动化设备的 Modbus 系列通信协议的派生产品，它覆盖了使用 TCP/IP 协议的"Intranet"和"Internet"环境中 Modbus 报文的用途。协议一般是为 PLC、I/O 模块以及连接其他简单域总线或 I/O 模块的网关提供服务的。

Modbus/TCP 协议允许 Modbus RTU 协议在以太网上运行，通过 TCP/IP 和以太网在不同站点之间传输 Modbus 报文。Modbus/TCP 结合了以太网的物理网络和网络标准 TCP/IP，以及以 Modbus 作为应用协议的数据表示方法。在 Modbus/TCP 通信中，Modbus 报文被封装在以太网的 TCP/IP 数据包中。与传统的串口通信方式相比，Modbus/TCP 在插入标准的 Modbus 报文到 TCP 报文中时，不再包含数据校验和地址。这是因为 TCP/IP 协议已经提供了数据的校验和传输控制，从而确保了数据的完整性和可靠性。

1）通信所使用的以太网参考模型。Modbus/TCP 传输过程中使用了 TCP/IP 以太网参考模型的 5 层。第一层：物理层，提供设备物理接口，与市售介质/网络适配器相兼容；第二层：数据链路层，信号被格式化成包含源和目的硬件地址的数据帧；第三层：网络层，实现带有 32 位 IP 地址的 IP 报文，网络层负责将数据帧封装成 IP 数据包，以便在不同网络之间进行路由；第四层：传输层，实现可靠性连接、传输、查错、重发、端口服务、传输调度；第五层：应用层，Modbus 协议报文。而在 Modbus 客户端程序中，可以设置任意通信端口，为了避免与其他通信协议发生冲突，一般建议从 2000 端口开始使用。

2）Modbus/TCP 通信应用举例。在读寄存器的过程中，以 Modbus/TCP 请求报文为例，具体的数据传输过程如下。

① Modbus/TCP 客户端实况，用 Connect( ) 命令建立目标设备 TCP 502 端口连接数据通信过程。

② 准备 Modbus 报文，包括 7 个字节 MBAP 内请求。

③ 使用 send( ) 命令发送。

④ 同一连接等待应答。

⑤ 同 recv( ) 读报文，完成一次数据交换过程。

⑥ 当通信任务结束时，关闭 TCP 连接，使服务器可以为其他服务。

3. Modbus RTU 通信协议

Modbus RTU 通信协议在数据通信上采用主从应答的方式进行。只能由主机（PC，HMI 等）通过唯一从机地址发起请求，从机（终端设备）根据主机请求进行响应，即半双工通信。该协议只允许主机发起请求，从机进行被动响应，因此从机不会主动占用通信线路造成数据冲突。

Modbus RTU 由于其采用二进制表现形式以及紧凑数据结构，通信效率较高，应用比较广泛。而 Modbus ASCII 由于采用 ASCII 码传输，并且利用特殊字符作为其字节的开始与结束标识，其传输效率低于 Modbus RTU 协议。一般只有在通信数据量较小的情况下才考虑使用 Modbus ASCII 通信协议。在工业现场一般都采用 Modbus RTU 协议。通俗来说，基于串口通信的 Modbus 通信协议都指 Modbus RTU 通信协议。

RTU 协议中的指令由功能码（一个字节）、起始地址（两个字节）、地址码（一个字节）、数据（N 个字节）、校验码（两个字节）五个部分组成，其中数据又由数据长度（两个字节，表示的是寄存器个数，假定内容为 M）和数据正文（M×2 个字节）组成，RTU 协议指令功能码如图 2-4-15 所示。

而 RTU 协议是采用 3.5 个字节的空闲时间作为指令的起始和结束，一般而言，只有当从机返回数据或者主机写操作的时候，才会有数据正文，而其他时间如主机读操作指令的时候，没有数据正文，只需要数据长度即可。

Modbus/TCP 和 Modbus RTU 的区别如下。

类型	MBAP报文头	地址码	功能码	寄存器地址	寄存器数量	CRC校验
Modbus TCP	00 00 00 00 00 06 00	无	03	01 8E	00 04	无
Modbus RTU	—	01	03	01 8E	00 04	25 DE

图 2-4-15　RTU 协议中的指令功能码

Modbus/TCP 协议是运行在 TCP/IP 网络连接中的一种协议，而 Modbus RTU 则是运行在工业控制领域的一种协议，就传递数据的功能来说，两者都能实现；就传递数据的路径来说，Modbus TCP 可能更多的是在网络环境下进行数据传输；就传递的数据的格式来说，二者存在着一定的区别，但是又有相同的地方。

4. OPC UA

OPC UA（Open Platform Communications Unified Architecture）是 OPC 基金会为自动化以及其他领域的数据通信提供的新标准。该技术旨在通过允许使用不同协议并在不同平台（如 Windows、Mac 以及 Linux）上运行的工业设备相互通信来解决问题。而且，OPC UA 超越了工业以太网的范围，它包括从自动化金字塔最低层开始的设备（处理现实数据的现场设备），如传感器、执行器和电动机等，一直到最高层，包括 SCADA、MES、ERP 系统以及云计算。OPC UA 允许自动化金字塔各个级别的工业设备（以不同的协议和不同的平台运行）相互通信。

OPC UA 主要有以下几个特点。

（1）支持跨平台应用　目前，OPC 技术已成功拓展到 Linux、Android、VXworks、UNIX 等各类主流平台，采用基于 Internet 的 WebService 服务架构和灵活的数据交换系统。

（2）具有访问统一性　可有效将现有 OPC 规范（A&E、DA、HDA、命令、对象类型和复杂数据）进行集成，不需要依赖微软的 DCOM 技术，开发和维护更加容易。OPC UA 提供了一致、完整的地址空间和服务模型，解决了过去同一系统的信息不能以统一方式被访问的问题。

（3）通信安全，具有广泛的通信范围　防火墙不再是信息传输的阻碍，OPC 的信息传输能力大幅提高。OPC UA 信息的编码格式通常采用 XML 文本格式或二进制格式，支持多种网络传输协议。

（4）开发含有高度的可靠性和冗余性　OPC UA 支持可调试逾时设置、错误自发现和自纠正等功能的实现，可使符合 OPC UA 规范的设备和系统具备自动处理通信错误和失败的能力。用于 OPC UA 应用程序之间传递消息的底层通信技术，都可以通过证书生成的公用密匙与私用密匙实现加密和标记功能，以防止信息泄露和保障信息完整。

在工业控制领域，通信协议种类多样化，不同厂家的 PLC 通信协议不同，同一厂家的不同型号的 PLC 通信协议也不相同，现场设备（如电表、水表、热表、水泵、变频器、各种控制器）只要是涉及通信的，协议都不尽相同，相比较而言，只有 Modbus 通信协议，相对统一，但是具体到不同厂家，其设备的通信点表也是不同的。因此，在工业控制领域就衍生了一种数据采集与监视控制（Supervisory Control And Data Acquisition，SCADA）软件，这种软件最重要的功能就是集成了各种厂家设备的通信协议驱动，实现与设备的通信。随着物联网时代的到来，设备需要接入物联网平台，这种多协议类型势必不方便，因此需要一种统一化的通信协议。OPC UA 的目的就是提供一种统一的通信协议，方便系统集成和物联网设备接入。图 2-4-16 所示为 OPC UA 和 Profinet 的应用场景。

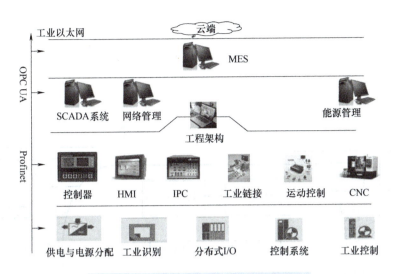

图 2-4-16　OPC UA 和 Profinet 应用场景

在现场级和控制级中使用 Profinet 通信协议来控制设备，在处理级以上则使用 OPC UA 进行数据传输。无论是在云中还是在工厂中，OPC UA 是够获取系统数据的一个有效途径。以工厂中的焊接机器人为例，它可以被 PLC 控制，即 Profinet 协议所实现的部分；而同时机器人也能够提供状态监控数据，这就是 OPC UA 通过 PLC 与 Profinet 通信的同一网络所实现的部分，此时也可以在云上获取机器人的状态数据。

2.5　工业边缘计算

随着万物联网的趋势不断加深，工厂中工业机器人、机床、监控设备、智能眼镜等端设备的数量不断增加，使数据的增长速度远远超过了网络带宽的增速；同时，增强现实、无人驾驶等众多新应用的出现对网络延迟提出了更高的要求。边缘计算将网络边缘上的计算、网络与存储资源组成统一的平台为用户提供服务，使数据在源头附近就能得到及时有效的处理。这种模式不同于云计算要将所有数据传输到数据中心，绕过了网络带宽与网络延迟的瓶颈，是支持工业互联网发展的重要基础能力。边缘计算网络结构图如图 2-5-1 所示。

2.5.1　边缘计算综述

1. 边缘计算定义

近年来，大数据、云计算、智能技术的快速发展，给互联网产业带来了深刻的变革，也对计算模式提出了新的要求。大数据时代下每天产生的数据量急增，而物联网等应用背景下的数据在地理上分散，并且对响应时间和安全性提出了更高的要求。云计算虽然为大数据处理提供了高效的计算平台，但是目前网络带宽的增长速度远远赶不上数据的增长速度，网络带宽成本的下降速度要比 CPU、内存这些硬件资源成本的下降速度慢很多，同时复杂的网络环境让网络延迟很难有突破性提升。因此，传统云计算模式需要解决带宽和延迟这两大瓶颈。在这种应用背景下，边缘计算应运而生，并在近两年得到了研究者的广泛关注。边缘计算的定义是在靠近物或数据源头的网络边缘侧，通过融合网络、计算、存储、应用核心能力

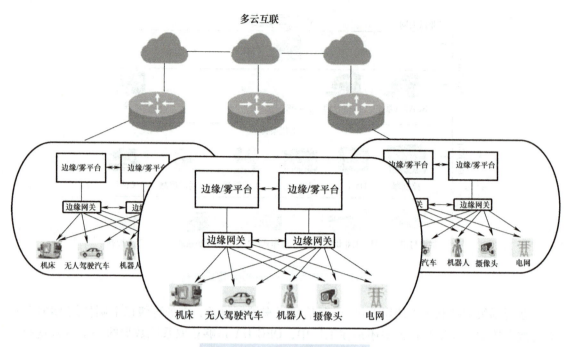

图 2-5-1　边缘计算网络结构图

的分布式开放平台，就近提供边缘智能服务。简单点讲，边缘计算是将从终端采集到的数据，直接在靠近数据产生的本地设备或网络中进行分析，无须再将数据传输至云端数据处理中心。

边缘计算中的边缘指的是网络边缘上的计算和存储资源，这里的网络边缘与数据中心相对，无论是从地理距离还是网络距离上来看都更贴近用户。边缘计算则是利用这些资源在网络边缘为用户提供服务的技术，使应用可以在数据源附近处理数据。如果从仿生的角度来理解边缘计算，可以做这样的类比：云计算相当于人的大脑，边缘计算相当于人的神经末端。当针刺到手时总是下意识地收手，然后大脑才会意识到针刺到了手，因为将手收回的过程是由神经末端直接处理的非条件反射。这种非条件反射加快人的反应速度，避免受到更大的伤害，同时让大脑专注于处理高级智慧。未来是万物联网的时代，如有 500 亿的设备接入互联网，不可能让云计算成为每个设备的"大脑"，而边缘计算就是让设备拥有自己的"大脑"。

边缘计算产业联盟（ECC）2017 年发布的《边缘计算参考架构 1.0》中给出了边缘计算 1.0 的定义。边缘计算是在靠近物或数据源头的网络边缘侧，融合网络、计算、存储、应用核心能力的开放平台，就近提供边缘智能服务，满足行业数字化在敏捷连接、实时业务、数据优化、应用智能、安全与隐私保护等方面的关键需求。它从边缘计算的位置、能力与价值等维度给出定义，在边缘计算产业发展的初期有效牵引产业共识，推动边缘计算产业的发展。随着边缘计算产业的发展逐步从产业共识走向落地实践，边缘计算的主要落地形态、技术能力发展方向、软硬件平台的关键能力等问题逐渐成为产业界的关注焦点，边缘计算 2.0 应运而生，其原理如图 2-5-2 所示。

边缘计算 2.0：边缘计算主要包括云边缘、边缘云和边缘网关三类落地形态；以"边云协同"和"边缘智能"为核心能力发展方向；软件平台需要考虑导入云理念、云架构、云技术，提供端到端实时、协同式智能和可信赖、可动态重置等能力；硬件平台需要考虑异构

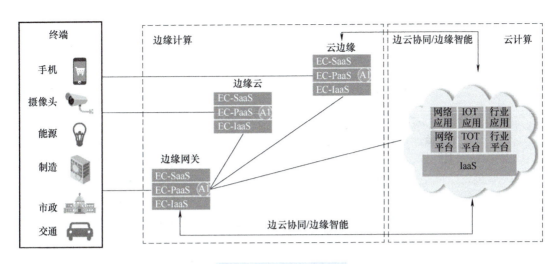

图 2-5-2　边缘计算 2.0

计算能力，如鲲鹏、ARM、X86、GPU、NPU、FPGA 等。

（1）云边缘　云边缘形态的边缘计算，是中心云服务在边缘侧的延伸，逻辑上仍是中心云服务的一部分，主要能力的提供及核心业务逻辑的处理依赖于中心云服务或需要与中心云服务紧密协同，如华为云提供 IEF 解决方案、阿里云提供的 Link Edge 解决方案、AWS 提供的 Greengrass 解决方案等均属于此类。

（2）边缘云　边缘云形态的边缘计算，是在边缘侧构建中小规模云服务或类云服务能力，主要能力的提供及核心业务逻辑的处理主要依赖于边缘云；中心云服务主要提供边缘云的管理调度能力，如多接入边缘计算（MEC）、CDN、华为云提供的 IEC 解决方案等均属于此类。

（3）边缘网关　边缘网关形态的边缘计算，以云化技术与能力重构原有嵌入式网关系统，并在边缘侧提供协议/接口转换、边缘计算等能力，部署在云侧的控制器提供边缘节点的资源调度、应用管理与业务编排等能力。

2. 边缘计算和云计算区别

边缘计算的概念是相对于云计算而言的，云计算的处理方式是将所有数据上传至计算资源集中的云端数据中心或服务器处理，任何需要访问该信息的请求都必须上送云端处理。因此，云计算面对物联网数据量爆发的时代，弊端逐渐凸显。

1）云计算无法满足爆发式的海量数据处理诉求。随着互联网与各个行业的融合，特别是在物联网技术普及后，计算需求出现爆发式增长，传统云计算架构将不能满足如此庞大的计算需求。

2）云计算不能满足数据实时处理的诉求。传统云计算模式下，物联网数据被终端采集后要先传输至云计算中心，再通过集群计算后返回结果，这必然出现较长的响应时间，但一些新兴的应用场景如无人驾驶、智慧矿山等，对响应时间有极高要求，依赖云计算并不现实。

边缘计算的出现，可在一定程度上解决云计算遇到的这些问题。如图 2-5-3 所示，物联终端设备产生的数据不需要再传输至遥远的云数据中心处理，而是就近即在网络边缘侧完成数据分析和处理，相较于云计算更加高效和安全，其项目区别见表 2-5-1。

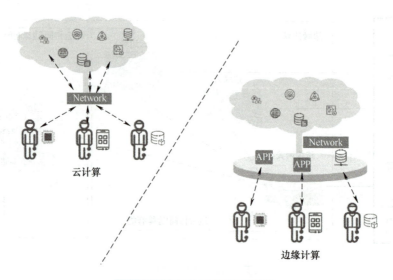

图 2-5-3　云计算和边缘计算

表 2-5-1　边缘计算与云计算的区别

项目	边缘计算	云计算
计算方式	分布式计算，聚焦实时、短周期数据的分析	集中式计算，依赖云端数据中心
处理位置	靠近产生数据的终端设备或物联网关	云端数据中心
延时性	低延时	高延时
数据存储	只向远端传输有用的处理信息，无冗余信息	采集到的所有信息
部署成本	低	高
隐私安全	隐私性和安全性较高	隐私性和安全性相对低，需要高度关注

3. 边缘计算研究现状及价值

（1）边缘计算发展历程　虽然 2003 年 IBM 就开始提供基于 Edge 的服务，但直到 2014 年以后，随着物联网技术、5G 技术和人工智能的发展，边缘计算才蓬勃发展起来。边缘计算的发展如图 2-5-4 所示。

工业互联网智能制造边缘计算也受到了国家各部委的高度重视。我国工业和信息化部（工信部）在 2017 年和 2018 年连续设立了一系列智能制造综合标准化与新模式应用项目。2017 年中国科学院沈阳自动化研究所（沈自所）承担的工信部智能制造综合标准化与新模式应用项目"工业互联网应用协议及数据互认标准研究与试验验证"，从工业互联网边缘计算模型、工业互联网数据统一语义模型、工业互联网互联互通信息安全要求等七个方面对工业互联网智能制造边缘计算标准的制定进行了探索；2018 年，工信部工业互联网创新发展工程系列项目中，针对工业互联网边缘计算，专门设立了"工业互联网边缘计算测试床""工业互联网边缘计算基础标准和试验验证"等八个项目；在 2018 年度科技部国家重点研发计划"网络协同制造和智能工厂"重点专项中，专门针对边缘计算设置了"工业互联网边缘计算节点设计方法与技术""典型行业装备运行服务平台及智能终端研制""基于开放架构的云制造关键技术与平台研发"等多个项目。

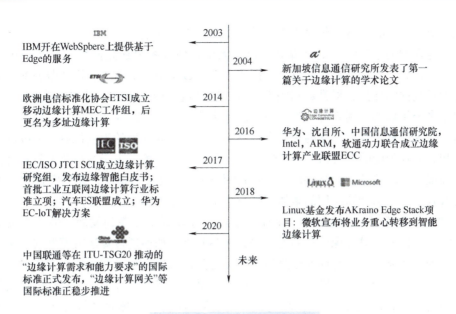

图 2-5-4　边缘计算的发展历程

（2）边缘计算在工业互联网中的应用　实现工业互联网的创新应用，如智能化生产、网络化协同、个性化定制和服务化转型等并非易事。物联网技术的发展虽然丰富了数据采集的手段，但随之而来的海量数据也对工业系统的实时性等问题提出了新的挑战，如图 2-5-5 所示。

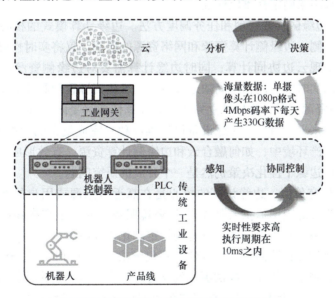

图 2-5-5　工业互联网面对的挑战逻辑图

边缘计算的提出为解决上述问题提供可能。边缘计算是在靠近物或数据源头的网络边缘侧就近提供边缘智能服务，满足行业数字化在敏捷连接、实时业务、数据优化、应用智能、安全与隐私保护等方面的关键需求。因此，边缘计算是实现工业互联网智能化生产、网络化协同、个性化定制和服务化转型等创新应用的关键。2017 年，施巍松等从数据处理的角度论述了研究面向网络边缘设备所产生海量数据计算的边缘式大数据处理的必要性、研究现状及所面临的挑战，并指出边缘计算模式能够有效应对边缘式大数据处理时代下，云计算模型无法有效解决的云中心负载、传输带宽、数据隐私保护等问题。

边缘计算强调网络边缘上的计算和存储,无论在地理距离还是网络距离上都更贴近用户。相比于云计算,边缘计算更能够缓解网络带宽与数据中心的压力、增强服务的响应能力并实现对隐私数据的保护,提升数据的安全性,已经成为研究界和产业界普遍关注的焦点,被用于建立多个领域的应用系统,如在拼车服务中建立的基于边缘计算的攻击检测系统、在关注延迟的边缘计算平台上建立的视频分析系统、基于边缘计算的工业机器人系统以及跨越无人驾驶和有人驾驶能够进行情境感知的共享实时信息系统等。由于边缘节点负责直接处理来自物理环境的实时信息,为终端用户/设备提供快速、及时的响应,显然实现并提升边缘端智能对有效提升边缘计算应用的整体智能化水平和工作效率至关重要。

(3) 边缘计算待解决关键问题 工业互联网边缘计算正在蓬勃发展,但几个关键问题尚未完全解决。目前,对边缘计算的方法研究大多侧重于如何通过算法或模型硬件化方式增强边缘节点的处理能力,而对如何通过边缘节点之间以及边缘节点和云中心合作的方式提高应用效能的研究还处于起步阶段。边缘计算的基本思想是将实时性要求高的分析和决策功能下沉至网络边缘侧,以此提升"感知—分析—决策—控制"一体化系统的实时性。这种方式虽然能够有效提升系统的实时性,但同时带来了以下一系列问题。

1) 缺乏边缘一体化计算的理论基础。在边缘计算模式中,边缘计算系统成为兼有离散事件和连续变量等运行机制的混杂系统,网络动态性、测量噪声等问题将引发系统的不确定性;同时,在工业互联网场景中,任务常存在高并发的特点,同一时隙内可能存在多个事件,一体化模型计算结果确定性难以保证。

2) 缺乏高效的边缘侧资源管理和任务调度方法。边缘计算模式的核心是将分析和决策功能下沉至网络边缘侧。边缘侧计算资源和网络资源的限制,仅将实时性要求高的分析和决策功能下沉,以此实现云边协同计算;同时边缘计算需要对边缘侧资源进行高效管理和优化,以此提升系统的实时性。但目前尚缺乏高效的边缘侧资源管理和任务调度方法。

3) 边缘侧设备资源有限,难以独立完成复杂计算任务。受限于现有芯片的处理能力及边缘侧存储设备发展水平,目前,边缘设备仍然难以独立完成复杂的数据处理与分析需求。在工业互联网实际生产环境中,如何融合云和边缘侧计算资源,有效形成生产场景驱动的自适应学习方法以支持边缘个性化决策仍然是一个开放的研究问题。

(4) 边缘计算研究价值 边缘计算的核心是在靠近数据源或用户的地方提供计算、存储等基础设施,并为边缘应用提供云服务和 IT 环境服务。同时也支撑物联技术低延时、高密度等条件的具体网络技术体现形式,具有场景定制化强等特点。

相比于集中部署的云计算而言,边缘计算不仅解决了时延过长、汇聚流量过大等问题,同时为实时性和带宽密集型的业务提供更好的支持。综合来看,边缘计算具有以下优点。

1) 安全性更高。边缘计算中的数据仅在源数据设备和边缘设备之间交换,不再全部上传至云计算平台,防范了数据泄露的风险。

2) 低时延。据运营商估算,若业务经由部署在接入点的 MEC 完成处理和转发,则时延有望控制在 1ms 之内;若业务在接入网的中心处理网元上完成处理和转发,则时延约在 2~5ms;即使是经过边缘数据中心内的 MEC 处理,时延也能控制在 10ms 之内,对于时延要求高的场景,如自动驾驶,边缘计算更靠近数据源,可快速处理数据,实时做出判断,充分保障乘客安全。

3) 减少带宽成本。边缘计算支持数据本地处理,大流量业务本地卸载可以减轻回传压力,有效降低成本。例如,一些连接的传感器(如相机或在引擎中工作的聚合传感器)会产生大量数据,在这些情况下,将所有这些信息发送到云计算中心将花费很长时间和过高的成本,如若采用边缘计算处理,将减少大量带宽成本。

边缘计算"为工业和企业级业务创造了新的和改进的方法,以最大限度地提高运营效率,提高性能和安全性,自动化处理所有核心业务,并确保'始终在线'的可用性"。

2.5.2 边缘计算工作架构概述

1. 边缘计算工作架构

边缘计算架构如图2-5-6所示,尽可能靠近终端节点处理数据,使数据、应用程序和计算能力远离集中式云计算中心。

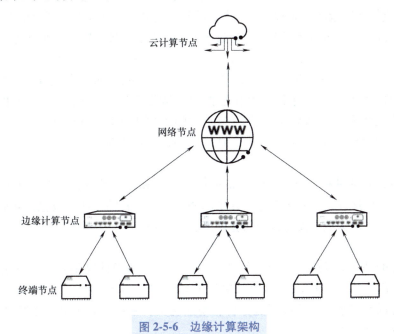

图 2-5-6 边缘计算架构

(1)终端节点 终端节点由各种物联网设备(如传感器、RFID标签、摄像头、智能手机等)组成,主要完成收集原始数据并上报的功能。在终端层中,只需提供各种物联网设备的感知能力,而不需要计算能力。

(2)边缘计算节点 边缘计算节点通过合理部署和调配网络边缘侧节点的计算和存储能力,实现基础服务响应。

(3)网络节点 网络节点负责将边缘计算节点处理后的有用数据上传至云计算节点进行分析处理。

(4)云计算节点 边缘计算层的上报数据将在云计算节点进行永久性存储,同时边缘计算节点无法处理的分析任务和综合全局信息的处理任务仍旧需要在云计算节点完成。除此之外,云计算节点还可以根据网络资源分布动态调整边缘计算层的部署策略和算法。

2. 边缘计算工作相关设备

边缘设备不仅仅是硬件,随着物联网(IoT)和云计算的出现,它们比以往任何时候都更加重要。边缘设备有多种用途,但其核心是充当入口点或出口点,并控制两个网络之间边界或周边的数据流。对于使用不同协议的网络,除了连接之外,边缘设备还提供流量转换。

边缘设备由硬件组成，这些硬件执行两个基本功能，即提供物理连接和实现网络之间的通信。一个完整的边缘设备功能可能包括传输、路由、处理、监控、过滤、转换和网络之间的数据存储。

3. 边缘设备介绍

（1）通用和智能边缘设备　传统的边缘设备包括边缘路由器、路由交换机、防火墙、多路复用器和其他广域网（WAN）设备。智能边缘设备有内置的处理器，具有板载分析或人工智能能力。这些设备可能包括传感器、驱动器和物联网网关。通过在智能边缘设备上直接处理一定量的数据，而不是在云上上传、处理和存储数据，企业可以提高效率，降低成本。

（2）边缘设备的用途　边缘设备主要用于企业和服务提供商将内部局域网（LAN）连接到 Internet 或外部广域网（WAN），而边缘设备和边缘计算已经发展到提供更高级的功能。这些功能可能包括无线访问点（AP）、通过 AP 或虚拟专用网（VPN）服务器的安全性、动态主机配置协议（DHCP）服务和域名系统（DNS）服务。根据 TechTarget 的说法，云计算和物联网通过要求"在网络边缘提供更多的智能、计算能力和先进服务"，将边缘设备提升到了一个新的水平。边缘计算发生在数据源或数据源附近，从而使信息更接近使用数据做出知情决定的人。其结果是更快的响应时间和更少的网络资源的使用。当应用于物联网设备时，边缘计算除了带来许多其他好处外，还可以通过自动化任务和改善流程来提高效率。

（3）边缘设备的挑战　虽然边缘设备提供了速度和成本节约，并扩大了对网络和资源的访问，但在使用这种技术时需要考虑几个问题。边缘设备的一些挑战包括注册和管理各种边缘设备的责任、确保数据安全以及防止网络流量瓶颈。

4. 边缘计算平台

目前，无论是学术界还是工业界都已经构建了多个边缘计算平台，并制定了相应的标准。欧洲电信标准协会（ETSI）对边缘决策的典型的应用场景做出了详细的规范和描述，包括智能移动视频加速、监控视频流分析、增强现实、密集计算辅助、车联网、IoT、网关服务以及企业专网应用。

其中使用边缘计算技术构建的边缘计算平台充分利用数据传输路径上的计算设备，保证了分析框架的高效运行，减少了需要上传到云中的数据量，是整个框架高效运行的关键。

美国里海大学与 IBM 提出了一个基于深度学习的自适应物体识别框架 Deep Cham，该框架适用于移动设备上的物体识别应用，可以大幅提高物体识别的准确率，其中边缘计算模式可以在一定程度上减小对模型适用范围的要求，也为深度学习收集大量特定的学习数据，训练更加个性化的识别模型。

CMU 与 Intel 实验室在 2014 年开发了一个基于增强现实技术的认知辅助系统，通过谷歌眼镜来增强某些病人的认知能力，实现系统需要解决的关键问题是如何将处理任务的延迟控制在几十毫秒，让感知缺陷的病人也拥有正常人一样的反应速度。系统使用了边缘计算技术，将延迟敏感的计算任务卸载到附近的 Cloudlet 来降低任务的处理延迟。

5. 边缘网关

边缘网关在整个系统中具有承上启下的作用。边缘网关能够对各种不同的物联设备协议进行解析和转换，对采集的数据进行实时分析，并提取特定的有价值数据推送给边缘云。端到端的数据通路可以汇聚物联设备的海量数据，这些数据经过大数据分析和数据挖掘，可以产生巨大的价值。这些价值包括：设备使用者群体的行为分析，针对这些行为进行精准营销，产生商业价值；针对设备本身进行预测性维护，提升质量稳定性，降低工作能耗；设备与设备间的协同工作流程优化。另外，这些数据中可以挖掘出某些核心的商业机密，如企业的运转情况、企业的客户关系、机密的生产工艺和配方等。

如图 2-5-7 所示，边缘网关通常包含以下功能模块。

图 2-5-7 边缘网关的功能模块

（1）设备接入服务　基于设备驱动服务核心框架，扩展实现各种不同的工业总线协议，支持各种设备的数据上传下载、命令下发和程序下载。

（2）核心微服务　实现边缘计算系统管理功能，维持计算节点的高效运转。

（3）本地存储　对实时采集到的数据进行临时保存，支持小批量数据的简单分析和查询。

（4）边缘分析　在边缘计算层实现数据流分析，支持实时的数据分析、过滤和反馈。

（5）消息服务　将现场层的数据转成 REST、MQTT、JSON 等协议，实现云计算平台与边缘计算节点的数据通信、OT 与 IT 的数据融合。

边缘网关的功能模块基于以上软件框架，可以通过扩展设备接入服务灵活支持新的通信协议，还可以通过扩展边缘分析服务，实现新的数据分析算法。现场采集的海量数据经过边缘计算汇聚，通过消息服务可以存储到工业边缘云平台上。

6. 边缘云

边缘云位于无线接入网和 EPC 核心网之间，利用无线基站内部或无线接入网边缘的云计算设施提供本地化的公有云服务，并能连接位于其他网络（如企业网）内部的私有云从而形成混合云。

边缘云基于特定的云计算系统（如 Open Stack）提供虚拟化软件环境用以规划管理边缘云内的 IT 资源。第三方应用以虚拟机（VM）的形式部署于边缘云，能够通过统一的应用程序编程接口（API），获取开放的无线网络能力。边缘云由业务域及管理域构成。业务域用于支持第三方应用的运行。管理域负责对边缘云的业务域进行管理。

在 LTE 网络中，边缘云有以下两种形态。

（1）作为基站的增强功能　通过软件升级或者新增版卡，与基站集成的内置形态。

(2)作为独立设备 部署在基站后或网关后的外置形态。

LTE 网络中典型的边缘云端到端组网架构如图 2-5-8 所示,边缘云服务器位于基站与核心网之间,通过解析 S1 消息实现业务的分流。基站和核心网之间通常经过多个传输环:接入环、汇聚环和核心环。根据业务类型、处理能力、网络规划等需求,可将边缘云部署于网络中的合适位置。

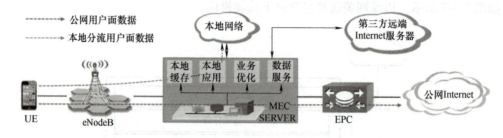

图 2-5-8　LTE 网络中 MEC 端到端组网架构图

7. 边缘计算的典型应用

正是基于这种更实时处理数据的能力、特性和更快的响应时间,边缘计算非常适合被应用于物联网领域,通过具有边缘计算能力的物联网关就近(网络边缘节点)提供设备管理控制等服务,解决物联网通信"最后一公里"的问题,最终实现物联网设备的智慧连接和高效管理。

边缘计算物联网架构如图 2-5-9 所示,它聚焦于工业物联网领域,不仅支持丰富的工业协议和物联接口,可以广泛适应不同行业设备的连接场景,而且通过开放的边缘计算能力和云管理架构,可以快速满足不同行业边缘智能数据处理诉求:

图 2-5-9　边缘计算物联网架构

（1）连接　实现海量终端设备接入物联网络，主要通过边缘计算网关支持的各种物联接口（IP 化 PLC/RF/RS485/RS232 等）连接各种传感器和终端，实现终端设备接入。

（2）云管理　通过物联网平台，应用云计算技术，实现边缘物联设备（如网络、设备、容器及应用）的统一云化管理，同时北向支持与其他行业应用系统灵活对接。

（3）行业应用　物联网平台提供标准的开放接口与不同合作伙伴的行业应用系统开放对接，构建广泛的行业适应性，可开发更多契合行业场景，深度定制化物联网行业应用。

2.5.3　工业互联网边缘计算应用案例—智能生产

某汽车公司是中国汽车行业的领军品牌，在该公司取得瞩目成绩的背后，企业内部信息化管理起到了非常重要的支撑作用。IT 战略是该公司发展战略的重要组成部分。秉承主动、务实、专业、创新的团队文化，通过统一化、集中化、平台化的实施平台，为 X 公司快速发展提供了坚实的系统保障。作为一家先进汽车制造商，生产制造设备运转效率直接影响企业成本和利润。该公司目前以传统设备运维模式，即被动运维和周期性运维为主，存在生产效率低，产线数据不透明，现场端与中心端隔离，数据链路层级多、时效低，不能快速响应，中心侧计算压力大、负载重，而通过边缘计算可减少数据链路的层级，打通管理层和车间设备层的数据通道，让现场能够快速得到相应和决策，全面提高生产执行效率为企业构建分布式部署，集中式监控的生产信息管理平台，提供有力的边缘数据支持和服务保障。

因此，该项目以根云平台为基础支撑，提供设备数字化运维和智能化分析解决方案，如图 2-5-10 所示。具体从数据应用角度入手，以设备数据采集为基础，设备 BOM 为主体，设备 FMEA 模型为核心，建立设备数字化运维平台，实现设备故障超前预警、任务层级发布、故障多维度分析、故障问题精确记录，通过运维 KPI 综合分析，实现数字化运维模式。

图 2-5-10　X 公司工业互联网信息平台架构图

1. 边缘计算场景（图 2-5-11）

1）MES 系统将计划下达到岗位——机台。

2) 进行生产任务条码采集与产量采集，实现实时完工统计。
3) 开展产量计算、时长计算以及生产效率计算。
4) 对安灯停线时长和原因进行统计。
5) 完成人员信息统计。
6) 实现产品与工艺信息的对应，达成工艺防错。
7) 进行完工标签打印与入库确认。

在这个过程中，主要的边缘计算应用如下。

1) 业务信息云边协同：指令/任务由云端发往网关设备控制系统。
2) 边缘网关进行逻辑计算与输出控制。
3) 对业务信息与设备信息进行关联计算。
4) 开展状态信息统计与计算（包括机台运行统计、安灯统计）。

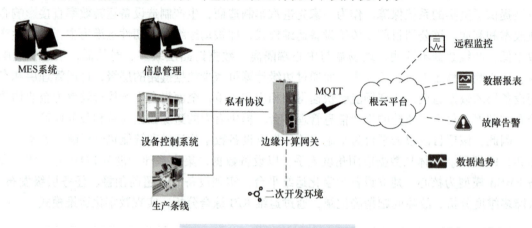

图 2-5-11　边缘计算场景流程图

2. 应用效果

1) 设备精准维护，降低设备维护成本。减少设备过度维保，维护成本下降 10%；从周期性维护，到根据部件实际工作时长或相关实时参数阈值，自动触发设备维保或检修；提醒更换或保养，自动触发工单流程。

2) 提升设备稳定性，减少非计划停机。状态实时监控，防止故障发生；减少失效和设备故障，设备故障减少 20%；形成了设备知识库，确保运维工作持续改进。

3) 失效及时协同，最快时间响应和改善。一是协同人，快速筛查符合条件、有资质的维护人员；二是协同物，协同对应备件、工具等；三是协同生产计划，为排产提供最准确依据；四是协同方式，确保协同信息高效准确，通过 APP 推送。

4) 设备故障预测，从事后到事前。从解决发生的故障，到不让故障发生，通过设定设备健康度评价，以及开展振动监测，实现故障预判。

【本章小结】

随着网络的发展，工厂设备间网络间互联的需求越来越强烈。各制造工厂通过工厂外网、工厂内网进行网络互联，通过通信技术进行数据传输。工业网络互联相关技术也对工业发展的进步做出了巨大贡献。大型的工厂设备互联过程中涉及数亿、数十亿个传感设备（如传感器、多媒体采集设备、遥感设施等）在不断地感知动态变化的物理世界，网络互联、数据互通、标识解析的三大网络功能组成被充分继承，并通过各类移动通信设备、计算机与互联网连接和整合，共同构成了人类未来的信息网络，最终将形成人、机、物三元融合的信息世界。本章简要介绍了工厂内部、外部网络的组建过程，工业设备互联感知技术、工业网络、工业设备接口、网络互联通信协议和工业平台边缘计算等相关内容。其中，需要掌握工业互联网网络、工业设备接口与通信协议，熟悉工业网络连接与边缘计算。

【本章习题】

一、选择题

1. 以下网络中，（　　）不属于工厂内网。
   A. 局域网　　　　B. 安防网　　　　C. 生产网　　　　D. 办公网
2. （　　）通信协议是一个工业通信系统，由带智能终端的可编程逻辑控制器和计算机通过公用线路或局部专用线路连接而成。
   A. OPC 通信协议　　B. Modbus 通信协议　　C. CAN 总线　　D. Modbus TCP/IP
3. 工业互联网标识解析体系的核心包括标识编码、标识载体、标识解析系统、（　　）四个部分。
   A. 标识数据服务　　B. 标识网络服务　　C. 标识设备服务　　D. 标识计算服务
4. 以下协议中，（　　）不是物联网常用协议。
   A. MQTT　　　　B. LoRaWAN　　　C. NB-IoT　　　　D. Modbus
5. 以下身份中，（　　）不是 MQTT 协议中的身份。
   A. 发布者（Publish）　　　　　　B. 代理（Broker）
   C. 订阅者（Subscribe）　　　　　D. 提供者（Provider）

二、判断题

1. 边缘计算 2.0：边缘计算主要包括云边缘、边缘云和边缘网关三类落地形态。（　　）
2. 一个完整的边缘设备功能可能包括传输、路由、处理、转换和网络之间的数据存储。（　　）
3. 工业无线网络包含 WiFi、ZigBee、Wireless HART 等类型。（　　）
4. 云端、物端设备与边缘侧之间协同计算是解决智能边缘矛盾的重要手段，其协同模式主要有四种，即边云协同、边边协同、边物协同和云边物协同。（　　）

三、简答题

1. 工业互联网网络分为哪几类？
2. 边云计算处理技术都有哪些？谈谈对各技术的理解。

第三章
工业互联网平台

【本章导读】

本章通过介绍工业互联网平台，读者能掌握工业互联网平台的概念、发展、体系架构、核心作用、技术体系等方面知识，认识到工业互联网平台对我国工业发展的重要性，还对"跨行业、跨区域"的根云平台进行介绍，旨在帮助读者了解国内主流工业互联网平台的使用方法。

【学习目标】

- 了解工业互联网平台的概念与发展。
- 掌握工业互联网平台的体系架构与核心作用。
- 熟悉工业互联网平台的技术体系。
- 掌握主流工业互联网平台的使用方法。
- 形成严谨、认真的工作态度。
- 增强爱国主义情怀和安全意识。
- 培养高尚的职业道德和精益求精的职业素养。

【学习导图】

【情景描述】

以本书第二章的某汽车公司为例。如何有效利用工业互联网助力该公司实现设备运维过程可视化，将传统运维模式转变为以数据为驱动的数字化运维模式，实现设备运维资源的精准调配，降低设备维护成本，提升设备稳定性，是当前重要议题。

该案例的解决方案是以根云平台为基础支撑，提供设备数字化运维和智能化分析解决方案，具体从数据应用角度入手，以设备数据采集为基础，设备物料清单（Bill of Material，BOM）为主体，设备失效模式与影响分析（Failure Mode and Effects Analysis，FMEA）模型为核心，建立设备数字化运维平台，实现设备故障超前预警、任务层级发布、故障多维度分析、故障问题精确记录，通过运维关键绩效指标（Key Performance Indicators，KPI）综合分析实现数字化运维模式。

本解决方案中，设备 BOM 是设备数字化管理中的重要数据，将设备分解为最小可维护单元，结合 FMEA 数据、PLC 采集的设备运行的 IoT 数据、报警数据创建设备维保工单，并进行工单处理和故障对策改进记录。

在数字化运维过程中，基于工业互联网平台对设备运行数据的采集，结合该公司积累多年的 FMEA 数据，开发压力机健康度评估和异常参数捕捉及故障特征分析应用，基于异常检测和特征分析算法试点实现一个故障模式的预警功能。图 3-0-1 所示为数字化运维数据处理机制图。

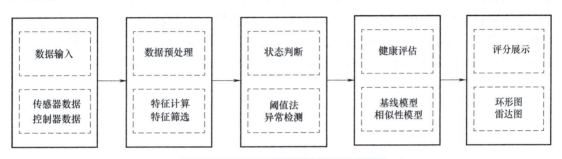

图 3-0-1　数字化运维数据处理机制图

结合以上的 BOM 定义和设备健康评估模型，实现了运维的智能调度。它根据各类报警及故障信息进行统一处理，综合考虑问题类型、各类资源、处理时间、处理措施等因素，形成对应工单和调度。

在这些功能的基础上，积累设备各类知识、维修履历，形成设备故障树和设备知识库。故障及报警可触发工单，并给出故障产生的相关原因及处理建议，知识可以不断积累和优化。

1. 解决方案中使用的平台资源

（1）解决方案使用的连接和数据管理工具　目前设备数字化运维平台已经连接 18 台制造设备。本解决方案的数据采集和数据处理，均采用了根云平台的 M2M 组件、大数据处理引擎和分析挖掘平台、根云大数据存储系统。

（2）解决方案使用的工业模型　本解决方案使用了根云平台的基础数据模型，并建立了设备健康评估模型、异常检测模型、特征分析模型以及故障预测模型。

（3）解决方案使用的工业 APP　本解决方案针对压力机设备，利用平台内设备档案、设备超级 BOM、设备精准 BOM、设备备件、设备 FMEA、设备巡检、设备维修、设备维护、故障分析、设备知识库、工单智能调度、设备健康度评估、设备异常参数捕获等工业 APP。

2. 解决方案的应用推广价值

本解决方案适用于公司销售业务运营 5 年以上、存量客户超过 200 个、年产值不低于 1 亿元人民币、核心产品设备价值大于 10 万元人民币、硬件成本占设备价值小于 1%，并且设备所在地点分散全国，有意愿通过远程监控和运维降本的主机厂、经销商及设备主。为这些企业提供基于 IoT 的设备实时故障监控、产线运营效率以及资产安全监控，其具体核心价值如下。

1）通过设备状态感知、预警分析和远程控制，故障远程解决率提升 25%，并且减少设备过度维保，维护成本下降10%。

2）通过设备远程运营监控，合理分配生产设备资源，运营效率提升30%，并且有效减少失效和设备故障，设备故障减少20%。

3）通过资产安全监控，现场操作事故率降低10%，并且形成了设备知识库，确保运维工作持续改进。

3.1 工业互联网平台概述

工业互联网通过系统构建网络、平台、安全三大功能体系，打造人、机、物全面互联的新型网络基础设施，形成智能化发展的新兴业态和应用模式。平台体系是工业互联网的核心，是面向制造业数字化、网络化、智能化需求，构建基于海量数据采集、汇聚、分析的服务体系，支撑制造资源泛在连接、弹性供给、高效配置的载体，其中平台技术是核心，承载在平台之上的工业 APP 技术是关键。工业互联网平台体系架构如图 3-1-1 所示。

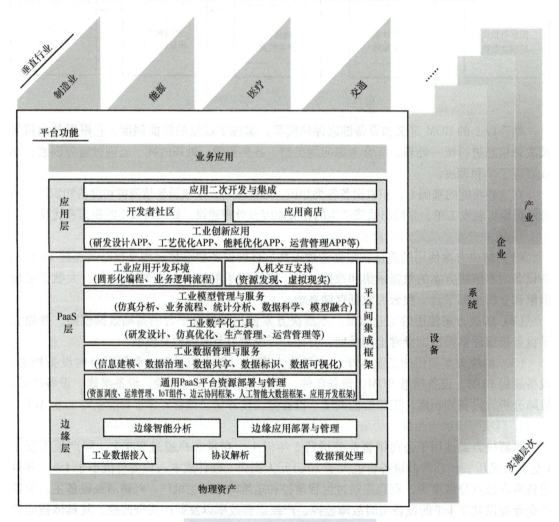

图 3-1-1　工业互联网平台体系架构

3.1.1 工业互联网平台概念与发展

工业互联网平台是面向制造业数字化、网络化、智能化需求，构建基于海量数据采集、汇聚、分析的服务体系，支撑制造资源泛在连接、弹性供给、高效配置的工业云平台。

其本质是通过构建精准、实时、高效的数据采集互联体系，建立面向工业大数据存储、集成、访问、分析、管理的开发环境，实现工业技术、经验和知识的模型化、标准化、软件化、复用化，不断优化研发设计、生产制造、运营管理等资源配置效率，形成资源富集、多方参与、合作共赢、协同演进的制造业新生态。

金融危机后，全球新一轮产业变革蓬勃兴起，制造业重新成为全球经济发展的焦点。世界主要发达国家采取了一系列重大举措推动制造业转型升级，德国依托雄厚的自动化基础，推进"工业4.0"。美国在实施先进制造战略的同时，大力发展工业互联网。法、日、韩、瑞典等国也纷纷推出制造业振兴计划。各国新型制造战略的核心都是通过构建新型生产方式与发展模式，推动传统制造业转型升级，重塑制造强国新优势。与此同时，数字经济浪潮席卷全球，驱动传统产业加速变革。特别是以互联网为代表的信息通信技术的发展极大地改变了人们的生活方式，构筑了新的产业体系，并通过技术和模式创新不断渗透影响实体经济领域为传统产业变革带来巨大机遇。伴随制造业变革与数字经济浪潮交汇融合，云计算、物联网、大数据等信息技术与制造技术、工业知识的集成创新不断加剧，工业互联网平台应运而生。

当前制造业正处在由数字化、网络化向智能化发展的重要阶段，其核心是基于海量工业数据的全面感知通过端到端的数据深度集成与建模分析，实现智能化的决策与控制指令，形成智能化生产、网络化协同、个性化定制、服务化延伸等新型制造模式。这一背景下，传统数字化工具已经无法满足需求。工业数据的爆发式增长需要新的数据管理工具，企业智能化决策需要新的应用创新载体，新型制造模式需要新的业务交互手段。海量数据管理、工业应用创新与深度业务协同，是工业互联网平台快速发展的主要驱动力量。

云计算为制造企业带来更灵活、更经济、更可靠的数据存储和软件运行环境，物联网帮助制造企业有效收集设备、产线和生产现场成千上万种不同类型的数据，人工智能强化了制造企业的数据洞察能力，实现智能化的管理和控制。这些都是推动制造企业数字化转型的新基础化的管理和控制。通过网络化平台组织生产经营活动，制造企业能够实现资源快速整合利用，低成本快速响应市场需求，催生个性化定制、网络化协同等新模式新业态。信息技术与制造技术的融合带动信息经济、知识经济、分享经济等新经济模式加速向工业领域渗透，培育增长新动能。新型信息技术重塑制造业数字化基础，开放互联网理念变革传统制造模式，平台经济不断创新商业模式。互联网新型信息技术、理念和商业模式这三者成为构建工业互联网平台的重要方式。

全球工业互联网平台市场呈现持续高速增长，美国、欧洲和亚太地区是当前工业互联网平台发展的焦点。当前，美国平台发展具有显著的集团优势，并预计在一段时间内保持其市场主导地位。欧洲平台领域进展迅速，成为美国之外主要的竞争力量。中国、印度等新兴经济体的工业化需求持续促进亚太地区工业互联网平台发展，亚洲市场增速最快且未来有望成为最大市场。工业互联网平台是一项长期、艰巨、复杂的系统工程，当前整体仍处于发展初期。

3.1.2 工业互联网平台体系架构

工业互联网平台是面向制造业数字化、网络化、智能化需求,构建基于海量数据采集、汇聚、分析的服务体系,支撑制造资源泛在连接、弹性供给、高效配置的工业云平台,包括边缘、平台(工业PaaS)、应用三大核心层级,如图3-1-2所示。可以认为,工业互联网平台是工业云平台的延伸发展,其本质是在传统云平台的基础上叠加物联网、大数据、人工智能等新兴技术,构建更精准、实时、高效的数据采集体系,建设包括存储、集成、访问、分析、管理功能的使能平台,实现工业技术、经验、知识模型化、软件化、复用化,以工业APP的形式为制造企业创新各类应用,最终形成资源富集、多方参与、合作共赢、协同演进的制造业生态。

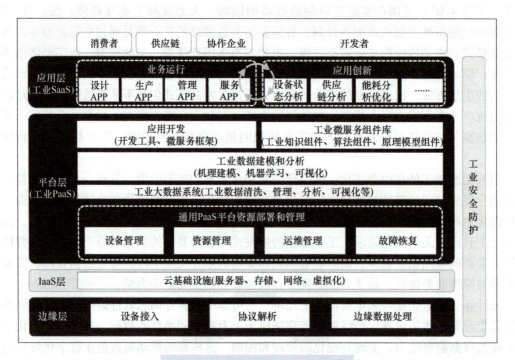

图 3-1-2 工业互联网平台功能架构

第一层是边缘层,通过大范围、深层次的数据采集以及异构数据的协议转换与边缘处理构建工业互联网平台的数据基础。

第二层是平台层,基于通用 PaaS 叠加大数据处理、工业数据分析、工业微服务等创新功能构建可扩展的开放式云操作系统。

第三层是应用层,形成满足不同行业、不同场景的工业 SaaS 和工业 APP,形成工业互联网平台的最终价值。

泛在连接、云化服务、知识积累、应用创新是辨识工业互联网平台的四大特征。泛在连接具备对设备、软件、人员等各类生产要素数据的全面采集能力;云化服务实现基于云计算架构的海量数据存储、管理和计算;知识积累能够提供基于工业知识机理的数据分析能力,并实现知识的固化、积累和复用;应用创新能够调用平台功能及资源,提供开放的工业APP 开发环境,实现工业 APP 创新应用。

3.1.3　工业互联网平台核心作用

工业互联网平台能够有效集成海量工业设备与系统数据，实现业务与资源的智能管理，促进知识和经验的积累与传承，驱动应用和服务的开放创新。可以认为，工业互联网平台是新型制造系统的数字化神经中枢，在制造企业转型中发挥核心支撑作用。

当前来看，工业互联网平台已成为企业智能化转型重要抓手。

(1) 工业互联网平台帮助企业实现智能化生产和管理　通过对生产现场"人机料法环"各类数据的全面采集和深度分析，能够发现导致生产瓶颈与产品缺陷的深层次原因，不断提高生产率及产品质量。基于现场数据与企业计划资源、运营管理等数据的综合分析，能够实现更精准的供应链管理和财务管理，降低企业运营成本。

(2) 工业互联网平台帮助企业实现生产方式和商业模式创新　企业通过平台可以实现对产品售后使用环节的数据打通，提供设备健康管理、产品增值服务等新型业务模式，实现从卖产品到卖服务的转变，实现价值提升。基于平台还可以与用户进行更加充分的交互，了解用户个性化需求，并有效组织生产资源，依靠个性化产品实现更高利润水平。此外，不同企业还可以基于平台开展信息交互，实现跨企业、跨区域、跨行业的资源和能力集聚，打造更高效的协同设计、协同制造和协同服务体系。

未来，工业互联网平台可能催生新的产业体系。如同移动互联网平台创造了应用开发、应用分发、线上线下等一系列新的产业环节和价值，当前工业互联网平台在应用创新、产教融结合等方面已显现出类似端倪，未来也有望发展成为一个全新的产业体系，促进形成大众创业、万众创新的多层次发展环境，真正实现"互联网+先进制造业"。

3.1.4　工业互联网平台技术体系

工业互联网平台需要解决多类工业设备接入、多源工业数据集成、海量数据管理与处理、工业数据建模分析、工业应用创新与集成、工业知识积累迭代实现等一系列问题，涉及七大类关键技术，分别为数据集成和边缘处理技术、IaaS 技术、平台使能技术、数据管理技术、应用开发和微服务技术、工业数据建模与分析技术、工业互联网平台安全技术，如图 3-1-3 所示。

1. 数据集成和边缘处理技术

数据集成和边缘处理技术都是现代数据管理和分析的重要手段。数据集成技术能够整合不同数据源的数据，提供统一的数据视图；边缘处理技术则能够在靠近数据源的地方进行数据处理，提高数据处理的实时性和效率。一般会有设备接入、协议转换、边缘数据处理等功能。

设备接入：基于工业以太网、工业总线等工业通信协议，以太网、光纤等通用协议，3G/4G/5G、NBIoT 等无线协议将工业现场设备接入到平台边缘层。

(1) 协议转换　一方面运用协议解析、中间件等技术兼容 Modbus、OPC、CAN、Profibus 等各类工业通信协议和软件通信接口实现数据格式转换和统一。另一方面利用 HTTP、MQTT 等方式从边缘侧将采集到的数据传输到云端，实现数据的远程接入。

(2) 边缘数据处理　基于高性能计算芯片、实时操作系统、边缘分析算法等技术支撑，在靠近设备或数据源头的网络边缘侧进行数据预处理、存储以及智能分析应用，提升操作响应灵敏度、消除网络堵塞，并与云端分析形成协同。

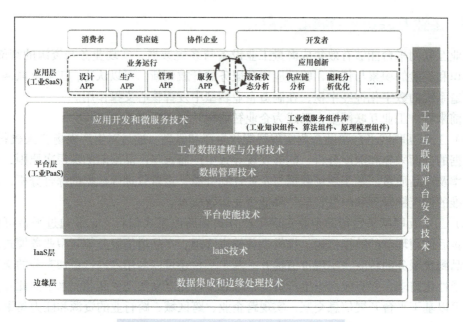

图 3-1-3　工业互联网平台关键技术体系图

2. IaaS 技术

IaaS（Infrastructure as a Service）即基础设施即服务技术，基于虚拟化、分布式存储、并行计算、负载调度等技术，实现网络、计算、存储等计算机资源的池化管理，根据需求进行弹性分配，并确保资源使用的安全与隔离，为用户提供完善的云基础设施服务。

3. 平台使能技术

平台使能技术旨在构建一个通用的、可扩展的平台，为各种不同的用户、开发者和业务提供所需的基础设施、工具和服务。它可以帮助降低开发成本、提高开发效率、促进创新和协作，推动整个生态系统的发展，一般含有资源调度、多租户管理的功能。

（1）资源调度　通过实时监控云端应用的业务量动态变化，结合相应的调度算法为应用程序分配相应的底层资源，从而使云端应用可以自动适应业务量的变化。

（2）多租户管理　通过虚拟化、数据库隔离、容器等技术实现不同租户应用和服务的隔离，保护其隐私与安全。

4. 数据管理技术

数据管理技术在现代信息技术领域中占据着至关重要的地位，主要功能有数据清洗、数据处理、数据存储与管理。

（1）数据清洗　运用数据冗余剔除、异常检测、归一化等方法对原始数据进行清洗，为后续存储、管理与分析提供高质量数据来源。

（2）数据处理　框架借助 Hadoop、Spark、Storm 等分布式处理架构，满足海量数据的批处理和流处理计算需求。

（3）数据存储与管理　通过分布式文件系统、NoSQL 数据库、关系数据库、时序数据库等不同的数据管理引擎实现海量工业数据的分区选择、存储、编目与索引等。

5. 应用开发和微服务技术

应用开发和微服务技术是现代软件开发领域中两个重要的概念，它们共同推动了软件开发的效率、灵活性和可维护性。一般有多语言与工具支持、微服务架构、图形化编程等功能。

（1）多语言与工具支持　支持多种语言编译环境，并提供各类开发工具，构建高效便捷的集成开发环境。

（2）微服务架构　提供涵盖服务注册、发现、通信、调用的管理机制和运行环境，支撑基于微型服务单元集成的松耦合应用开发和部署。

（3）图形化编程　通过图形化编程工具，简化开发流程，支持用户采用拖拽方式进行应用创建、测试和扩展等。

6. 工业数据建模与分析技术

工业数据建模与分析技术是工业互联网和智能制造领域的关键技术，涉及从数据采集、处理、建模到分析和决策支持的全过程。

（1）机理建模　利用机械、电子、物理、化学等领域专业知识，结合工业生产实践经验，基于已知工业机理构建各类模型，实现分析应用。

（2）数据分析算法　运用数学统计、机器学习及最新的人工智能算法实现面向历史数据、实时数据、时序数据的聚类、关联和预测分析。

7. 安全技术

工业互联网安全技术是指在工业互联网环境中，为保护工业控制系统、设备、网络、数据和服务不受威胁、攻击、破坏或未经授权访问而采取的各种技术和策略。工业互联网安全技术的目标是确保工业系统的可靠性、完整性和可用性，同时保护企业资产和用户隐私。主要有数据接入安全、平台安全、访问安全。

（1）数据接入安全　通过工业防火墙技术、工业网闸技术、加密隧道传输技术，防止数据泄露、被侦听或篡改，保障数据在源头和传输过程中的安全。

（2）平台安全　通过平台入侵实时检测、网络安全防御系统、恶意代码防护、网站威胁防护、网页防篡改等技术实现工业互联网平台的代码安全、应用安全、数据安全和网站安全。

（3）访问安全　通过建立统一的访问机制，限制用户使用计算资源和网络资源的权限，实现对云平台重要资源的访问控制，防止非法访问。

在上述七大类技术中，通用平台使能技术、工业数据建模与分析技术、数据集成和边缘处理技术、应用开发和微服务技术正快速发展，对工业互联网平台的构建和发展产生深远影响。在平台层，PaaS 技术、新型集成技术和容器技术正加速改变信息系统的构建和组织方式。在边缘层，边缘计算技术极大地拓展了平台收集和管理数据的范围和能力。在应用层，微服务等新型开发框架驱动工业软件开发方式不断变革，而工业机理与数据科学深度融合则正在引发工业应用的创新浪潮。

3.1.5　工业互联网平台价值

工业互联网平台愈发成熟的供给能力和企业数字化转型强烈的需求双向促进，推动平台走向以应用价值为核心的新型发展阶段。

从供给侧看，经过多年建设和能力整合，平台已经具备服务制造企业的基础能力。

近两年，领先平台企业不断积聚力量，务实构建工程化解决方案，平台基础架构及服务能力日益完善。在边缘层，数据接入不再是不可攻克的难题，协议解析、外置传感器等多类数据接入技术不断成熟。在 PaaS 层，无论是微服务技术的引入还是大数据系统的构建，正逐渐成为平台企业的标配，少数企业还在不断提升人工智能和低代码开发服务水平。在应用层，多数企业基本完成传统工业软件的云化迁移和整合，平台云原生工业 APP 逐渐涌现。以上平台能力整合以及新兴技术迭代，正日益丰富平台服务能力，为赋能制造业转型升级提供了坚实基础。

从应用侧看，如今企业数字化转型需求愈发强烈，利用平台实现"提质、降本、增效"已经成为企业内生需求。

面向集团型企业，基于云平台打通集团企业间数据通道，开展协同设计、共享制造、供应链协同等网络化协同应用，几乎成为集团型企业刚性需求。面向大型企业，针对企业内各业务部门信息孤岛林立、海量异构数据管理困难、企业知识沉淀和敏捷创新水平低等挑战，具备统一大数据管理架构以及敏捷低代码开发的工业互联网平台仍是企业数字化转型最有利技术工具之一。面向中小企业，由于中小企业资金紧张、技术工程师专业能力相对薄弱，借助工业互联网平台低成本、快速部署软件应用的特点，通过云化解耦提供轻量级工业 APP，不但降低企业基础 IT 建设、运维成本，还能够根据企业需求针对性订阅 SaaS 化服务。

尽管企业上云、上平台的需求愈发强烈，但也面临着平台应用价值不明晰、平台实施选型困难等挑战。为了更好地帮助制造企业认识平台应用价值，推广平台企业产品服务，加快平台落地深耕和赋能制造业转型升级，亟需开展平台应用分析和价值研究。

当前，基于工业互联网平台创新服务可实现"有形"和"无形"两类应用价值。有形价值，即通过"降低成本"或"扩大收入"直接为企业创造利润；无形价值，涵盖"提升质量"和"安全及可持续"，帮助企业提升品牌竞争力，保障企业安全生产和可持续发展。其中，"降低成本""扩大收入""提升质量""安全及可持续"四类一级价值又可细分为十二类二级价值，如图 3-1-4 所示。

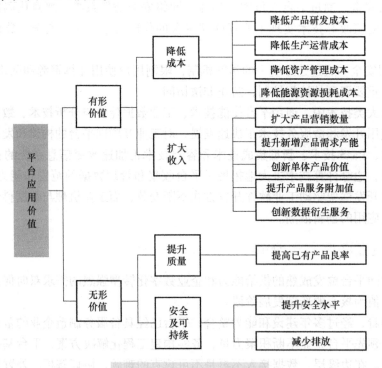

图 3-1-4　平台应用价值分级

降低成本，涵盖"降低产品研发成本""降低生产运营成本""降低资产管理成本""降低能源资源损耗成本"四大类应用。

（1）降低产品研发成本　利用云化工具提升产品研发效率，缩短产品研发周期，进而节约产品研发过程中的时间和人力成本。

（2）降低生产运营成本　基于平台数字化服务打通生产运营环节，提升生产过程效率，强化经营管理水平，进而降低生产成本和企业运营成本。

（3）降低资产管理成本　基于平台实现对设备、物料等企业固有资产的管理和运维，降低资产折旧费、修理费以及关键设备停机造成的营收损失。

（4）降低能源资源损耗成本　基于平台实现工厂能耗优化和物料资源优化，降低能耗成本、物料浪费成本等。

扩大收入，涵盖"扩大产品营销数量""提升新增产品需求产能""创新单体产品价值""提升产品服务附加值""创新数据衍生服务"五类。

（1）扩大产品营销数量　通过平台客户洞察功能进行分析，提升工厂获得市场订单概率，进而提升产品销量。

（2）提升新增产品需求产能　当面临大量订单快速涌进工厂时，企业通过平台实现柔性化、弹性化的生产组织，进而扩大已有产能，满足产品销量要求。

（3）创新单体产品价值　基于平台个性化定制满足客户个性化产品需求，或者创造新的产品，进而提升产品本质价值。

（4）提升产品服务附加值　基于平台实现由传统卖产品向卖"产品+服务"的方式转变过程中，通过给予用户增值服务提升收入。

（5）创新数据衍生服务　平台在数据要素集聚过程中创造出新的衍生服务，如通过平台数据开展产融结合催生的新盈利业务。

提升质量，主要包括"提高已有产品良率"，即通过精密制造、智能检测等举措减低产品不良率，提升产品质量，增强企业市场竞争力，进而提升用户黏性，获取更多市场订单。

安全及可持续，涵盖"提升安全水平"和"减少排放"两大类。

（1）提升安全水平　通过平台数据感知提升工厂安全生产水平，降低安全事故发生概率。

（2）减少排放　利用平台数字化技术实现"低碳生产"，降低污染物排放水平。

图 3-1-5 所示为平台的"应用价值—业务场景"二维热力图，由图可知降低成本是平台实现最多的应用价值，占比达 63%；基于平台实现扩大收入、提升质量、安全及可持续三者相对均衡，分别达到 12%、11%和 14%。

3.1.6　我国工业互联网平台的未来

未来，我国将深化平台中枢功能，从提升平台技术供给质量，加快平台应用推广、持续推动工业互联网平台建设、促进工业互联网平台精准对接等方面进行，进一步推进工业互联网平台体系化发展。

1. 提升平台技术供给质量，加快平台应用推广

1）持续开展工业互联网平台赋能深度行活动。指导召开工业互联网平台赋能深度行、工业互联网平台+园区赋能深度行等活动，深化普及工业互联网平台应用。

2）加快平台技术选型推广应用。指导开展《工业互联网平台选型要求》国家标准符合

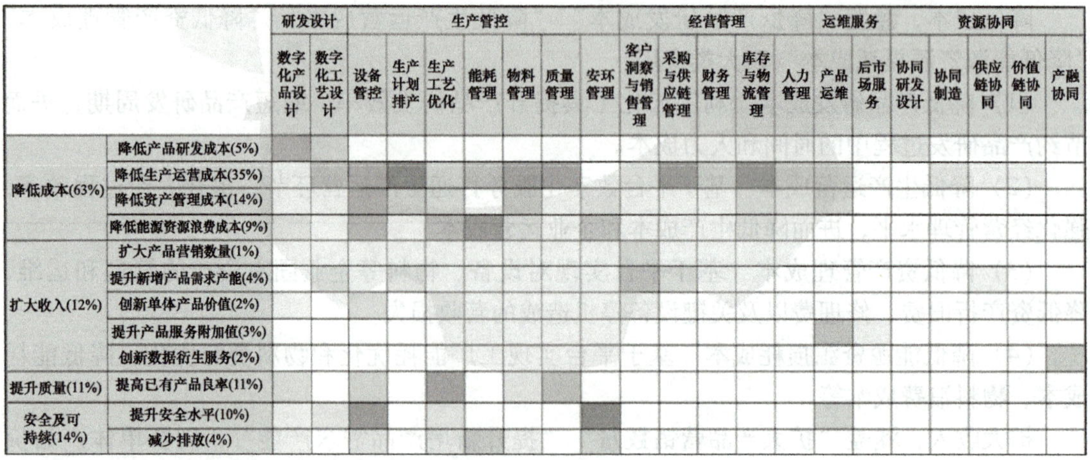

		研发设计		生产管控							经营管理					运维服务		资源协同				
		数字化产品设计	数字化工艺设计	设备管控	生产计划排产	生产工艺优化	能耗管理	物料管理	质量管理	安环管理	客户洞察与销售管理	采购与供应链管理	财务管理	库存与物流管理	人力管理	产品运维	后市场服务	协同研发设计	协同制造	供应链协同	价值链协同	产融协同
降低成本(63%)	降低产品研发成本(5%)																					
	降低生产运营成本(35%)																					
	降低资产管理成本(14%)																					
	降低能源资源浪费成本(9%)																					
扩大收入(12%)	扩大产品营销数量(1%)																					
	提升新增产品需求产能(4%)																					
	创新单体产品价值(2%)																					
	提升产品服务附加值(3%)																					
	创新数据衍生服务(2%)																					
提升质量(11%)	提高已有产品良率(11%)																					
安全及可持续(14%)	提升安全水平(10%)																					
	减少排放(4%)																					

图 3-1-5 "应用价值—业务场景"二维热力图

性评估,构建平台产品星级评价推荐名单。

3)加快工业设备数据字典推广应用。开发数据字典"工具链",搭建测试环境及服务平台,分行业进行应用推广。

4)打造贯通供应链、覆盖多领域的网络化配置体系,发展协同设计、共享制造、协同供应链等新模式,开展重点企业和行业应用推广。

2. 持续推动工业互联网平台建设

1)打造高水平的能源工业互联网平台。着力推动能源工业互联网自主可控软件工程系统,优化数据采集、平台运营、安全保障等方面的能力,打造更广覆盖、更高智能、更安全的能源工业互联网平台,将能源行业经验向其他行业复制推广。

2)建设面向重点行业和区域的特色型工业互联网平台。发展面向特定技术领域的专业型工业互联网平台。持续培育面向重点行业和重点区域的特色型工业互联网平台以及面向特定技术领域的专业型工业互联网平台。

3)持续开展跨行业跨领域工业互联网平台培育工作,完善平台培育机制,总结平台发展现状,推广平台发展经验。开展"双跨"平台动态评价,对"双跨"平台进行分类分级,打造"以评促建、以评保质"发展模式。

3. 促进工业互联网平台精准对接

1)研制分类型工业 SaaS 供应商能力画像。分领域征集工业 SaaS 技术产品,研制工业 SaaS 服务商魔力象限,支持制造企业产品选型。

2)推动产业链数字化生态体系搭建,实现基于工业互联网的产业链协作和供应链预警。支持工业互联网+产业链协作和供应链预警平台建设推广运营,开展供应链数字化合作伙伴生态体系建设。

3.1.7 国内工业互联网平台介绍

1. 树根互联网根云平台

树根互联股份有限公司由三一重工物联网团队创业组建,是独立开放的工业互联网平台企业。2017 年初,树根互联发布了根云平台。根云平台主要基于三一重工在装备制造及远程运维领域的经验,由 OT 层向 IT 层延伸构建平台,重点面向设备健康管理,提供端到端工业互联网解决方案和服务。图 3-1-6 所示为根云 4.0 平台架构。

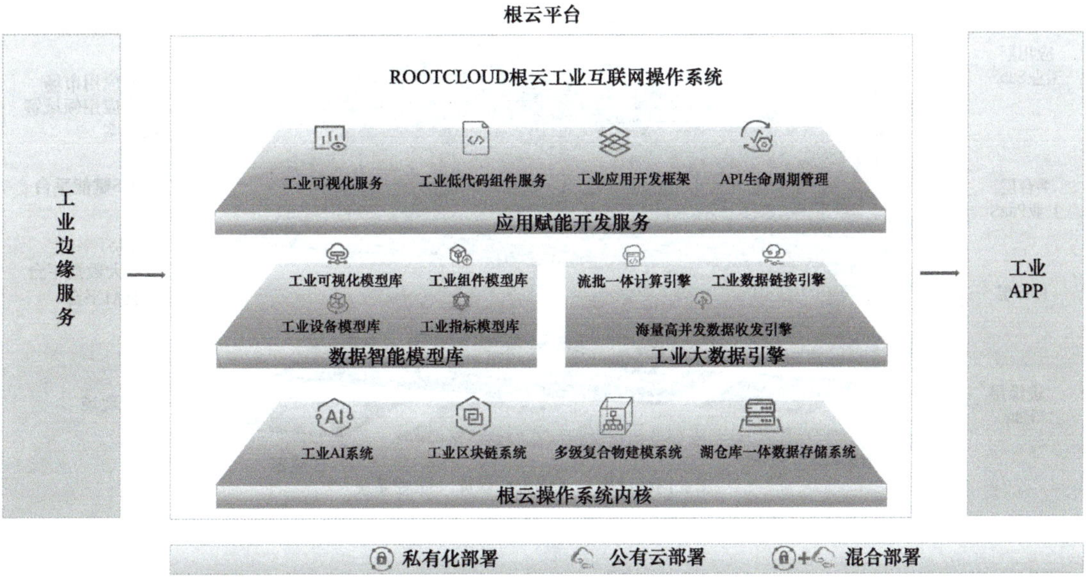

图 3-1-6 根云 4.0 平台架构

根云平台主要具备三方面功能。一是智能物联,通过传感器、控制器等感知设备和物联网络,采集、编译各类设备数据;二是大数据和云计算,面向海量设备数据,提供数据清洗、数据治理、隐私安全管理等服务以及稳定可靠的云计算能力,能够依托工业经验知识谱构建工业大数据工作台;三是 SaaS 应用和解决方案,为企业提供端到端的解决方案和即插即用的 SaaS 应用,并为应用开发者提供开发组件,方便快速构建工业互联网应用。

目前,根云平台能够为企业提供资产管理、智能服务、预测性维护等工业应用服务。同时基于平台开展产业链金融创新,服务于保险公司等金融机构,提升其风险管控和金融服务能力。

2. 格创东智科技有限公司东智平台

格创东智科技有限公司作为 TCL 战略孵化的工业互联网平台公司,同时也是 AI 驱动的工业智能解决方案提供商,为集团及外部客户提供全面的以工业互联网平台为核心的新一代信息技术产品和智能制造解决方案。它依托 TCL40 余年制造经验和大型集团数字化转型实践经验,沉淀面向制造业多场景的核心技术能力,建设模块化的可复制的平台系统,由点带面推动中国制造业转型升级。2022 年,东智平台被工信部遴选认证为"2022 年跨行业跨领域工业互联网平台",其平台架构如图 3-1-7 所示。在东智平台上沉淀工业模型近 30000 个、积累工业 APP 超 10000 个。在赋能成效方面,格创东智已服务泛半导体、新能源、3C 电子、家电、石油石化、航空航天等 20 多个细分行业,成功为 TCL 华星光电、TCL 实业、华虹华力、ASML、中车半导体、高德红外、立讯精密、长电绍兴、康吉森、中信科移动通信、武钢维尔卡等一批行业龙头企业打造标杆示范案例,应用场景覆盖生产制造、质量管控、运营管理、节能减排等九大领域。

格创东智提出"面向生产现场"的工业互联网平台研发方向,通过深度融合人工智能、大数据、云计算等前沿技术,研发由四个平台和工业 APP 商店组成的新一代智能工厂操作系统——东智智能工厂操作系统。基于应用赋能平台、大数据平台、AI 平台、物联平台,围绕客户设备优化、品质提升、能耗降低等需求,为制造企业提供从边缘数据采集、工业大数据分析到顶层应用 APP 的一站式解决方案。

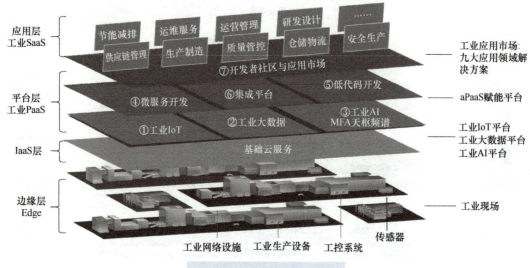

图 3-1-7　格创东智平台架构

3. 航天云网 INDICS 平台

航天科工基于自身在制造业的雄厚实力和在工业互联网领域的先行先试经验，打造了工业互联网平台 INDICS，其平台架构如图 3-1-8 所示。

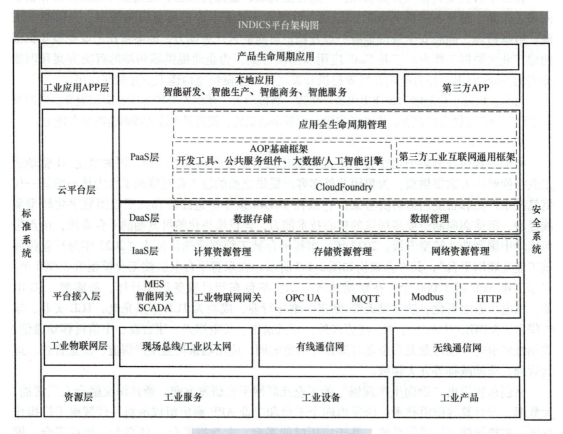

图 3-1-8　航天云网 INDICS 架构

INDICS 平台在 IaaS 层自建数据中心，在 DaaS 层提供丰富的大数据存储和分析产品与服务，在 PaaS 层提供工业服务引擎、面向软件定义制造的流程引擎、大数据分析引擎、仿真引擎和人工智能引擎等工业 PaaS 服务，以及面向开发者的公共服务组件库和 200 多种 API 接口，支持各类工业应用快速开发与迭代。

INDICS 提供 Smart IoT 产品和 INDICS OpenAPI 软件接口，支持工业设备产品和工业服务的接入，实现云计算边缘计算混合数据计算模式。平台对外开放自研软件与众研应用 APP 共计 500 余种，涵盖了智能研发、精益制造、智能服务、智慧企业、生态应用等全产业链、产品全生命周期的工业应用能力。

4. 海尔 COSMOPlat 平台

海尔集团基于家电制造业的多年实践经验，推出工业互联网平台 COSMOPlat，形成以用户为中心的大规模定制化生产模式，实现需求实时响应、全程实时可视和资源无缝对接，其平台架构如图 3-1-9 所示。

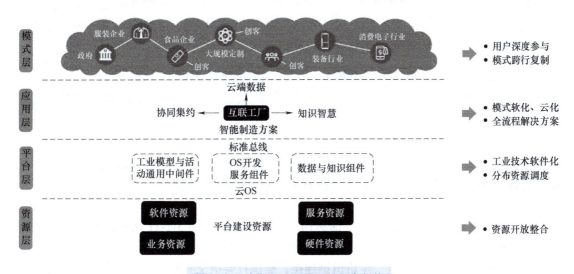

图 3-1-9 海尔 COSMOPlat 平台架构

COSMOPlat 平台共分为四层：第一层是资源层，开放聚合全球资源，实现各类资源的分布式调度和最优匹配；第二层是平台层，支持工业应用的快速开发、部署、运行和集成，实现工业技术软件化；第三层是应用层，为企业提供具体互联工厂应用服务，形成全流程的应用解决方案；第四层是模式层，依托互联工厂应用服务实现模式创新和资源共享。目前，COSMOPlat 平台已打通交互定制、开放研发、数字营销、模块采购、智能生产、智慧物流、智慧服务等业务环节，通过智能化系统使用户持续、深度参与到产品设计研发、生产制造、物流配送、迭代升级等环节，满足用户个性化定制需求。

5. 华为 OceanConnect IoT 平台

华为是一家信息与通信技术解决方案供应商，在电信、企业、消费者等领域为客户提供有竞争力的产品和服务。

华为推出的 OceanConnect IoT 平台在技术架构上分为垂直和水平两个方向。在垂直方向，又分为三层架构，分别为连接管理层、设备管理层和应用使能层。其中，连接管理层主要提供 SIM 卡生命周期管理、计费、统计和企业门户等功能；设备管理层主要提供设备连接、设备数据采集与存储、设备维护等功能；应用使能层主要提供开放 API 能力，同时具备数据分析、规则引擎、业务编排等能力。在水平方向，通过与平台连接的分布式 IoT agent 对接行业智能设备网关，并提供边缘计算能力，实现与云端计算的协同，其平台体系架构如图 3-1-10 所示。

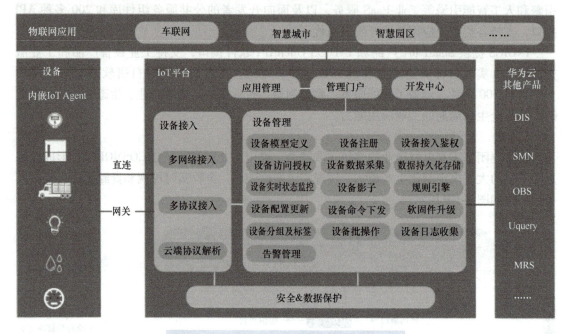

图 3-1-10　华为 OceanConnect IoT 平台架构

目前，OceanConnect IoT 平台主要服务行业包括公共事业、车联网、油气能源、生产与设备管理、智慧家庭等领域，能够构筑多个成熟解决方案并完成商用。

6. 用友精智平台

用友精智工业互联网平台（以下简称用友精智）架构如图 3-1-11 所示，是用友 BIP 面向工业企业的全面应用，是社会化智能云平台。用友精智基于其中台能力，构建企业与社会资源之间的全要素、全产业链、全价值链连接，提供社会级交易服务、协同服务、及云化管理服务，以开放的生态体系，帮助工业企业实现数字化转型，促进生产方式乃至商业模式的变革，实现智能化生产、个性化定制、网络化协同、服务化延伸和数字化管理等诸多新模式，推动软硬件资源、制造资源、工业技术知识的开放、共享，促进产品质量、生产率、经济效益与生产力的跃升。

用友精智可连接工业企业设备、应用系统、操作人员等，实现本地资源上云，在 PaaS 能力上支撑了多种 SaaS 云服务，覆盖工业企业关键的应用，目前已支撑的企业云服务超过 1000 个，提供了 300 多个应用组件、50 多个应用开发框架，能够支持百万级用户并发、千万用户在线操作。平台能够适配不同 IaaS 平台，可以在阿里云、华为云、AWS 云或自建数据中心中运行。

7. 阿里云 ET 工业大脑平台

阿里云 ET 工业大脑平台依托阿里云大数据平台，建立产品全生命周期数据管理体系，通过大数据技术、人工智能技术与工业领域知识的结合实现工业数据建模分析，有效改善生产良率、优化工艺参数、提高设备利用率、减少生产能耗，提升设备预测性维护能力。

阿里云 ET 工业大脑平台包含数据舱、应用舱和指挥舱三大模块，分别实现数据知识图谱的构建、业务智能算法平台的构建以及生产可视化平台的构建，平台架构如图 3-1-12 所示。目前阿里云工业大脑平台已在光伏、橡胶、液晶屏、芯片、能源、化工等多个工业垂直领域得到应用。

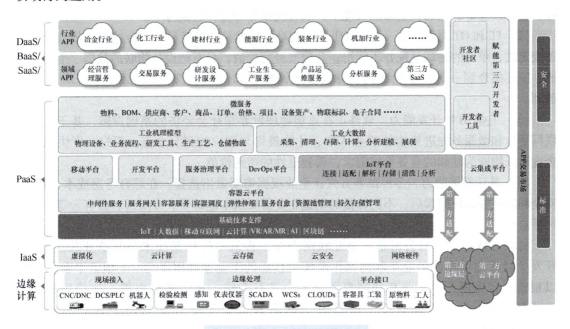

图 3-1-11 用友精智平台架构

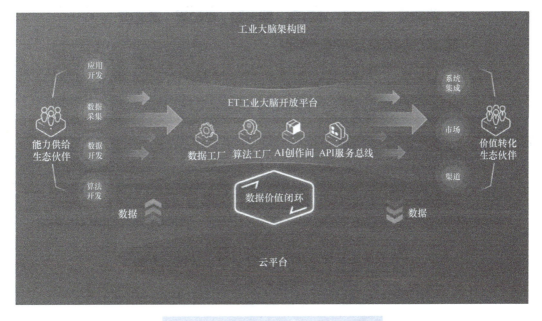

图 3-1-12 阿里云 ET 工业大脑平台架构

3.2 典型云平台介绍

制造企业选择的工业互联网平台是要能够快速解决问题，其应具备的能力如下。

（1）连接能力　连接能力是工业互联网平台的基础和核心，包括连接各种需要监控的设备和产品工业软件，在"万物互联"的基础上，需要实现过程追溯、设备状态的远程监控、故障预警等，继而往上形成智能工厂和智能服务等整体解决方案。

（2）IT 和 OT 融合能力　IT 和 OT 数据的融合仍然是工业互联网平台挖掘和创造价值的不变定式，单纯的物联呈现并不能给企业带来经营价值，只有把设备物联的数据、生产、物流、库存结合到一起，才能看到设备的参数调整会如何影响营收和毛利，真正帮助企业盈利。

（3）工业 APP 开发能力　软件正在重塑物理世界和社会经济的基础设施，基于工业互联网平台和微服务先进架构的工业 APP，才能最终与客户找到契合点，更好、更快地满足企业对以物联为基础的业务管控需求，看到显性的落地价值。

（4）灵活部署能力　多种部署方式让企业根据需要做出选择，在综合考虑成本、效果、安全和能耗等多种因素后，不同体量的制造企业需要从本地部署、专属云、公有云等方案中灵活选择。

树根互联股份有限公司是工业互联网企业，将新一代信息技术与制造业深度融合，开发了以自主可控的工业互联网操作系统为核心的工业互联网平台——根云平台。这里以根云平台为例，对工业互联网典型云平台进行介绍。根云平台由根云边缘服务、根云基础平台、根云数据智能、根云应用赋能和根云工业可视化四个部分组成，如图 3-2-1 所示。

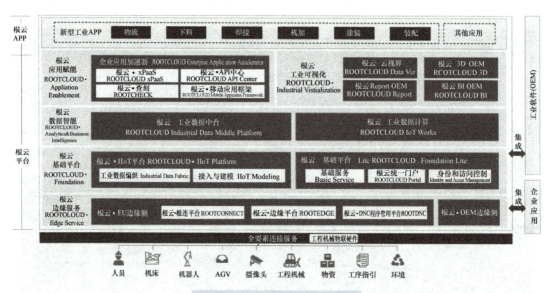

图 3-2-1　根云 4.0 平台全局图

3.2.1　平台架构

1. 根云基础平台

根云基础平台主要涵盖接入与建模、身份和访问控制、统一门户、基础服务、应用管理、API 网关、文档中心、统一运维平台，为工业互联网的业务开展提供基础建模、数据分析、应用集成与开发服务，为平台的安全运营提供保障，如图 3-2-2 所示。

（1）接入与建模　旨在实现物理设备在平台的数字化映射和管理，涵盖设备接入、设

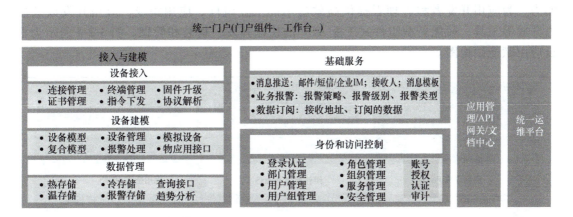

图 3-2-2 根云基础平台架构图

备建模和数据管理三大功能,解决设备数据采集协议复杂的难题,实现设备在线化、数字化、智能化管理。

(2) 身份和访问控制　实现企业组织与人员数据的统一管理,以"统一授权(Authorization)、统一账号(Account)、统一审计(Audit)、统一认证(Authentication)"4A体系为核心,能够帮助企业安全地控制对根云平台资源的访问。

(3) 统一运维平台　为企业构建以用户为中心、体验融合一致、架构开放敏捷的集统一门户、统一待办、应用可插拔为一体的企业级数字化平台。

(4) 基础服务　基础服务面向平台用户和业务应用开发者,提供消息推送与接收、数据订阅、业务报警通知等服务,实现平台与应用之间的消息协同。

(5) 应用管理、API 网关、文档中心　面向平台用户和开发者提供一个开放的应用服务平台,实现海量工业应用的快速构建与运营。

2. 根云数据智能

根云数据智能产品基于对海量 IT 和 OT 数据的集成,实现对数据的有效治理,形成高价值的优质数据资产,并通过对 IT 和 OT 数据的开发和联合分析形成行业指标,辅助企业管理决策。图 3-2-3 所示为根云数据智能架构图。

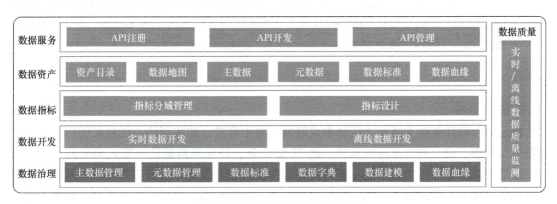

图 3-2-3 根云数据智能架构图

3. 根云应用赋能

根云应用赋能依托根云基础平台的设备物联接入能力、基础服务、模型和指标计算能力，为应用开发者和管理者提供高效易用的工业组件、应用集成、应用开发以及能力开放等工具，赋能新型组件式工业 APP 的快速开发、拼装和管理。图 3-2-4 所示为根云应用赋能架构图。

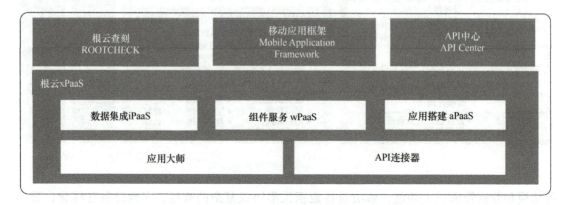

图 3-2-4　根云应用赋能架构图

4. 根云工业可视化

根云工业可视化旨在通过三维可视化、大屏可视化、BI 数据分析、报表等产品，以图形化的方式直观地向观者展示工业数据结果，为理解工业数据提供一个人机融合的接口，实现工业数据价值感知。图 3-2-5 所示为根云工业可视化架构图。

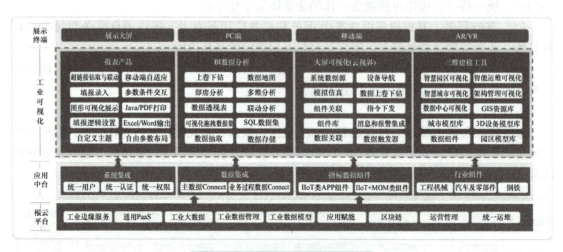

图 3-2-5　根云工业可视化架构图

5. 联邦架构

根云平台联邦架构支持多工厂分布式部署的集中管控，如集团统一的权限管理、统一的设备模型管理、统一的计算规则和统一的 IT 集成等。联邦架构能让分布式部署的根云平台可以独立支撑业务闭环，如本地化指标计算和应用报表开发等。在分布式计算的基础上，可以实现集团多工厂数据标准一致、集中数据分析与数据应用。联邦架构包括节点联邦、业务联邦、数据联邦和运维联邦。

（1）节点联邦　平台统一管理各类根云节点，如数采、边缘、园区平台、集中管控平台，以减少重复配置工作，提高设备接入管理效率，动态增加联邦节点，灵活适配业务扩展。

（2）业务联邦　平台集中管理联邦下各节点的主数据，基于位置维度形成园区维度，并与其他业务维度（如事业部、工艺等）形成联合下钻、聚合分析。

（3）数据联邦　根云联邦数据能与根云节点间数据同步，数据同步后方便统一管理权限、设备台账、设备数据、告警和日志等数据。数据同步颗粒度与范围可灵活配置，兼顾业务与安全。

（4）运维联邦　平台可以统一部署、监控、升级和维护根云平台节点，并支持混合云、多云部署。

3.2.2　平台功能模块

1. 根云基础平台功能

（1）个人中心　个人中心用于管理个人信息、组织信息和登录信息。

1）个人信息。查看和管理当前登录根云平台账户的基本信息，如头像、用户 ID 和用户名等，如图 3-2-6 所示。

图 3-2-6　个人信息

2）登录设置。查看和管理当前登录账户的密码和绑定的第三方账户。在这里可以将根云账户与第三方应用账户（如钉钉）进行绑定，然后在登录控制台的时候，选择以其他方式登录（如使用钉钉登录），就可以通过扫码，直接登录到控制台页面，方便快捷。为了提高账户安全性，平台还提供了双因子验证功能。开启该功能后，按照界面提示注册双因子身份验证器，获取验证码。在登录控制台时，即可使用账号、密码和验证码安全登录。

3）我的组织。查看和管理当前登录账户的组织资料和关联组织列表。支持修改组织的基本信息，查看组织管理员和上传营业执照；对组织管理员而言，还可以添加和移除组织子管理员。关联组织列表呈现本组织所有关联组织及其基本信息，也可以进入详情页面，查看关联组织所授权给本组织的应用和设备。

4）门户设置。根云平台的统一门户包括全局工作台、业务工作台和门户组件等内容。

（2）统一门户 根云统一门户致力于为企业构建以用户为中心、体验融合一致、架构开放敏捷的集统一门户、统一待办、应用可插拔为一体的企业级数字化平台。通过统一企业门户，将企业、生态伙伴、第三方开发者等提供的分散、异构的应用聚合，实现数据的接入和集成；向企业客户提供丰富的应用集，满足其不同业务场景和发展阶段的业务数字化落地，帮助企业提升业务效率、降低管理成本。图3-2-7所示为统一门户架构图。

图3-2-7 统一门户架构图

根云统一门户围绕以下几个层次向客户赋能。

1）应用集成与开发。根云平台为应用开发者提供了便捷的应用集成方式，生态伙伴研发的APP可以通过平台的应用开发服务与根云平台无缝集成，具体内容如下。

① 应用在平台注册后可通过平台颁发的密钥调用平台服务的OpenAPI，开发相关功能。

② 支持应用通过平台规范实现单点登录，实现快速使用应用的需求。

③ 支持应用的创建、上线、下线、删除及授权等生命周期管理行为，满足企业对应用的统一管理、集中管控需求。

④ 支持应用的组织、用户及功能权限与平台权限体系集成，实现企业对应用权限的统一管理。

2）统一认证鉴权。根云平台权限管理服务基于角色控制访问的权限模型，可以实现对服务、应用、设备等资源进行访问控制，支持企业管理员管理组织内的部门、用户、角色。

3）统一消息待办。支持第三方系统和应用接入，用户可在门户内对消息和待办进行集中处理，提高工作效率。

4）多维度工作台。提供企业全局工作台（企业门户）、业务工作台（部门或项目门户）、自建工作台（员工工作内容集合）及其权限控制，满足不同维度成员的工作需要。

图 3-2-8 所示为全局工作台。

图 3-2-8　全局工作台

通过对门户的个性化配置，可以修改登录界面背景图、浏览器图标、系统标识、自定义首页等，满足企业用户的个性化使用需要。图 3-2-9 所示为登录界面。

图 3-2-9　登录界面

用户可以根据自身需求对工作台界面尺寸进行拖拽式的灵活设置。

5) 多自定义门户组件。除了使用根云平台默认提供的系统组件，企业可以根据自身需求创建自定义门户组件并配置到工作台进行统一使用。图 3-2-10 所示为工作台的功能总览。

图 3-2-10　工作台功能总览

① 总览。在任意界面单击"总览"按钮可回到根云门户首界面。

② 服务及应用。单击"服务及应用"按钮，展开当前已经订阅并有权限使用的服务及应用，单击任意服务或应用可进入相应界面。

③ 若当前环境已部署文档中心，则单击该按钮可进入根云平台文档中心。

④ 单击该按钮查看导入/导出任务。

⑤ 系统语言切换按钮，支持在简体中文和英文间进行切换。

⑥ 将光标悬浮在该按钮查看服务通知，单击该按钮进入消息通知界面，可查看服务、待办通知和平台公告。

⑦ 单击该按钮可进入个人中心和退出登录。

⑧ 工作台标签，单击该标签可切换不同工作台，拖拽工作台标签可调整工作台前后顺序。

（3）身份和访问管理　根云平台依据管理权限的不同，分为组织管理员、组织子管理员和组织成员三种系统角色。

1) 组织管理员。由根云管理员或运维人员依照需求在运营管理中心新增组织时添加，每个组织有且仅有一个组织管理员，组织管理员在整个组织管理的业务流程中具有最高权限。

2) 组织子管理员。由组织管理员从组织成员中选择添加。一个组织下允许存在多个组织子管理员，组织子管理员无法新增其他组织子管理员。组织子管理员的权限由组织管理员配置。

3) 组织成员。由组织管理员或组织子管理员新增或向已有账号邀请。组织成员对平台的权限由组织管理员和组织子管理员配置。

图 3-2-11 所示为组织管理使用流程，具体的环节介绍如下。

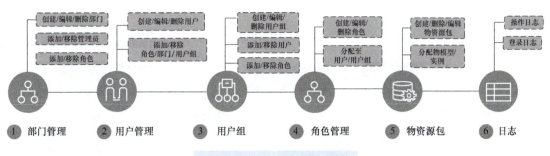

图 3-2-11 组织管理使用流程

1）部门管理。管理员可以执行创建/编辑/删除部门、添加/移除管理员、添加/移除角色等操作。

2）用户管理。管理员可以执行创建/编辑/删除用户、导出/导入、邀请用户、添加/移除角色、添加/移除部门、添加/移除用户组等操作。

3）用户组。管理员可以执行创建/编辑/删除用户组、添加/移除用户、添加/移除角色等操作。

4）角色管理。管理员可以根据业务需求创建业务角色、编辑/删除角色、分配至用户/用户组/部门等操作。

5）物资源包。管理员可以创建/编辑/删除物资源包，完成设备属性、指令、基本信息的查看和操作权限设置。

6）日志。管理员可以查看用户的操作日志以及登录日志信息。

（4）接入与建模　工业企业转型过程中，设备接入时常伴随工业通信协议众多、设备接入情况复杂和数据传输通道容易堵塞等问题，并且传统物联网热点数据、常规数据和归档数据分开治理，管理成本高。

为了解决上述问题，帮助企业快速转型，平台提供了接入与建模服务。接入与建模服务主要用于构建物模型和物实例，实现设备物联接入，并提供设备的实时数据、历史数据、报警、指令下发等服务，为设备全生命周期管理、后市场服务管理数字化、工业可视化大屏等提供基础条件。图 3-2-12 所示为接入与建模服务的总览界面。

图 3-2-12　接入与建模服务的总览界面

设备接入操作流程如图 3-2-13 所示。

（1）直接连接的设备上数　创建并发布设备的物模型，基于新创建的设备物模型注册物实例，根据物实例的连接信息（认证标识和认证密钥），设备通过根云 4.0 协议接入平

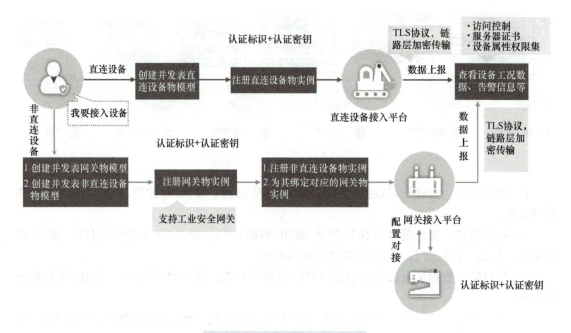

图 3-2-13 设备接入操作流程

台,设备完成接入后,可以向平台上报数据。

(2) 通过网关连接的设备上数 创建并发布类型为网关的物模型,基于新创建的网关物模型注册网关的物实例,根据网关物实例的认证标识和认证密钥,网关通过根云 4.0 协议接入平台,网关就可以向平台上报数据了。

(3) 动态组网的设备上数 无法联网的设备,经由其他设备与网关连接,动态组成通信网络。

(4) 复合物上数 复合物的数据来源于直接连接的设备和通过网关连接的设备。因此,复合物上数首先需要创建直接连接的设备和通过网关连接的设备物模型和物实例,然后创建复合物的物模型和物实例。设备和网关的物模型属性都可以在复合物模型中进行复用,复合物模型可以实现跨模型的计算。

模型建立部分包含的内容如下。

(1) 抽象模型 抽象模型是多个模型的共同引用来源,可以对引用创建的模型实现一定的权限控制。作为集团下发给事业部的模型标准,抽象模型定义的内容,引用的物模型无法再修改。根云平台还提供了将集团侧统一配置的模型模板自动同步给园区 IoT 平台的功能,即构建抽象模型作为统一标准进行发布与共享。

(2) 物模型 建模是将物接入根云平台的重要步骤,物模型指将物理空间中的实体进行数字化,并在平台构建该实体的数据模型。开发者在根云平台构建一款设备的模型,使平台理解该物支持的属性、指令等信息。首先需要定义物的模型,然后注册物的实例,最后才能将实体物接入平台。

(3) 物实例 物模型创建并发布后,需要注册物实例,才能将物理设备与平台进行连接。物理设备接入平台后,用户在云端可以对相应类型的一个或多个设备进行远程控制和工况管理等操作。

2. 根云数据智能功能

（1）工业数据编织　工业数据编织服务基于传统的数仓建模和数据湖的概念进行优化，涵盖 IT 域和 OT 域，为用户提供数据建模和数据管理的服务，保障数据口径的一致性和标准性，为进一步数据开发和指标开发提供数据来源和支撑，辅助生产运营做出决策。图 3-2-14 所示为工业数据编织原理。

图 3-2-14　工业数据编织原理

1）数据建模。数据建模是定义标准的数据存储结构，包括模型的类型和字段标准，目前支持创建物联设备、业务数据、数据字典三种类型的模型。

2）维度管理。维度管理是提供不同维度的定义和管理，如组织、地区等，帮助用户在管理数据和分析数据时基于定义好的维度进行快速查询和分析。

3）设备管理。设备管理主要通过关联实际的物联设备，自动获取设备的基本信息和工况数据。可以通过创建并配置物联设备类型的模型，补充管理设备所需字段，提供更加完善的设备信息。

4）业务数据。业务数据是指非物联设备的其他业务数据。用户可以在这里依据定义的标准业务数据模型，统一管理所需要的业务数据。

5）数据字典。数据字典是指对数据的数据项、数据结构等进行定义和描述，数据字典是描述数据的信息集合，是对系统中使用的所有数据元素的定义的集合。建立数据字典并管理字典数据有利于提高开发效率，降低研发成本；相当于数据库开发者、数据管理员、数据终端用户之间的约定说明；促进数据共享，提高数据的使用效率。用户可以通过数据字典了解数据含义、来源和使用方法，以便正确使用，也可以控制数据使用，即在特定的场合通过对数据字典进行控制和管理，达到控制数据的目的。

图 3-2-15 所示为工业数据编织服务入口。

（2）业务报警中心　业务报警中心是根云平台统一报警中心，对平台服务发生的报警事件进行汇总、展示、处理、通知等操作。

警报处理包含平台中所有设备的警报信息，以列表形式展现，方便警报处理人员管理。报警中心预设了紧急、重要、警告和一般四个警报级别，依次对应红色、橙色、黄色、蓝色四种预设警报颜色。平台会根据不同的级别、不同的报警策略进行通知。图 3-2-16 所示为报警策略设置。

（3）数据订阅　数据订阅服务为应用开发者提供订阅平台数据的服务。通过该服务，开发者可订阅设备在平台上的数据,包括事件、工况和报警。图 3-2-17 所示为数据订阅服务架构。

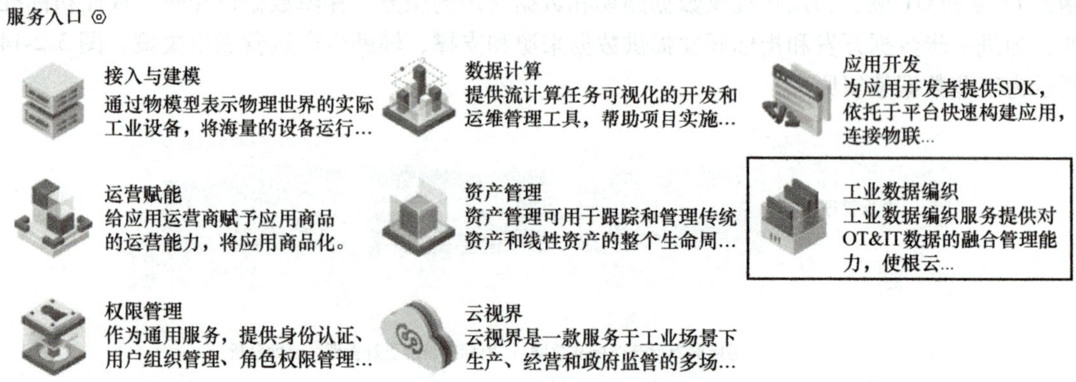

服务入口

 接入与建模
通过物模型表示物理世界的实际工业设备,将海量的设备运行…

 数据计算
提供流计算任务可视化的开发和运维管理工具,帮助项目实施…

 应用开发
为应用开发者提供SDK,依托于平台快速构建应用,连接物联…

 运营赋能
给应用运营商赋予应用商品的运营能力,将应用商品化。

 资产管理
资产管理可用于跟踪和管理传统资产和线性资产的整个生命周…

 工业数据编织
工业数据编织服务提供对OT&IT数据的融合管理能力,使根云…

 权限管理
作为通用服务,提供身份认证、用户组织管理、角色权限管理…

 云视界
云视界是一款服务于工业场景下生产、经营和政府监管的多场…

图 3-2-15 工业数据编织服务入口

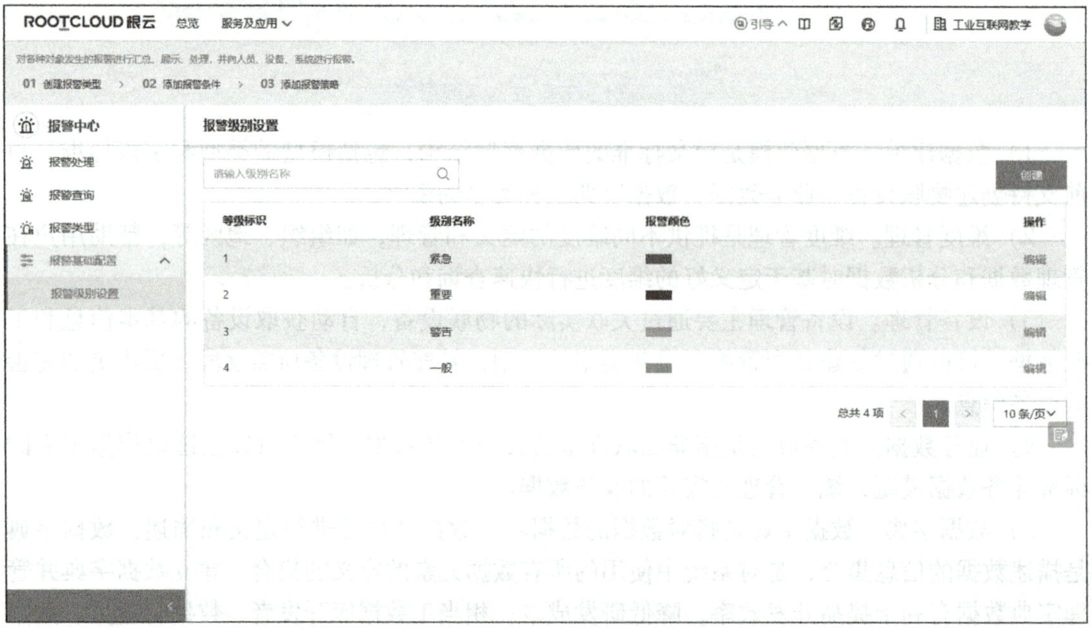

图 3-2-16 报警策略设置

数据订阅服务可以对接入与建模事件、权限管理事件、设备的原始工况进行工况数据、事件数据、报警数据的数据订阅操作。管理员在控制台完成订阅规则的创建后,平台按照规则将指定数据,通过消息队列中间件同步到业务应用。图 3-2-18 所示为创建数据订阅服务页面。

(4)消息推送　消息推送服务是将设备或应用服务产生的报警信息、业务通知等消息推送给终端用户的基础服务,已整合平台服务通知、短信、邮件、飞书、企业微信、钉钉等多种渠道,同一消息可同时推送至多种渠道,满足平台租户及应用对不同消息渠道的需求。

根云平台消息推送服务除了整合消息渠道外,还具有消息发送、消息模板、消息统计、消息日志、消息拦截策略等能力。

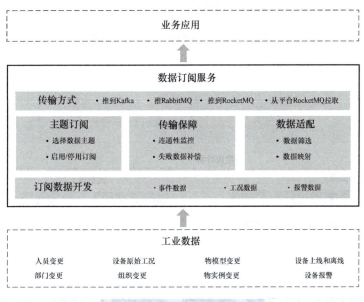

图 3-2-17　数据订阅服务架构

图 3-2-18　创建数据订阅服务页面

例如，当设备的维保到期但还没进行保养时，会给该设备的用户发送邮件通知。通知的内容格式可以提前定义好，可以使用这个消息模板通知用户安排保养，后续还能查看到消息请求的记录。

（5）工业数据计算　工业数据计算服务面向有数据分析背景的开发工程师和技术人员，提供了实时计算和离线计算可视化的开发和运维工具，是根云平台中重要的功能之一。

1）项目交付人员可以快速构建基于设备 IoT 数据和外部业务数据的计算任务，提高项目交付效率。

2）可以借助业务数据实时计算结果的可视化，对设备 IoT 数据相关的价值进行挖掘。

数据计算服务主要提供了实时计算、离线计算和任务流计算可视化的开发和运维。

1）实时计算任务订阅数据平台的数据，把分钟级时间窗口计算数据更新到外部关系型数据库和消息队列中间件中。

2）离线计算任务读取数据平台中的数据和外部关系型数据库中的业务数据，把计算结果的数据再写回到外部关系数据库中。

3）任务流计算把多个有时间顺序和业务依赖关系的离线计算任务组织起来，任务调度器按组织拓扑顺序来执行离线任务。

图 3-2-19 所示为根云平台计算服务架构，其特性总结如下。

1）实时性。实时数据开发采用小窗口实时聚合计算累加输出，窗口最小时间单位为 s 或 min。

2）低代码。只需用 Flink SQL 语句进行数据查询。

3）低成本。实时数据和离线数据开发使用相同的计算引擎 Flink，运维部署成本低。

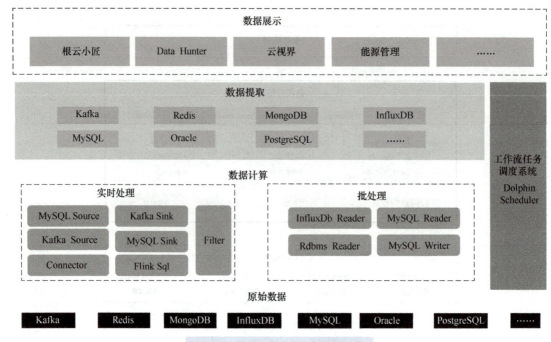

图 3-2-19 根云平台计算服务架构

4)集成好。任务流直接读取平台其他服务的实时和历史数据。

5)上线简单。新增和修改功能只需要经过简单的上线流程。

数据计算服务可以分为实时数据开发和离线数据开发两种情况。

1)实时数据开发。开发支持 Apache Flink 流处理执行模式。对于设备管理员来说,将设备接入平台并上报数据后,对采集的数据进行计算,或直接透传输出到指定数据库中,是实现设备运行情况分析、指标预警、故障检测、数据大屏展示等功能的重要前提。同时,实时数据开发具备秒级返回业务指标和快速进行多维分析等实时数据化能力。

2)离线数据开发。一个任务流包含多个任务节点,一个任务流配置一个定时调度计划,定时调度计划每个周期生成一个任务流实例,任务流实例中包含多个任务实例。

数据计算服务使用流程如图 3-2-20 所示。

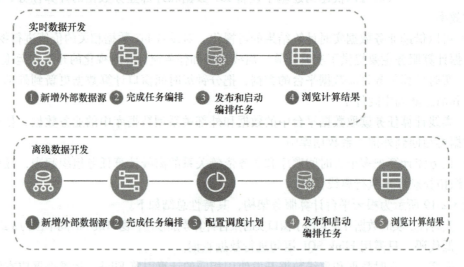

图 3-2-20 数据计算服务使用流程

为了方便排查数据计算服务任务流的执行错误，平台提供了数据运维。数据运维能够查看在数据计算中已经完成数据开发，并且已经启动任务的执行状态。数据运维是对任务的统一管理界面，可以查看任务ID、名称、运行状态、开始时间和状态更新时间等任务信息，也可以对任务进行启动、停止、撤回、查看任务详情等操作。

平台不仅提供维表数据的内容浏览功能，而且无须借助外部客户端工具，即可浏览维表数据和计算结果。维表包括在数据源管理中添加的外部数据源和平台内部数据源的所有维表。当启动编排的数据处理任务后，按照指定方式计算的数据结果就会存入相应的维表中，刷新维表即可查看。为了方便开发定位和监控整个服务的运行情况，平台还提供了可视化的运行日志查看功能。

数据计算服务主要的应用场景如下。

1）数据平台分钟级时间窗口计算的结果按小时、天、周、月、年聚合输出到外部数据源。

2）按30s时间窗口统计设备的作业时长、待机时长、停机时长、离线时长、尖峰平谷的电能量和电费，通过数据计算服务按小时、天、周、月、年聚合统计输出到外部数据库中。

3）使用数据集成功能，把数据平台的工况数据输出到外部数据源。

4）计算设备的加工数据量、工况的变化次数、计量表的用量、设备满足设定条件的时长、满足设定条件的设备数，通过数据计算服务按小时、天、周、月、年输出到外部数据库中。

（6）工业指标分析　传统工业指标计算的实现，在数据源接入、数据关联、指标逻辑实现、指标可视化等方面，存在数据建模复杂、实时性要求高、需求变更频繁、开发周期长等问题。指标分析服务（Operation Technology Metrics，OTM）以拖拽的方式生成指标模型，基于指标模型快速构建指标，高效实现OT与IT数据的融合分析，满足指标制作、指标呈现、指标沉淀、指标查阅等指标分析需求，提升用户配置指标效率。

图3-2-21所示为工业指标分析服务架构，其特点如下。

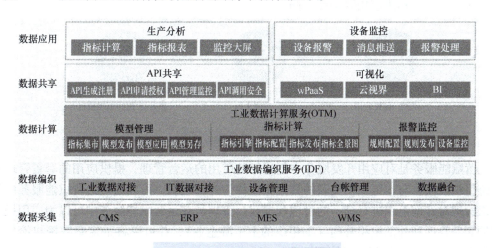

图3-2-21　工业指标分析服务架构

1）零代码指标开发。支持用户基于指标模型，通过拖拽方式实现可视化、参数化、零代码的指标配置。

2）行业指标模型集市。沉淀多行业、多业务场景丰富的指标模型，支持用户直接调用指标模型进行指标配置。

3）多端可视呈现。支持API方式对接第三方BI系统、用户自有应用系统、主流低代码

根云平台工业指标分析服务的作用如下。

1）降低数据治理成本。iPaaS连接器一天可对接一个新的外部系统。

2）提升数据处理实时性。数据处理基于平台边缘侧，有效保障数据实时性。

3）降低指标开发成本。以无代码、无须配置的方式，快速构建可复用的分析模型。

4）提升指标模型可复用性。基于项目持续沉淀工业行业指标，构建标准的、通用的行业指标体系。

图3-2-22所示为工业指标分析使用流程。

图3-2-22　工业指标分析使用流程

3. 树根应用赋能功能

（1）应用管理　应用开发服务是应用与平台数据连通的桥梁，应用开发者通过应用开发服务创建应用后，平台会为应用颁发Client ID和Client Secret，开发者可以通过这一对密钥调用平台提供的OpenAPI。应用创建完成后，开发者可以进行应用的生命周期管理，例如，应用的权限注册、上线、下线、删除和一键登录等，在运营赋能服务中，运营人员可以进行应用的权限组合，对应用进行外部授权，方便组织在平台开发的应用授权给另一个组织使用。图3-2-23所示为应用管理流程图。

图3-2-23　应用管理流程图

运营赋能服务是对应用开发服务中创建好的应用的运营管理，提供应用的套餐管理和应用的跨组织授权。与本组织相关联的其他企业称为外部组织，可以通过运营赋能服务中的外部组织管理对外部组织进行统一的管理和授权。管理员在运营赋能服务中可以为应用提供粗粒度的套餐管理和外部组织管理（如组织的上下游企业），并可以将指定套餐授权给外部组织。图3-2-24所示为外部组织管理页面。

（2）工业区块链　工业区块链作为一个产业数字化赋能平台，具有分布式账本、联盟共识机制、商业智能、商业流程引擎等核心能力。客户和合作伙伴通过工业区块链服务可以实现快速开发、上线并持续运行其数字化业务，取得长期和可观的数字化运营成效。从业务视角看，区块链科技帮助在各个组织之间建立透明的信任关系。区块链系统可以提供不可篡改性、不可抵赖性等性质。通俗来说，区块链系统可以保证记录不会被修改，因此账本上会有一条经机器共识的审计线索，并且即使被内部的恶意组织攻击，系统也会继续生成正确的记录。

图 3-2-24　外部组织管理页面

工业区块链即将区块链应用于工业生产，具有满足工业可信需求的能力。工业区块链在工业生产中主要有以下应用场景。

1）经营租赁。将设备租金、采购费用、维护费用和收益分成用区块链技术可信链接，减少人工干预，增加设备全生命周期价值链条的可信度。

2）产能授信。通过区块链技术对制造设备建立可信身份，将产业链所有制造设备产能数据以可信方式写入区块链账本中，更好地开展基于制造设备的产能授信。

3）工业标识解析服务。通过工业互联网标识解析系统，给每一个对象赋予可信标识，实现跨地域、跨行业、跨企业的可信可控信息查询和共享。

4）区块链可信存证。运用区块链哈希、电子签名、可信时间戳等技术保障电子数据的法律效力，并通过可视的数字存证证书进行展现。

用户只需要通过四个步骤就可以使用工业区块链。用户需要在联盟列表中创建和管理联盟，并通过联盟详情页面创建和管理联盟下的机构和应用。在应用列表页面中查看应用基本信息、授权对象、机构列表，可以在应用详情页面中进行添加机构、进入应用、授权应用、部署合约、更新模板操作。图 3-2-25 所示为工业区块链使用流程。

图 3-2-25　工业区块链使用流程

（3）工业组件服务　工业组件服务是一个一体化低代码应用程序开发平台，它提供了一套全面集成的服务，可管理从应用构思到应用部署和运营的应用程序开发全生命周期，同时实现组织机构内部协同合作，以便创建共享管理组件，快捷搭建数据通道，并迅速开发应用。不同水平的开发人员无须编写任何代码即可创建应用，以满足企业的需求。

工业组件服务平台主要包括组件服务、数据集成服务和应用搭建服务三大服务板块。

1）组件服务是工业组件服务平台下的一个提供开箱即用组件、线上协同管理并沉淀组件资产的服务平台。组件市场提供了根云团队在项目交付过程中积累的通用组件和行业组件，用户可以快捷使用或通过组件编辑器可视化配置业务所需组件的数据、样式并发布,实现租户内组件的统一化管理,并在低代码平台或全码环境中使用,以加速 SaaS 应用开发。

2)数据集成服务是工业组件服务平台下的一个可集成各类数据源、搭建数据通道的数据和应用集成平台。它具有连接数据源、搭建连接流、对不同源数据进行逻辑处理和映射等功能,帮助企业级用户轻松、快捷地集成不同系统或应用之间的数据,让数据流动驱动业务流通。

3)应用搭建服务是工业组件服务平台下的一个低代码应用构建平台,使用者无须编码 0 代码或无代码或通过少量代码,以可视化拖拽的方式开发定制个性化应用,用应用搭建服务能快速完成开发。

图 3-2-26 所示为工业组件服务的业务架构。在工业组件服务的业务架构中,通过数据集成服务对接 OT、IT 数据,供组件服务和应用搭建服务使用。组件服务可生成带指标数据的图表组件,并沉淀设备管理类应用的组件。应用服务可使用组件服务沉淀的组件,结合数据集成服务对接的数据源,以低代码的方式快速完成页面拼接,最终发布设备管理类和指标数据监控类工业 APP。

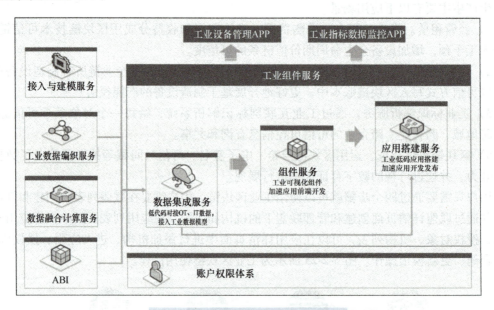

图 3-2-26 工业组件服务的业务架构

根云工业组件服务的产品特点如下。

1)超高的时间价值比。利用现有人才快速交付业务所需的应用,通过低代码特性提高开发人员的工作效率(开发工具包、可视化界面、可复用组件),使用内置的协作工具在跨职能团队中进行快速决策。

2)大规模开发。不需要高昂的成本即可开发各种应用并给出解决方案,向终端用户提供不断迭代的产品与沉浸式开发体验。

3)塑造新开发模式。打破信息孤岛,建立强大的业务—IT 合作伙伴关系,快速响应不断变化的业务和客户需求。

根云工业组件服务的应用价值在于,数据集成服务通过可视化的 API 编排可加速后端接口开发,组件服务提供可直接使用的前端基础组件并能快速构建绑定了数据源的业务组件,结合应用搭建服务以拖拽的方式进行界面拼接,最终完成应用的开发和发布,并且三者都能沉淀可复用的数据模型、连接流、组件和界面模板，从而加速应用开发，降低交付成本。

根云工业组件服务可以分为低代码路径开发模式和全码路径开发模式。

1）低代码路径开发模式。开发者通过数据集成服务建立业务所需的数据逻辑，使用应用搭建服务，搭建业务界面，如业务组件缺失则通过全码或者无码进行组件创建，完成所有业务界面搭建。

2）全码路径开发模式。开发者通过数据集成服务建立业务所需的数据逻辑，使用已有组件，也可以通过全码的组件框架或者无码的组件编辑器产生相应的符合业务需求的组件，同时绑定相应的数据流，在界面布局代码中引入全码组件形成用户业务界面，完成所有业务界面搭建。

【本章小结】

本节通过介绍工业互联网平台，读者掌握工业互联网平台的概念、作用、价值等知识；通过对国内常见的工业互联网平台的概述，读者了解国内平台的功能与特点；通过对根云平台的功能分析，读者掌握工业互联网平台的使用方法。

【本章习题】

一、选择题

1. 工业互联网平台是面向制造业（　　）、（　　）、（　　）需求而兴起的。
A. 数字化　　　　　B. 网络化　　　　　C. 智能化　　　　　D. 平台化

2. 工业互联网平台愈发成熟的（　　）和（　　）强烈的需求双向促进，推动平台走向以应用价值为核心的新型发展阶段。
A. 供给能力　　　　B. 企业数字化转型　　C. 产业　　　　　D. 用户

3. 我国将从"（　　）、（　　）、（　　）"三方面共同推进，加快工业互联网平台体系化升级。
A. 建平台　　　　　B. 用平台　　　　　C. 筑生态　　　　　D. 标准化

4. 工业云平台包括（　　）、（　　）、（　　）三大核心层级。
A. 边缘　　　　　　B. 平台　　　　　　C. 应用　　　　　　D. 安全

二、判断题

1. 泛在连接、云化服务、知识积累、应用创新是辨识工业互联网平台的四大特征。
（　　）
2. 工业互联网平台已成为企业智能化转型重要抓手。（　　）
3. 工业生产现场需关注"人机料法环"五个管理要素。（　　）
4. 基于工业互联网平台创新服务可实现"有形"和"无形"两类应用价值。（　　）
5. 工业互联网平台是新型制造系统的数字化神经中枢。（　　）

三、简答题

1. 简述工业互联网平台的体系。
2. 国产工业互联网平台有哪些？

第四章
工业互联网 APP

【本章导读】

工业互联网 APP 是基于工业互联网，承载工业知识和经验，满足特定需求的工业应用软件，是工业技术软件化的重要成果。本章讲述了工业互联网 APP 的定义和特征、工业 APP 依托平台的特性、工业互联网 APP 的工业场景业务流程和当前一些工业互联网 APP 典型应用案例。

学习工业 APP，有利于发挥软件赋能作用，推进两化深度融合；有利于将制造业企业内部原本分散和隐性的工业技术被挖掘出来、传播开来、传承下去，破解国内工匠不足难题；有利于汇聚海量开发者，提升用户黏性，打造资源富集、多方参与、合作共赢、协同演进的工业互联网平台应用生态；有利于更大程度激发"双创"活力，培育产业发展新动能，带动形成新的增长极。

【学习目标】

- 了解工业 APP 的定义、内涵和典型特征。
- 熟悉工业 APP 与工业互联网平台、工业软件的关系。
- 掌握工业 APP 的开发流程、应用和关键技术。
- 掌握不同工业 APP 的创新点、功能和优势。
- 培养良好的沟通能力和团队合作精神。
- 增强逻辑思维能力。
- 树立追求新知识、新技能并用于创新的工匠精神。
- 培养独立自主地发现问题、分析问题和解决问题的能力。

【学习导图】

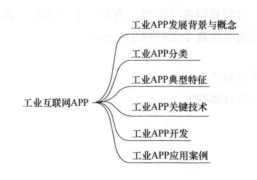

第四章　工业互联网 APP

【情景描述】

小王是厂里的设备维修工，当他听到手机有消息提示时，发现是个维修工单，如图 4-0-1 所示，他立即前往设备所在地进行维修，保证了设备的正常进行。给小王发送维修工单提示的 APP 就是一款工业 APP。本章主要介绍这款 APP 的功能，以及该 APP 可以解决什么问题。在后续的工业互联网系列教材中会介绍开发这款 APP 的方法。

图 4-0-1　维修工单

在设备运维领域，多数企业以传统设备运维模式为主，依靠"既定周期实施维保+故障经验预防"来保证设备的正常运行，过程存在维护周期不合理、资源调配不精准、知识经验难利用等问题。在当前的物联网的时代，需要对设备运维过程进行数据化和可视化处理，将传统运维模式转变为以数据为驱动的数字化运维模式，实现设备运维资源的精准调配，降低设备维护成本，提升设备稳定性。

EDM 根云设备数字运维 APP 是基于 IIoT 的设备智能运维+设备健康管理 APP，是根据根云平台的 IoT 数据及报警的数据自动触发维修工单、保养工单和巡检工单；通过手机 APP 进行维护作业，作业完成后产生故障报告、人员绩效和知识文档；通过收集的大数据进行设备健康库的评估，并进行预防性的维保。

根据设备故障报修的现实场景和实际需求，其工作流主要由以下三个部分组成：

（1）流程发起　设备发生故障时，生产人员（报修人员）提报维修工单。

（2）分配与确认　收到维修申请后，设备保全人员（派单人员）分配维修工程师，维修工程师确定是否接受维修任务。

（3）报工与验收　维修工程师首先执行维修任务，然后报工并填写维修记录。最后对设备维修的完成情况进行检验和审批。

4.1 工业 APP 发展背景与概念

4.1.1 工业 APP 的发展背景

伴随智能制造、工业互联网等概念与技术的出现，顺应两化融合趋势，企业边界不断模糊，制造业企业需要通过软件化方式沉淀工业技术知识，以获得创新能力。在这样的背景下，借鉴消费领域 APP 的说法，针对工业领域应用提出了工业 APP 概念。

从发达国家的实践经验看，繁荣的工业软件和工业 APP 生态体系是通过将工业技术知识与最佳工程实践转化为工业应用软件的过程实现的。

图 4-1-1 揭示了工业发展与 IT 进程带来的工业软件与工业 APP 生态的发展过程。

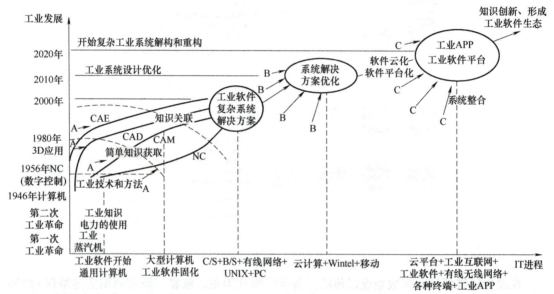

图 4-1-1　工业发展与 IT 进程带来的工业软件与工业 APP 生态的发展过程

国外众多企业如美国波音公司、洛克希德等深知工业软件的价值，积极探索和应用新的信息化体系，同时大规模开发和使用工业 APP，并在长期应用过程中取得了很高收益。

我国的工业互联网发展起步较晚，为了在新一轮全球化工业革命中不落人后甚至占据主导，借国外工业互联网和工业智能等工业概念的提出、推进与实践，我国开启了符合我国国情的工业互联网发展规划与实施计划。

4.1.2 工业 APP 概念

1. 定义

工业互联网 APP，简称工业 APP，是基于工业互联网，承载工业知识和经验，满足特定需求的工业应用软件，是工业技术软件化的重要成果。

工业 APP 是基于松耦合、组件化、可重构、可重用思想，面向特定工业场景解决具体的工业问题，基于平台的技术引擎、资源、模型和业务组件，将工业机理、技术、知识、算法与最佳工程实践按照系统化组织、模型化表达、可视化交互、场景化应用、生态化演进原则而形成的应用程序，是工业软件在新时代中的新形态。

工业 APP 所依托的平台，可以是工业互联网平台、公有云或私有云平台，也可以是大型工业软件平台，还可以是通用的操作系统平台（包括用于工业领域的移动端操作系统、通用计算机操作系统、工业操作系统和工业软件操作系统等）。

工业 APP 是为了解决特定的具体问题、满足特定的具体需要而将实践证明可行和可信的工业技术知识封装固化后所形成的一种工业应用程序。工业 APP 只解决具体的工业问题，而不是抽象后的问题。例如，齿轮设计 APP 只针对某种类型的齿轮设计问题，而不是将齿轮设计抽象成面向一般几何体设计的点、线、面、体、布尔运算等设计问题。而后者是一般工业软件解决的问题。

工业 APP 可以让工业技术经验与知识得到更好的保护与传承、更快的运转、更大规模的应用，从而放大工业技术的效应，推动工业知识的沉淀、复用和重构。

工业 APP 是一种特殊的工业应用程序，是可运行的工业技术知识的载体。工业 APP 中承载了解决特定问题的具体业务场景、流程、数据/数据流、经验、算法、知识等工业技术要素。每一个工业 APP 都是一些具体工业技术与知识要素的集合与载体。

2. 内涵

(1) 工业 APP 开发的三类主体　工业 APP 开发包含 IT 人、工业人、数据科学家三类主体。工业人与 IT 人是两类传统的主体。新技术条件下，工业 APP 开发的主体将越来越向工业人倾斜，工业人利用各种低代码化手段快速将自身所掌握的工业技术知识开发成工业 APP。

随着大数据技术的应用与发展，数据科学家基于对海量工业数据的处理分析和数据建模，形成数据驱动的工业软件，成为一种新的开发主体。

(2) 工业 APP 承载的六类工业技术知识对象　工业 APP 是一种承载特定工业技术知识的软件形式的载体，其所承载的客体对象包括以下几类工业技术知识。

1) 各种基本原理、工业机理、数学表达式、得到验证的经验公式。

2) 业务逻辑（包括产品设计逻辑、CAD 建模逻辑、CAE 仿真分析逻辑、制造过程逻辑、运行使用逻辑、经营管理逻辑等）。

3) 数据对象模型和数据交换逻辑。

4) 领域机理知识（包括航空航天、汽车、能源、电子、冶金、化工、轨道交通等领域机理知识，机械、电子、材料等专业知识，加工工艺、热处理等工艺制造知识；人、机、料、法、环等生产管理知识）。

5) 数据建模模型（经过机器学习和验证的设备健康预测模型、大数据算法模型、人工智能算法模型、优化算法模型等）。

6) 人机交互。

3. 概念辨析

(1) 工业 APP 与消费 APP 的关系　工业 APP 借鉴了消费 APP 的概念，其在体量小、易操作、易推广等方面充分借鉴了消费 APP 的特性，但是工业 APP 与消费 APP 两者具有明显的区别，见表 4-1-1。

表 4-1-1　工业 APP 与消费 APP 的区别

类别	消费 APP	工业 APP
体量与操作	体量小、易操作	继承体量小、易操作的特征
原理	基于信息交换	基于工业机理
对象	To C	To B
用户	用户是消费者（非专业用户）	用户是产品设计生产经营者（专业用户）
关系	服装、食品等消费品工业，工业 APP 需要与消费 APP 分别支撑产业链前后端，二者需要整合	

（2）工业 APP 与工业软件的关系　在工业软件中既包含了传统的工业软件，也包括云化工业软件，还包括工业 APP 这种新形态的工业软件。工业 APP 与工业软件是从属关系，如图 4-1-2 所示。

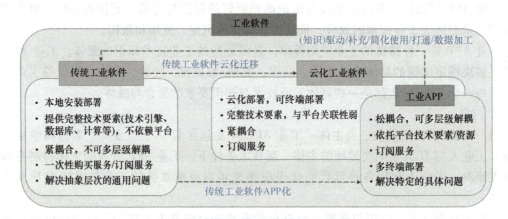

图 4-1-2　工业 APP 与工业软件关系

工业 APP 与传统工业软件在部署方式、工业软件要素完整性、体量及操作难易程度、解耦及解决问题的类型等方面存在明显的区别，见表 4-1-2。

表 4-1-2　工业 APP 与传统工业软件区别

类别	工业 APP	传统工业软件
部署方式	多种部署	通常本地化安装部署
工业软件要素完整性	必须依托平台提供的技术引擎、资源、模型等完成开发与运行	包含完整的工业软件要素，如技术引擎、数据库等
体量与操作	体量小、易操作	体量巨大，操作使用复杂，需要具备某些专业领域知识才能使用
解耦	可以多层级解耦	可以分模块运行，不可多层级解耦
解决问题类型	只解决特定的具体的工业问题	解决抽象层次的通用问题

（3）工业 APP 与平台的关系　工业 APP 需要依托平台所提供的技术引擎、计算资源、数据库等基础技术要素完成开发与应用。

工业 APP 在工业互联网平台中的位置如图 4-1-3 所示。

第四章 工业互联网 APP

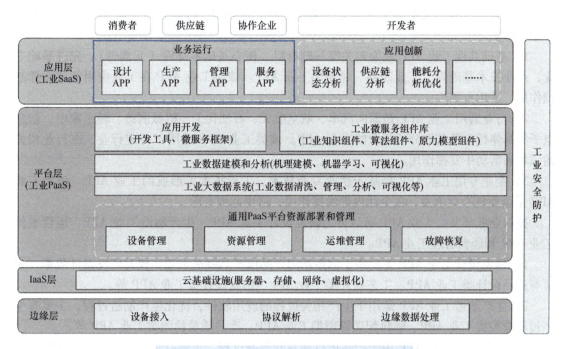

图 4-1-3 工业 APP 在工业互联网平台中的位置

4.2 工业 APP 分类

按照形成方式，工业 APP 可以分为传统工业云改造 APP 和新型工业 APP。

1）传统工业云改造 APP 是将 CAD、CAE、ERP、SCM、CRM、MES 等软件向云端迁移，完成"软件上云"。

2）新型工业 APP 是基于工业 PaaS，面向生产管理优化、制造资源配置、设备健康维护、生产状态监测、故障诊断、预测预警等场景开发的云原生 APP。

按照本质特征，工业 APP 可以分为机理模型类工业 APP 和数据驱动类工业 APP，两者区别见表 4-2-1。

1）机理模型类工业 APP 的本质特征是聚集工业技术知识的抽炼与抽象。

2）数据驱动类工业 APP 的本质特征是专注于数据建模与持续优化。

表 4-2-1 机理模型类工业 APP 与数据驱动类工业 APP 的区别

	机理模型类工业 APP	数据驱动类工业 APP
目的	定义、描述、实现及使用特定对象	判断事件的状态和发展趋势
目标	工程化、大规模重用	选择特征，数据模型，持续优化
理论	因果论	关系论
手段	复杂问题抽象、简化、结构化、特征化	基于数据分析、机器学习、控制结构，实现工业知识模块化、标准化和软件化

按照适用范围，工业 APP 可以分为基础共性工业 APP、行业通用工业 APP 和企业专用工业 APP。

1）基础共性工业 APP 是面向关键基础材料、核心基础零部件（元器件）、先进基础工业、产业技术基础等"工业四基"领域的工业 APP。该类工业 APP 在工业应用领域发挥基础作用，适用范围广。

2）行业通用工业 APP 是面向汽车、航空航天、石油化工、机械制造、轻工家电、信息电子等具体行业及其细分子行业的工业 APP。该类工业 APP 适用于特定行业，在行业相关的领域和活动中发挥作用。

3）企业专用工业 APP 是基于企业专业技术、工程技术等形成的工业 APP。该类工业 APP 是企业核心竞争力，在企业内部发挥作用，适用范围有限。

按照业务环节，工业 APP 可以分为研发设计工业 APP、生产制造工业 APP、运营维护工业 APP 和经营管理工业 APP。

1）研发设计工业 APP 主要用于创造新的产品或产品制造工艺，提升研发设计效率，主要有产品设计类工业 APP、工艺设计类工业 APP、仿真设计类工业 APP 等。

2）生产制造工业 APP 是用于生产相关过程的应用软件，优化生产制造过程，主要有生产过程管控类工业 APP、物料配送管理类工业 APP、产品质量检测类工业 APP 等。

3）运营维护工业 APP 用于产品运行和对外服务过程，主要有生产监控类工业 APP、仓储与物流管理类工业 APP、故障检测与预警分析类工业 APP 等。

4）经营管理工业 APP 用于企业产品制造、营销和内部管理等各种活动，主要有采购管理类工业 APP、供应链管理类工业 APP、产业链协同类工业 APP 等。

按照知识来源，工业 APP 可以分为业务信息化类工业 APP、数据分析类工业 APP 和知识建模类工业 APP。

1）业务信息化类工业 APP 是面向企业各实际业务场景，将业务管理规范、业务流程管控和业务信息流转等内容以信息化解决手段封装的工业 APP，用于实现各项业务的信息化管理。

2）数据分析类工业 APP 是基于企业各业务环节中所产生数据的集成，将数据挖掘、数据分析、数据处理等方法封装的工业 APP，用于实现以数据支撑业务管理与决策优化。

3）知识建模类工业 APP 是基于特定应用和工业场景下归纳提炼的工业经验或机理，通过建立问题求解模型形成的工业 APP，用于实现知识的复用和传承。

4.3 工业 APP 典型特征

工业 APP 借鉴了消费 APP 方便灵活的特性，又承载了工业技术软件化的理念，作为工业软件的新形态又具有软件的特性，同时依托平台具有生态化的特征。因此，工业 APP 具有特定工业技术知识的载体、特定适应性、体量小且易操作、可解耦/可重构、依托平台、集群化应用六方面典型特征。

1. 特定工业技术知识的载体

工业 APP 是某一项或某些具体的工业技术知识的软件形态的载体，这是工业 APP 的本质特征。工业 APP 所承载的工业技术知识只解决具体的问题，而不是抽象后的问题。例如，齿轮设计 APP 只承载解决某种类型齿轮设计问题的具体工业技术知识。一般的工业软件虽然也承载工业技术知识,但这些工业技术知识通常是抽象后的通用机理,如几何建模技术知识,解决的是一大类工业问题。

2. 特定适应性

每一个工业 APP 承载解决某项具体问题的工业技术知识,表达一个或多个特定的功能,解决特定的具体问题,具有典型的特定适应性。

3. 体量小且易操作

每一个工业 APP 只解决某一些或几项具体的问题,功能单一,并且工业 APP 的开发运行都依托平台的资源,每一个工业 APP 不需要考虑完整的技术引擎、算法等基础技术要素,因此工业 APP 的体量相对较小。工业 APP 是富集的工业技术知识载体,通过知识封装和驱动,让普通人也可以使用专家的知识,通过简便的操作,完成过去需要专家才能完成的工作。只有这样,工业 APP 才能被广泛地推广使用。

4. 可解耦/可重构

每一个组件化的工业 APP,边界明确,接口明确,使得工业 APP 可以不被紧耦合约束到某一个具体的应用软件中,可以与其他的应用程序或 APP 通过接口交互实现松耦合应用。

5. 依托平台

工业 APP 从概念提出到开发、应用以及生态的构建与形成,都是基于平台开展的。每一个工业 APP 只解决特定的具体问题,这就要求工业 APP 必须具备一个庞大的生态来支撑。生态的建设需要社会力量共同努力,平台既可以提供工业 APP 生态快速建设的基础,又可以减少每一个 APP 开发过程中重复地进行基础技术开发和基础资源构建,降低工业 APP 开发的门槛,还可以通过平台来统一规范与标准,实现工业 APP 的广泛重用。

6. 集群化应用

每个工业 APP 只解决特定问题,对于一些复杂的工业问题,可以通过问题分解将复杂问题变成一系列单一问题,每一个单一问题由对应的工业 APP 来解决,通过多个边界和接口明确的工业 APP 按照一定的逻辑与交互接口进行系统性组合,利用工业 APP 集群可以解决更为复杂的系统性问题。例如,某品牌飞行器总体设计 APP,将飞行器总体设计分解为数百个工业 APP 集群。

4.4 工业 APP 关键技术

工业 APP 作为工业互联网平台的关键组成部分,在推动工业数字化、智能化转型中发挥着重要作用。它融合了多种先进技术,以满足工业领域复杂的业务需求和应用场景。以下为工业 APP 的关键技术。

1. 工业大数据技术

工业现场设备种类繁多,数据采集需要适配不同的通信协议和接口,如 Modbus、OPC UA 等,确保准确、实时地获取设备运行数据、生产工艺参数等多源数据。

采集到的数据往往存在噪声、缺失值和异常值等问题,需要通过数据清洗、去噪、填补等数据预处理方法提高数据质量,为后续分析和应用提供可靠基础。

2. 工业产品建模与仿真技术

针对工业产品在需求、设计、试验、运维等全系统建模与协同仿真方面的实际需求,通过模型驱动的工业产品多学科全流程协同设计建模和仿真优化方法,实现工业产品全系统统一建模技术、白盒/灰盒/黑盒模型互联集成技术、基于模型的混合现实技术、多仿真目标机模型自动划分、协同仿真计算与综合验证技术。利用各领域专业知识，结合工业生产实践经验、基于已知工业机理构建各类模型实现分析应用。

3. 工业物联网技术

传感器是工业物联网获取物理世界信息的关键设备，包括温度传感器、压力传感器、振动传感器等。其性能指标（如精度、灵敏度、可靠性等）直接影响数据采集的准确性和稳定性。

随着微机电系统（MEMS）技术的发展，传感器不断向小型化、智能化、低功耗方向发展，能够更方便地集成到工业设备中，实现更广泛的监测和控制。

工业物联网需要多种网络通信技术协同工作，以满足不同场景的需求。低功耗广域网（LPWAN）如 LoRa、NB-IoT 等适用于远距离、低速率、低功耗的设备连接，广泛应用于工厂内的环境监测、资产跟踪等场景。

在工业物联网中，边缘计算是在靠近数据源或用户的网络边缘侧进行数据处理和分析的技术。它可以减少数据传输延迟，提高实时性，同时降低云端的计算压力和网络带宽占用。

4. 微服务架构技术

在开发过程中将工业 APP 的功能模块拆分为多个独立的微服务，每个微服务专注于特定的业务功能，实现服务之间的解耦。例如，将一个工业生产管理 APP 拆分为订单管理微服务、库存管理微服务、生产调度微服务等。这种解耦方式使得每个微服务可以独立开发、部署和升级，提高了开发的灵活性和可维护性，同时降低了系统的复杂性和故障风险。

5. 安全与隐私保护技术

1）采用数据加密技术对工业数据进行加密存储和传输，防止数据泄露和篡改。例如，在数据传输过程中使用 SSL/TLS（安全套接层/传输层安全）协议对数据进行加密，确保数据在网络传输中的安全性。

2）对数据访问进行严格的权限管理，根据用户角色和业务需求分配不同的数据访问权限，确保只有授权用户能够访问和处理相应的数据。例如，在工业企业中，只有质量管理人员可以访问和修改产品质量检测数据，生产工人只能查看与自己生产任务相关的数据。

3）对工业 APP 进行安全漏洞检测和修复，防止黑客利用应用程序漏洞进行攻击。定期进行安全扫描和渗透测试，及时发现并解决安全问题。

4）采用身份认证和授权机制，确保用户身份的真实性和合法性。例如，使用用户名和密码、数字证书、多因素认证等方式进行用户身份认证，只有通过认证的用户才能访问工业 APP。同时，根据用户的权限对其在应用中的操作进行授权限制，防止越权操作。

工业 APP 的关键技术涵盖了工业大数据、工业物联网、微服务架构以及安全与隐私保护等多个领域。这些技术相互融合、协同作用，为工业 APP 的开发、运行和应用提供了强大的支持。掌握和应用这些关键技术，对于推动工业数字化转型、提高工业生产率和质量、提升企业竞争力具有重要意义。随着技术的不断发展和创新，工业 APP 的关键技术也将不断演进和完善，为工业领域带来更多的机遇和变革。在实际应用中，企业需要根据自身的业务需求和工业场景特点，合理选择和应用这些技术，打造符合自身发展需求的工业 APP，实现工业智能化的目标。

4.5 工业 APP 开发

4.5.1 工业 APP 的开发路线图

借鉴《工业互联网 APP 发展白皮书》，给出工业 APP 开发的参考路线，包括需求分析、可行性分析、方案设计、技术选型、开发封装、测试验证和应用改进等环节，如图 4-5-1 所示。

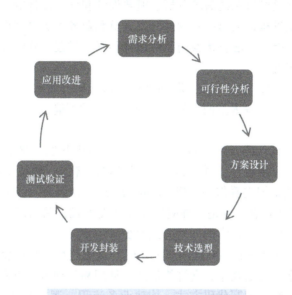

图 4-5-1 工业 APP 开发参考路线图

（1）需求分析　根据工业应用场景进行需求梳理，明确待开发工业 APP 的功能性需求、非功能性需求和设计约束，形成工业 APP 需求分析报告，实现需求定义、价值定义、功能定义。

（2）可行性分析　在业务层面，从战略规划、任务目标、业务痛点、市场现状、应用前景、风险评估等方面分析业务可行性；在技术层面，从核心关键技术的成熟度和自主可控水平、技术难点、实施路径、知识产权情况等方面分析技术可行性；在经济层面，从政策支持、资金保障、组织保障、人力资源支持、社会和经济效益等方面分析经济可行性。

（3）方案设计　对涉及的工业知识进行梳理，建立工业知识体系；根据需求分析报告完成模块设计、数据设计、架构设计（包括业务架构和系统架构）、程序设计、接口设计、安全设计、商业模式设计等，形成设计报告。

（4）技术选型　对工业知识进行建模，将其抽象形成模型，选择合适的工业互联网平台，以支持工业 APP 开发、部署和运行。

（5）开发封装　根据知识梳理、解耦和形式化完成模型数字化和关键算法研发，根据软件架构模式开发形成相应的数据库、应用模块/组件和交互界面等，实现规定的功能和非功能需求，并进行集成封装。

（6）测试验证　制订工业 APP 测试方案，设计测试用例，准备测试环境和工具等测试资源，确定测试策略并执行测试，对工业 APP 进行技术验证和标准符合性验证；依据质量衡量指标和评价准则，对工业 APP 进行全生命周期和全流程的质量监督与保证，并部署上线。

（7）应用改进　根据开发技术、运行维护技术、服务技术以及经济环境、市场环境、政策环境的变化，调整和完善知识模型，从质量提升、功能增强、资源优化、模式创新、架构重构等方面对工业 APP 进行迭代升级与改进。

4.5.2　低代码开发和零代码开发

传统的应用软件开发经过系统需求分析、概要设计和详细设计等环节后，都离不开软件开发人员的编码和测试过程，无形中在软件开发人员和业务人员之间形成了一道鸿沟，业务人员不具备软件开发技能，无法直接参与软件设计和开发过程，软件开发人员需要深入理解业务，否则无法准备实现。

在工业 APP 的开发中，基于工业互联网平台，低代码开发和 0 代码开发（积木式应用搭建）为业务人员和软件开发人员两者的融合提供了一种可能。

1. 低代码开发

（1）低代码开发及低代码开发平台　低代码开发是指开发人员利用很少或几乎不需要写代码就可以快速开发应用程序，并可以快速配置和部署的一种技术和工具；有时把"低代码"作为名词，也就是把它看作一种像 Python 语言和 C#语言一样的程序语言；有时也把"低代码"作为动词，即它表达的是一种应用程序开发方式，因为用这种方式开发应用程序时，开发者需要手写的代码比通常的开发方式要少。

低代码开发平台是无须编码（0 代码或无代码）或通过少量代码就可以快速生成应用程序的开发平台。它的强大之处在于，允许终端用户使用易于理解的可视化工具开发自己的应用程序，而不是使用传统的编写代码方式；构建业务流程、逻辑和数据模型等所需的功能，必要时还可以添加自己的代码。完成业务逻辑、功能构建后，即可一键交付应用并进行更新，自动跟踪所有更改并处理数据库脚本和部署流程，实现在 iOS、Android、Web 等多个平台上的部署。

低代码开发平台（Low-Code Development Platform，LCDP）一个显著的特点是，更多的人可以参与到应用程序开发当中，不仅是具有专业编程能力的程序员，非技术背景的业务人员同样可以构建应用。对于大型企业来讲，低代码开发平台还可以降低 IT 团队培训、技术部署的初始成本。

低代码开发平台的起源可追溯到 20 世纪 90 年代至 21 世纪初，当时的编程语言和工具与早期的开发环境类似。最初，低代码开发平台基于模型驱动，后期逐渐演进为数据驱动，并创建了自动代码生成和可视化编程的原理。

使用低代码开发平台类似于使用集成开发环境（Intergrated Development Environment，IDE），因为它包含了一套可以供开发人员直接使用的功能和一套供开发人员使用的工具。然而，它实际上能提供的远远超过一个传统的 IDE。简单来说，低代码开发就是将已有代码的可视化模块拖放到工作流中以创建应用程序，由于它可以完全取代传统的手工编码应用程序的开发方法，技术娴熟的开发人员可以更智能、更高效地工作，而不会被重复的编码束缚。

低代码开发主要有以下优点。

1）更快的速度。使用低代码开发，可以同时为多个平台构建应用程序，并且在几天甚至在几小时以内就可以向项目相关人员提交工作成果。

2）更多的资源。在一个大型项目上使用低代码开发，无须等待专业技术人员，这意味着可以更高效、更低成本地完成项目。

3）低风险/高投资回报率。使用低代码开发，意味着强大的安全流程、数据集成和路亚台支持已经内置，并且可以轻松定制，这通常意味着更低的风险，并且可以将更多的时间集中在业务逻辑的实现上。

4）快速部署。使用低代码开发，部署前的影响评估可以确保应用程序按预期工作。如果有任何异常发生，只需要一次操作，就可以回滚所做的所有改变。

（2）低代码开发的基础　针对低代码开发平台，常见的低代码开发模块可以概括为：通用型、请求处理、流程、数据库和移动优先五个维度。和传统的软件开发不同，低代码开发高度依赖底层基础模块，在工业 APP 开发中主要依赖工业互联网平台提供的以下三类核心功能。

1）PaaS（应用程序平台即服务）。可以在整个应用程序生命周期实现应用程序的快速开发和交付，简化应用程序的编译和部署并确保可用性、可靠性和可伸缩性，以及应用程序运行控制和监控。在工业互联网平台中 aPaaS 是对工业 APP 相关共性服务的高度抽象。

2）MADP（移动应用开发平台）。能够更好地应对企业数字化业务与创新性需求，是低代码开发能力的重要补充。国内外主流平台都优先选择移动应用作为低代码开发的切入点，通过一个平台实现 iOS、Android 等主流移动平台的全兼容。

3）BPM（业务流程管理）。用图形化、可视化拖拽的模式描述业务需求，形成可视化业务逻辑设计。BPM 平台注重流程化开发，目的是通过系统性地改善企业内部的商业流程来提升组织效率。

2. 0 代码开发

（1）0 代码开发概念　0 代码是由低代码衍生而来的，2017 年 Gartner 创建了一个新门类，提出了 aPaaS（应用程序平台即服务）的概念，随着这一概念的出现与推广，低代码开发平台在全球市场上更为活跃。0 代码开发如图 4-5-2 所示。

图 4-5-2　0 代码开发（aPaaS）

通过0代码开发（aPaaS）—研发人员可以通过低代码平台为企业快速构建应用程序，非技术人员也可以通过低代码平台，使用简单的"拖、拉、拽"来创建应用。

简单来说，aPaaS面向每个人，不管是否懂编程、不管是何职业都能快速地设计出一个管理应用。

（2）0代码开发的发展和优势

1）市场需求。Gartner曾在报告中预测，市场对于应用开发的需求将5倍于IT公司的产能，这受以下几个因素影响：传统的商业模式无法满足企业的需求，很多企业采用了线上办公的模式；市场环境在高速变化发展，内部系统也需要快速迭代响应，企业的IT需求成倍增加；发布新的程序需要复杂的技术和高昂的成本，而购买现成的软件又无法满足企业的个性化需求；数字化经济的繁荣和信息化需求的激增；导致了程序员供需失衡；低代码的存在让企业非技术人员可以根据企业需求搭建应用。

2）信息化、数字化的普及。更多企业开始进行数字化转型。随着信息技术的发展，企业信息化已经成为一种趋势，它对提高企业竞争力有着积极的作用。很多企业在使用SaaS之后，逐渐适应了线上办公，同时也产生了更多更复杂的需求。由于企业传统的ERP、CRM覆盖率非常有限，导致大部分公司的部门级应用根本无法被满足，这种情况下，许多企业开始慢慢转向了0代码平台。

3）技术发展。移动互联网和云计算的发展，为零代码提供了技术支持。随着移动化的发展，使原来信息化无法普及的市场开始应用信息化。云技术推广之前，0代码平台主要是大型企业在使用，一般是整个公司集中采购和部署，采购周期长且成本非常高。云技术推广后，大型企业的子部门和小型企业也开始使用0代码平台，进而降低了成本。曾经的信息孤岛、数据孤岛现象屡见不鲜，现如今0代码和云计算的结合有可能打破应用、企业、开发者之间的孤岛，进而引发一次效率的飞跃。

4）大环境的影响。目前，近80%的应用程序将在低代码平台中开发。在国外的低代码开发平台市场中，已经有不少企业获得了显著的效益。国外0代码平台的成功商业化为我们提供了模板，国内"智数化转型""互联网+"的趋势成为0代码火爆的催化剂。

4.6 工业APP应用案例

4.6.1 三一客户云

1. 需求背景

随着工业互联网、物联网的兴起，以及4G/5G技术的普及和成本降低，工程机械制造业企业的发展都面临着数字化转型的诸多痛点。

对于设备厂商来说，不具备设备IoT数据接入和基本物联呈现能力，售后服务成本高、监管难，增值服务无法精准直达目标客户。

对于设备代理商来说，旧设备资产盘活困难，客户的需求、商机的获取成本越来越高。

对于设备购买者来说，售后服务的过程和价格不透明，设备监管困难，寻找合适的操作手困难。

三一集团有限公司创始于1989年，是一家总部设于湖南长沙的跨国集团、世界500强企业，是全球知名的工程机械和混凝土机械制造商。

2018年6月，三一集团有限公司高层经过多次探讨，决定建设一套面向设备厂商、代理商、设备购买者的基于后市场服务的"三一客户云"平台。通过平台的推广运营，改善客户体验、提升公司品牌、提高数字化营销能力。

2. 工业 APP 架构（解决方案架构）

"三一客户云平台"是集工业互联网、云计算、大数据、社区互动为一体的工程机械设备的智能管理及信息交流平台。平台致力于打造全连接客户、主机厂、代理商、员工、设备的行业生态圈，为客户提供多样化的增值服务，降低客户设备的使用成本，提高设备的使用效率，实现厂商+客户的共赢。

"三一客户云"APP 依托"三一客户云平台"，面向所有客户提供后市场服务。塑造品牌、打造自己的生态圈，对企业未来发展具有很强的战略意义。图 4-6-1 所示为"三一客户云"APP 架构图。

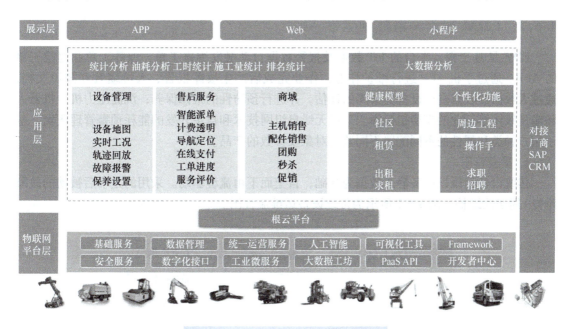

图 4-6-1 "三一客户云"APP 架构图

3. APP 功能介绍

（1）提高设备管控能力 对设备进行 IoT 数据接入和呈现，向终端客户提供低成本、便捷易用的移动+PC 应用，满足不同类型客户的物联设备管控需求。

（2）完善售后服务体系 与企业内部 CRM 系统对接，实现在线一键召请、智能派单、服务全程可视。

（3）建立行业生态圈 建立线上主机和配件商城，提供设备租售服务，拉近各层次用户距离。助力设备厂商、客户、操作手形成良性互动生态圈，快速传递愿景与诉求。

（4）提升经营分析能力 向终端客户提供设备运行效率、经济效益、排名统计等经营分析报表，帮助客户通过市场动态合理有效安排设备施工生产。

4. 应用效果

（1）降低事故率 通过对客户设备的工况监控，客户设备的意外事故率降低 10%，客户黏性提升 30%。

（2）降低还款风险　通过信息共享，用户出租闲置设备，使得客户设备还款风险降低 15%。

（3）降低运营成本　通过线上渠道，提高线上销售占比，配件销售达到总体的 30%，配件销售总体成本降低 10%。

（4）销售额持续增长　随着购机年龄年轻化，线上渠道销售每年以 20% 的速度进行增长。

（5）线上服务召请占比大幅提高　客户通过平台进行服务召请的比例占到总体客户的 90%。

（6）客户满意度提升　客户满意度从 70% 提升到 90%。

（7）精准定位设备故障　一次性定位问题准确率从 40% 提升 70%。

（8）提高维修效率　现场平均维修时长从 6h 降低到 4h。

4.6.2　EDM 根云设备数字运维 APP

EDM 是基于根云平台的 IoT 数据及报警数据自动触发维修工单、保养工单和巡检工单的 APP。通过手机 APP 进行维护作业，作业完成后产生故障报告、人员绩效和知识文档；通过大数据的收集进行设备健康库的评估，并进行预防性的维修保养；沉淀压力机、机器人和输送线体等行业的模型指标库。采用无线自组网技术和自主开发的能耗预警管理逻辑，基于用户种类和属性的不同配置不同监控对象及参数的产品。

1. 需求背景

传统设备运维以设备静态数据为基础，自上而下由流程驱动。采用的是事后被动的故障维修+周期性维护。图 4-6-2 所示为传统设备运维流程图。

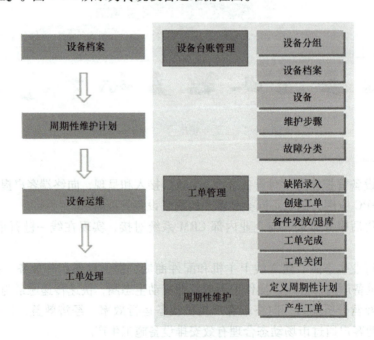

图 4-6-2　传统设备运维流程图

首先，由于设备未能联网，无法获取实时的监控数据，因此必须依赖人工进行周期性的点巡检。这种方式不仅耗费大量的人力资源,而且由于缺乏实时性,数据的准确性和及时性都难以保证。

由于缺乏动态数据的支持,运维工作往往处于被动状态。巡检工作主要依靠技术人员的经验和直觉,而不是基于实时数据的分析和预测。这种情况下,故障预测变得几乎不可能,因为缺少了实时数据的指导和支持。

此外,故障告警系统也严重依赖于人工报修和通知。在设备出现故障时,缺乏自动化的实时报警机制和系统联动能力,这导致故障响应时间延长,影响了维修的效率。

当设备因故障异常停机时,不仅会导致维修成本增加,还可能造成生产流程的中断,进而影响整个生产计划的执行。这种生产中断对于企业来说代价巨大,因为它可能导致订单延误、客户不满,甚至是市场机会的丧失。

在这种运维模式下,运维人员的工作量难以量化,绩效评估也变得复杂。工单安排可能不合理,导致运维人员虽然忙碌但效率不高。同时,由于缺乏有效的知识管理系统,设备运维的经验和知识无法得到有效的沉淀和传承,一旦专家离职,这些宝贵的经验也会随之流失。

为了解决以上问题,需要更先进的设备运维模式——基于工业物联网(IIoT)的设备运维,如图 4-6-3 所示。这种模式以设备的实时工况为基础,利用物联网技术实现数据的自下而上的流动和驱动。通过实时收集和分析设备数据,可以采取主动的预防性维护和预测性维护策略,从而提高运维的效率和准确性,减少故障发生的概率,降低维修成本,并确保生产的连续性和稳定性。

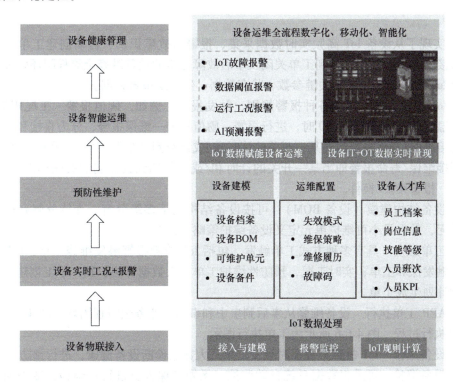

图 4-6-3 基于 IIoT 的设备运维流程图

2. 工业 APP 架构(解决方案架构)

EDM 根云设备数字运维 APP 解决方案架构如图 4-6-4 所示。

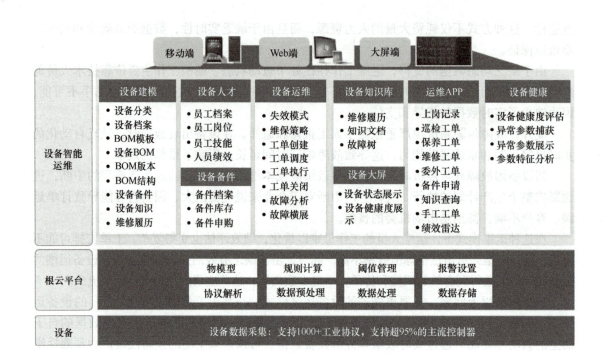

图 4-6-4　解决方案架构

3. APP 功能介绍

EDM 实现了从设备 IoT 高频实时数据采集、报警与故障识别、自动创建工单、工单派发、手机接收工单、执行工单到工单关闭及事后故障分析的设备维修全流程闭环管理。

（1）IoT 工况采集　采集关键参数、状态数据、生产及报警数据。

（2）IoT 报警定义　根据各种报警规则，触发报警。例如，阈值报警—工况阈值报警，当电动机温度信号数值大于 130 时，进行报警；阈值报警—维保报警，分为直接和间接两种模式，直接维保/寿命报警即当某一开关的计时和/或计数到达维保/寿命上限时，报警维护/换件，间接维保/寿命报警即当某一开关的计时和/或计数达到其监测的关联部件的维保/寿命上限时，报警维护/换件。

（3）设备结构建模（设备 BOM）　可按设备结构向下多级分解，支持分解到设备最小可维护单元，并在最小可维护单元定义设备维护策略等诸多属性。

（4）工单触发　具有多种方式工单触发，包括 IoT 故障报警触发维修工单；IoT 工况异常报警，触发保养工单；实时工况，预防性维护工单；大数据算法识别；手工创建工单；周期性维护计划生成工单。

（5）APP 工单执行　设备维修从事后到事中和事前，业务全流程闭环。图 4-6-5 所示为 APP 工单执行过程，图 4-6-6 所示为工单执行图示。

（6）设备维修　IoT 故障报警实时触发工单；大数据诊断设备健康，进行预防。

（7）设备巡检　可采集数据系统自动监控，无须维保人员进行点巡检；变周期巡检为 IoT 自动实时巡检；变人工创建巡检任务为自动生成巡检任务。

（8）设备保养　依据 IoT 工况的精准维护，变人工分配工单为智能排单。

（9）设备管理粒度　从设备级到设备部件/最小可维护单元，将人工知识转化为业务规范（支持先管理到设备级别）。

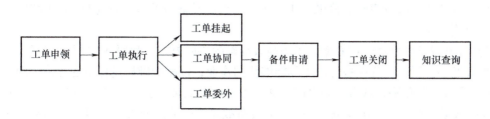

图 4-6-5　APP 工单执行过程

图 4-6-6　APP 工单执行图示

（10）设备知识沉淀　从无到有，形式设备知识库。

（11）设备人员绩效　实现了高价值设备预防性维护与预测性维护，减少设备异常停机时间，提高设备修复时间。实现设备运维结构的数字化建模。通过构建设备超级 BOM，设备精准 BOM 将设备分解到最小可维护单元，并与 IoT、备件数据、维保策略等数据综合建模，实现设备基于 IoT 实时工况的精准维护。

（12）设备管理多终端呈现　大屏状态显示、PC 端设备管理、APP 端工单执行；设备健康管理；设备异常参数捕获，积累故障数据样本。

4. 应用效果

1）设备精准维护，有效降低设备维护成本。减少设备过渡维保，维护成本下降 10%；数据采集自动监测，减少人工巡检成本；根据设备 IoT 工况提醒更换或保养，自动触发工单流程。

2）提升设备稳定性，减少非计划停机。状态实时监控，防止故障发生；减少失效和设备故障,设备故障减少20%,降低对生产影响;形成设备知识库;通过IoT采集和监测,减少人工监测工作。

3)提升设备维修和管理效率。采用高效准确的协同方式,利用APP推送实现任务的即时分配和通知。同时,确保备件和工具能够协同作业,以减少维修过程中的等待时间。

4)设备故障预测,从事后到事前。从解决发生的故障,到不让故障发生;结合专家经验和IoT数据,对设备健康度进行评价;对设备故障进行数据分析,积累数据样本,逐步进行故障预测。

【本章小结】

本章通过对工业互联网APP的介绍,介绍了工业互联网APP的概念、背景、分类等知识;分析了多个工业互联网APP的案例,介绍了工业APP需求来源和具备的功能,能够解决什么痛点,有哪些应用价值;通过EDM根云设备数字运维APP实际案例,介绍了工业互联网APP的开发流程。

【本章习题】

一、选择题

1. 工业APP开发包含( )、( )、( )三类主体。
A. IT人　　　　B. 工业人　　　　C. 数据科学家　　　　D. 人工智能

2. 按照形成方式,工业APP可以分为( )和( )两种类型。
A. 传统工业云改造　　　　B. 平台架构
C. 新型工业APP　　　　　D. 数据管理

3. 工业APP开发的参考路线,包括( )、( )、( )、( )、技术选型、开发封装、测试验证和应用改进等环节。
A. 需求分析　　　B. 可行性分析　　　C. 方案设计　　　D. 技术选型

4. 0代码开发指的是( )。
A. aPaaS　　　B. PaaS　　　C. LCDP　　　D. SaaS

5. 基于IIoT的设备运维是以设备实时工况为基础,自下而上由IoT数据驱动。采用( )主动预防性维护+预测性维护。
A. 事前　　　B. 事中　　　C. 事后　　　D. 事故

二、简答题

1. 什么是工业APP?它有哪些典型特征?
2. 工业APP和消费APP的区别是什么?
3. 简述工业APP和工业软件的关系。
4. 0代码开发的概念是什么?简述它的发展历程。
5. 你了解哪些工业APP?分析两款不同工业APP的创新点、功能和优势。

第五章
工业互联网安全

【本章导读】

工业互联网作为新一代信息通信技术与现代工业技术深度融合的产物，是制造业数字化、网络化、智能化的重要载体，更是数字经济发展的主战场。随着数字化进程的推进，工业互联网面临着更多具备开放性、多样性、隐蔽性等特点的安全威胁。安全作为工业互联网三大功能体系的保障，网络安全和生产安全相互交织，工业互联网安全与国家安全密切相关。因此，构建工业互联网安全保障体系迫在眉睫。本章简要分析了国内外工业互联网安全标准制定现状，围绕控制安全、设备安全、网络安全、应用安全和数据安全进行工业互联网安全体系的分析和讲解。

【学习目标】

- 理解工业互联网安全概念。
- 了解工业互联网安全隐患的危害。
- 掌握相关安全防护技术。
- 养成主动思考、自主学习的习惯。
- 培养善于总结并拓展运用和良好的语言表达能力。
- 增强工业互联网安全意识。
- 培养认真细致、精益求精的职业习惯。
- 培养协同合作的团队精神。

【学习导图】

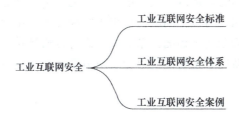

【情景描述】

某集团自1994年成立以来，深耕工程机械行业，目前已经发展为该领域全球领先的制造商。

该集团在工业数字化、网络化、智能化方面加快发展，随着数字化转型及业务发展的需要，其工控安全面临着安全漏洞不断增多、安全威胁加速渗透、攻击手段复杂多样等新挑战。

经分析，该集团目前存在以下问题需要解决。

1) 由于工业互联网平台包含资源池化和网络技术，实现经济、快速、弹性可伸缩的业务服务增加、使用和交付模式，是一种区别于传统网络系统的新型系统架构和服务模式。在这种新型系统架构和服务模式下，基础设施建设、控制权和使用方式都发生了变化。资源集中使得风险更加集中，虚拟化技术也引入新的安全风险，虚拟化核心技术受制于人，管理运维体系滞后不配套，合规标准缺失等都给某集团工业互联网平台的建设、采购与使用、业务系统的安全运转与管理运维带来较高的安全风险。

2) 集团工业控制系统缺少基于安全层面的整体监控手段，以及安全事故发生后的应急响应能力。从企业安全生产的角度出发，单一区域或单套业务系统的安全不能代表企业整体安全，因此需要采取整体监控手段对整体安全进行管控。

梳理该集团工业互联网风险示意图，如图 5-0-1 所示。

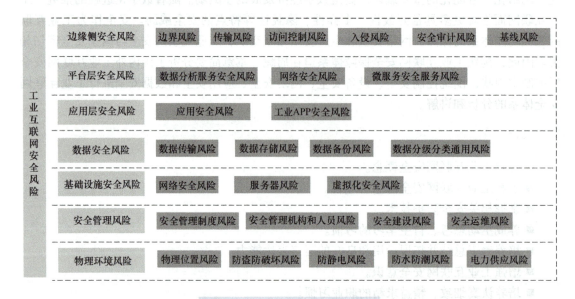

图 5-0-1 工业互联网风险示意图

如何有效利用工业互联网安全技术帮助集团实现工业互联网平台的建设、采购和使用，以及业务系统的安全运转与管理运维，是目前摆在面前的突出问题。

某工业互联网有限公司针对以上问题，给出了解决方案。结合集团安全现状和工业控制系统自身特点，建设包含安全防护检测体系、安全态势分析体系以及安全服务响应体系在内的动态闭环防护体系。本章内容也将围绕以上解决方案的相关技术进行讲解。

5.1 工业互联网安全标准

工业互联网不是互联网在工业上的简单应用，而是具有更为丰富的内涵和外延，实现了新一代通信技术与工业经济的深度融合，目前还处于起步阶段。随着人工智能、大数据、云计算、移动互联网、物联网等新一代信息技术的飞速发展，工业互联网的安全面临着巨大的挑战，各国均已经意识到维持工业互联网安全的重要性，甚至已经提升到了国家战略的高度，并相继出台了工业互联网安全标准体系。本节将介绍工业互联网安全标准的相关内容。

5.1.1 工业互联网安全标准概述

1. 工业互联网安全定义

工业互联网安全是工业互联网的保障，构建满足工业互联网的安全管理体系，提高控制、设备、网络、应用和数据的安全保障能力，快速识别和响应安全威胁，及时处理各种安全风险，建立工业互联网的安全信任环境。实际上，在各种文件和标准中对于工业互联网平台安全、工业云安全、工业物联网安全、工业数据安全、工业控制系统安全等安全概念已经产生了一定的交叉。工业信息安全包含以上所有的安全理念，是一个大的范畴，工业互联网安全是其中的一个子集，如图 5-1-1 所示。

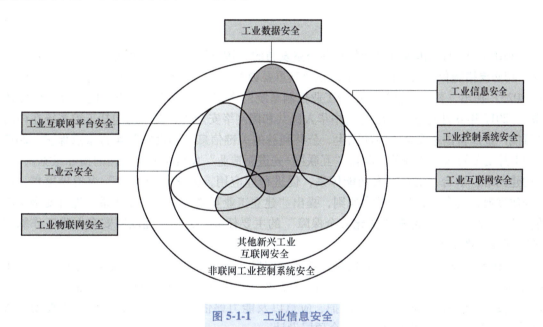

图 5-1-1　工业信息安全

2. 工业互联网安全应用范畴

工业互联网安全从保障对象上可以分为工业控制安全、现场设备安全、网络安全、平台安全、数据安全五大安全问题。一方面，工业领域信息基础设施成为黑客重点关注和攻击目标，防护压力空前增大；另一方面，相较传统网络安全，工业互联网安全呈现新的特点，进一步增加了安全防护难度。在此背景下，我国应积极加强对工业互联网的安全体系化研究，从安全规划、安全防护、安全运营、安全测评、应急保障等各方面，提出目标性安全解决方案，积极进行技术试点，探究技术可行性，逐步形成可推广、可复制的最佳实践，切实提升我国工业互联网安全技术水平。图 5-1-2 所示为工业互联网安全保障体系。

5.1.2 国内工业互联网安全标准现状

近年来，我国从法律法规、战略规划、标准规范等多个层面对工业互联网安全做出了一系列工作部署，提出了一系列工作要求。

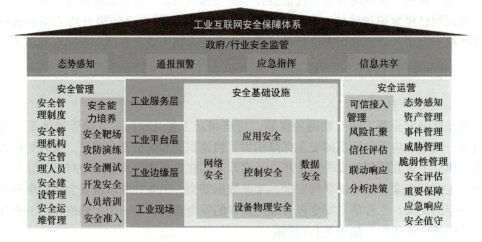

图 5-1-2　工业互联网安全保障体系

2016年12月，国家互联网信息办公室发布的《国家网络空间安全战略》提出，要"采取一切必要措施保护关键信息基础设施及其重要数据不受攻击破坏"。国务院印发《中国制造2025》提出，要"加强智能制造工业控制系统网络安全保障能力建设，健全综合保障体系"。2017年6月起正式实施的《中华人民共和国网络安全法》要求对包括工控系统在内的"可能严重危害国家安全、国计民生、公共利益的关键信息基础设施"实行重点保护。2017年11月发布的《国务院关于深化"互联网+先进制造业"发展工业互联网的指导意见》，以"构建网络、平台、安全三大功能体系，促进行业应用，强化安全保障"为指导思想，以"开放发展，安全可靠"为基本原则，提出"建立工业互联网安全保障体系、提升安全保障能力"的发展目标，部署"强化安全保障"的主要任务，为工业互联网安全保障工作制定了时间表和路线图。

2016年至2017年，工业和信息化部陆续印发《工业控制系统信息安全防护指南》《工控系统信息安全事件应急管理工作指南》《工业控制系统信息安全防护能力评估工作管理办法》等政策文件，明确工控安全防护、应急以及能力评估等工作要求，构建了工控安全管理体系，进一步完善了工业信息安全顶层设计。

2018年12月，工业互联网联盟发布了《工业互联网安全框架》，该框架是构建工业互联网安全体系的重要指南，是我国工业互联网安全顶层设计正式出台的标志，对于我国工业互联网的发展具有重要意义。

2019年7月，工业和信息化部、教育部、人力资源和社会保障部等10部门关于印发《加强工业互联网安全工作的指导意见》（以下简称《指导意见》的通知），提出的基本原则之一为"筑牢安全，保障发展"；总体目标为"到2025年，制度机制健全完善，技术手段能力显著提升，安全产业形成规模，基本建立起较为完备可靠的工业互联网安全保障体系"。

2019年12月，国家工业信息安全发展研究中心依托工业信息安全产业发展联盟，发布《工业信息安全标准化白皮书（2019版）》，提出工业信息安全标准体系框架。

2021年12月9日，在工业和信息化部网络安全管理局指导下，工业互联网产业联盟、工业信息安全产业发展联盟、工业和信息化部商用密码应用推进标准工作组共同发布《工业互联网安全标准体系（2021年）》。工业互联网安全标准体系包括分类分级安全防护、安全管理、安全应用服务 3 个类别、16 个细分领域以及 76 个具体方向，为切实发挥标准规范引领作用，加快建立网络安全分类分级管理制度，强化工业互联网企业安全防护能力，推动网络安全产业高质量发展起到重要支撑作用。图 5-1-3 所示为工业互联网安全标准总体框架。

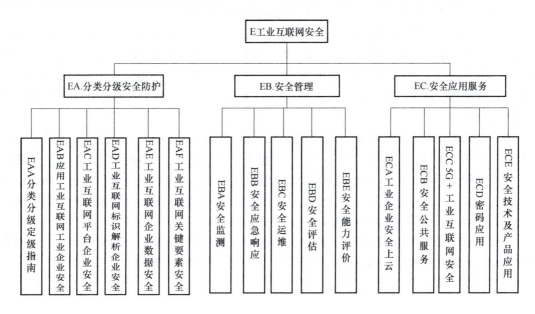

图 5-1-3　工业互联网安全标准总体框架

5.1.3　国外工业互联网安全标准现状

近年来，全球各主要制造强国对工业互联网安全的关注度越来越高，逐渐形成以龙头企业为引领、以产业协同为依托的集团化发展态势，并且无论是产业层面还是国家层面，强强联合的态势越来越明显。

1. 美国

美国有很好的互联网发展背景，在重视工业互联网安全方面也比较早，目前处于世界领先水平。美国的工业互联网不仅是围绕工业，还包括能源、车联网、智慧城市等。工业互联网联盟（IIC）是美国牵头的产业推进平台，用于开展工业互联网安全标准和行业实践研究。

2016 年 9 月 19 日，美国工业互联网联盟（IIC）正式发布工业互联网安全框架（IISF）1.0 版本，拟通过该框架的发布为工业互联网安全研究与实施提供理论指导。IISF 的实现主要从功能视角出发，定义了六个功能，即端点保护、通信与连接保护、安全监测与分析、安全配置管理、数据保护以及安全模型与策略，并将这六个功能分为三个层次。其中顶层包括端点保护、通信与连接保护、安全监测与分析以及安全配置管理四个功能，为工业互联网中的终端设备及设备之间的通信提供保护，对用于这些设备与通信的安全防护机制进行配置，并监测工业互联网运行过程中出现的安全风险。在这四个功能之下是一个通用的数据保护层，对这四个功能中产生的数据提供保护。在最下层是覆盖整个工业互联网的安全模型与策略，它将上述五个功能紧密结合起来，实现端到端的安全防护。

总的来看，美国 IISF 聚焦于 IT 安全，侧重于安全实施，明确了具体的安全措施，对于工业互联网安全框架的设计具有很好的借鉴意义。

2. 德国

德国为应对产业变革和智能化带来的挑战，强调ICT（信息与通信）技术和工业本身的结合，提出了"工业4.0"战略，利用物联网、AI等技术，将生产、制造和销售过程数据化、智能化，实现个性化的产品供应，从而提高资源配置效率。

德国"工业4.0"注重安全实施，由德国网络安全组牵头制定了《"工业4.0"安全指南》《跨企业安全通信》《安全身份标识》等一系列指导性文件，指导企业加强安全防护。德国虽然从多个角度对安全提出了要求，但是并未形成成熟的安全体系框架。但安全作为新的商业模式的推动者，在"工业4.0"参考架构（RAMI 4.0）中起到了承载和连接所有结构元素的骨架作用。

德国RAMI 4.0从网络物理系统（Cyber-Physical Systems，CPS）功能视角、全生命周期价值链视角和全层级工业系统视角三个视角构建了"工业4.0"参考架构。从CPS功能视角看，安全应用于所有层次，因此安全风险必须做整体考虑；从全生命周期价值链视角看，对象的所有者必须考虑全生命周期的安全性；从全层级工业系统视角看，需要对所有资产进行安全风险分析，并对资产所有者提供实时保护措施。

德国RAMI 4.0采用了分层的基本安全管理思路，侧重于防护对象的管理。在工业互联网安全框架的设计过程中可借鉴这一思路，并且从实施的角度将管理与技术相结合，更好地指导工业互联网企业部署安全实施。

5.1.4 工业互联网安全性特征

通过对以上相关安全框架的分析，总结出以下几个方面的共性特征，在工业互联网安全框架的设计中值得思考与借鉴。

1. 分类别部署安全防护措施

相关安全框架中大多都体现出分类别部署安全防护措施的思想。例如，在OSI（开放式系统互联）安全体系结构中根据网络层次的不同部署相应的安全防护措施，IATF（信息保障技术框架）、IEC 62443标准通过划分不同的功能域来部署相应的安全防护措施，美国IISF与德国工业4.0框架中则根据资产类型的不同分别阐述其安全防护措施。工业互联网安全框架在设计时可根据防护对象的不同部署针对性的安全防护措施，更好地发挥安全防护措施的防护效果。

2. 构建动态安全模型成为主流

美国IISF及德国"工业4.0"框架中均强调对安全风险进行持续的监测与响应，充分说明相对安全观已成为目前安全界的共识。为应对不断变化的安全风险，工业互联网安全框架的设计需将动态与持续性安全防护纳入其中。

3. 技术手段与管理手段相结合

美国IISF及德国"工业4.0"框架等在设计过程中均强调了技术手段与管理手段相结合的重要性。设计工业互联网安全框架时，需充分借鉴技管相结合的思路，双重保障，从而更好地帮助工业互联网相关企业提升安全防护能力。

5.2 工业互联网安全体系

工业互联网满足了工业智能化的发展需求，具有低时延、高可靠、广覆盖特点的关键网络基础设施，在推动未来工业经济发展产生全方位、深层次、革命性的影响的同时，也存在着不可忽视的安全性问题。在未来的发展过程中，传统的安全防御难以有效应对新的安全威胁，需要树立全新的安全防护理念，建立综合性的、主动的、协同的工业互联网安全防护体系，以确保工业智能化应用的安全可靠。

工业互联网应本着"协同、综合、主动、动态"的原则构建安全体系，建设满足工业需求的安全技术体系和安全管理体系，增强设备、网络、控制、应用和数据的安全保障能力，有效识别、抵御和化解安全风险，为工业互联网发展构建安全可信环境，提供从边缘到云端的端到端安全保障机制，包括加固端点设备、保护通信、管控策略与设备更新，以及利用分析工具和远程访问实时管理与监测整个安全保障流程。

5.2.1 控制安全

在工业领域，工业控制系统经历了从模拟控制到数字化计算控制的变革。20世纪60年代开始，通过对计算机控制系统的应用，诞生了PLC、DCS（分散控制系统）等现代数字化工业控制设备，取代了传统的计电器和单元仪表，发展了控制总线、工业以太网等现场数据采集和通信技术，提高了工业数据交流的一个速度、深度和广度，而且像英特尔的这种技术体系开始替代了工业企业原有的一些操作系统，在一定程度上开放结构也带来了网络安全的问题。

一个完整的工业控制安全系统设计方案不仅能够节约工程时间，还可以在企业的生命周期中大大降低成本。一方面工业控制系统广泛适用于工业生产过程的控制，是工业生产的核心和大脑；另一方面，目前80%以上的国家关键基础设施以及智慧城市业务系统都是依赖于工业控制系统进行控制的，可见工业控制系统的安全至关重要。

1. 控制安全定义

控制安全主要指PLC、SCADA、DCS等工业控制系统安全，既要提升自主可控的工控系统比例，又要将安全问题考虑到生产设计中。目前，我国在控制安全方面的基础相对薄弱。由于我国自主可控能力不足，控制安全方面亟需加强，以提升自主安全的可控体系。我国电子在自主可控安全方面做了很多尝试，同时将安全的问题考虑到生产设计中。由于很多工控系统是带"病"运行的，因此一旦这些系统上线运行，再进行安全改造就会非常困难。

2. 控制安全隐患

在工业控制领域，因安全隐患导致的后果不仅会对生产资产造成破坏，更有可能发生生产事故。所以，结合工业控制系统的自身特点，工业控制系统安全隐患可能由以下情况导致，如图5-2-1所示。

1）工业主机存在的漏洞，病毒感染的载体，或作为跳板向下攻击的一个生产系统。

2）工业网络边缘安全防护不足，工业网络成为病毒传播的通道。

3）工业控制设备存在脆弱性。工控设备的操作系统较为老旧，并且升级周期长，众多工控系统存在漏洞，成为病毒攻击的对象或感染的载体。

图5-2-1 工控安全隐患

4）工业的数据保护不到位，容易被篡改、被窃取、被加密锁定。

5）人为失误造成的漏洞，包括设置错误、配置错误、PLC 编程错误等。

这几年发生的典型的工业控制系统安全事故比较多，如 2011 年的"震网"病毒事件、2015 年的乌克兰电网的大面积停电、2016 年的 PLC-Blaster 病毒事件、三一重工工程机械的失联、2018 年台积电病毒门和 2019 年委内瑞拉大面积停电等事件。

3. 控制安全防护技术

对于工业互联网控制安全防护，主要从控制协议安全、控制软件安全及控制功能安全三个方面考虑，如图 5-2-2 所示，具体可以分为以下技术。

（1）身份认证　为了确保控制系统执行的控制命令来自合法用户，需要对用户的身份进行认证，认证未通过的用户所发出的控制指令不会被执行。在控制协议通信过程中，一定要加入认证方面内容，避免攻击者通过截获报文并获取合法权限用以建立会话，影响控制过程安全。

（2）访问控制　不同用户应该具有不同的操作权限，如果没有用户权限的访问机制，没有对用户权限进行控制，会导致所有用户可以执行所有功能。

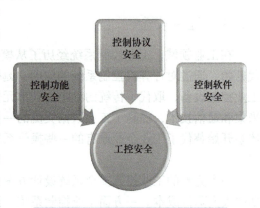

图 5-2-2　工控安全考虑的三个方面

（3）传输加密　在控制协议设计时，应根据实际情况，采用适当的加密措施，防止非法用户存取数据或合法用户越权存取数据，保证通信双方的信息不被第三方非法获取。

（4）健壮性测试　控制协议在应用到工业系统之前应通过健壮性测试，用于测试系统在出现故障时，是否能够自动恢复或者忽略故障继续运行。

（5）工业防火墙　工业防火墙技术是防范工控网络攻击常用的技术手段之一，通过在工控网络和信息网络（或互联网）之间设置中间防护系统，形成一个安全屏障，将工控网络和信息网络分割开。图 5-2-3 所示为工控防火墙布局。

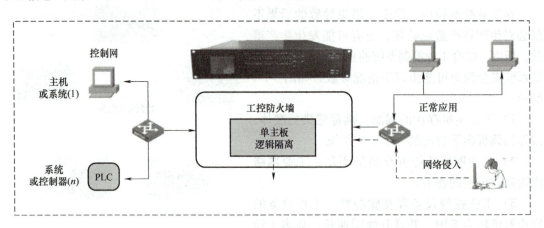

图 5-2-3　工控防火墙布局

工控防火墙如图5-2-4所示，其功能如下。
1）支持多种工业控制协议。
2）支持OPC（对象链接与嵌入的过程控制）协议。
3）支持指令集的白名单控制。
4）支持阈值的控制。
5）支持日志记录及使用统计。
6）其他安全机制。

下一代智能防火墙如图5-2-5所示，其功能如下。

图5-2-4　工控防火墙　　　　图5-2-5　智能工控防火墙

1）支持工业协议智能建模的深度解析。
2）支持智能配置访问控制规则。
3）支持隐形防攻击。

（6）抓包分析技术　抓包分析技术是从微观上保证网络安全的技术手段，通过捕获网络中传输的数据包并对数据包进行统计和分析，可以从中了解协议的实现情况、是否存在网络攻击等，为制定安全策略及进行安全审计提供直接的依据。抓包分析技术是实现工业防火墙、工控审计系统、工业协议防护等防护技术和策略的基础，如图5-2-6所示。

（7）工控漏洞扫描技术　首先进行端口扫描，获取目标工控设备、工控软件等指纹信息，通过获取的指纹信息识别目标系统的种类、型号或版本等，将这些相关信息与网络漏洞扫描系统提供的漏洞库进行匹配，查询相关安全漏洞，如图5-2-7所示。

工控漏洞模糊测试（Fuzzing）如图5-2-8所示。

（8）网络隔离技术　网络隔离技术的目标是确保隔离有害的攻击，在可信网络之外和保证可信网络内部信息不外泄的前提下，完成网间数据的安全交换。

网络隔离技术相对于防火墙技术有一定的优势。防火墙技术的思路是在保障互联互通的前提下，尽可能安全；网络隔离技术的思路是在必须保证安全的前提下，尽可能支持数据交换，如果不安全，则断开。

网络隔离技术可以解决操作系统漏洞、TCP/IP漏洞、应用协议漏洞、链路连接漏洞、安全代码漏洞和恶意代码等，如图5-2-9所示。

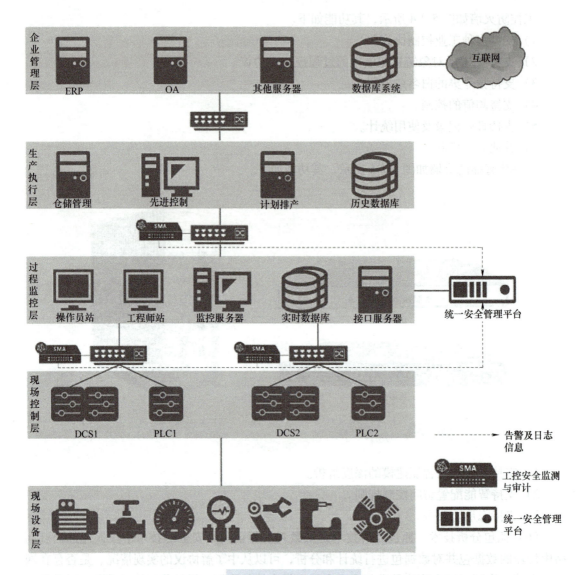

图 5-2-6 抓包分析技术

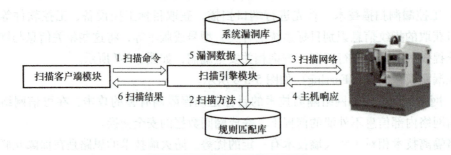

图 5-2-7 工控漏洞扫描技术

（9）单向导入技术　单向导入技术的工作原理与"二极管"单向导电的特性相似，采用硬件架构设计，使数据仅能从外网主机（非信任端）传输至内网主机（信任端），中间没

第五章 工业互联网安全

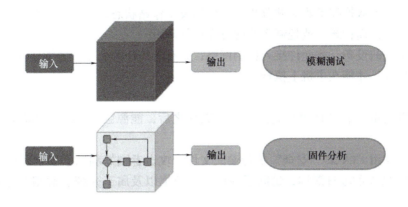

图 5-2-8 工控漏洞模糊测试

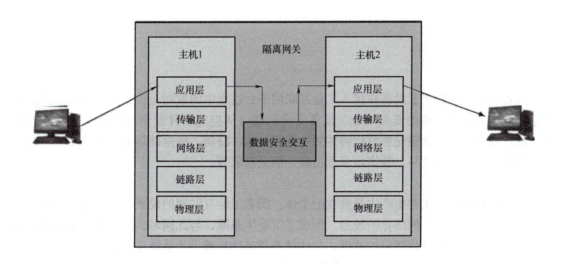

图 5-2-9 网络隔离技术

有任何形式的反馈信号,所有需要"握手"确认的通信协议在信息单向导入系统中都会失去意义,如图 5-2-10 所示。

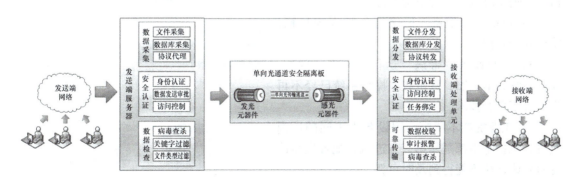

图 5-2-10 单向导入技术

(10) 白名单技术 运用白名单的思路,通过对工控网络流量、工作站软件运行状态等进行监控，运用大数据技术收集并分析流量数据及工作站状态，建立工控系统及网络正常工作的安全模型，进而构筑工业控制系统的可靠运行环境。

只有可信任的设备，才允许接入控制网络；只有可信任的命令，才能在网络上传输；只有可信任的软件，才能在主机上执行。

4. 控制安全案例

继工业巨头霍尼韦尔 IT 系统遭恶意软件破坏之后，能源巨头壳牌（Shell）也遭遇黑客攻击。

由于壳牌使用 FTA 来"安全"地传输大文件，攻击者刚好利用了安全厂商 Accellion 的文件传输程序 FTA 的零日漏洞，访问了一些个人数据以及属于壳牌利益相关方和子公司的数据。

该事件似乎仅影响了 Accellion 文件传输服务。如今，利用 Accellion 的 FTA 零日漏洞的黑客攻击的受害公司名单仍在不断增长。安全研究人员正在跟踪与该行动有关的多个黑客组织。

5.2.2 设备安全

1. 设备安全定义

设备安全指的是企业设备在接入工业互联网平台过程中的数据上传、协议转换、智能处理等一系列应用所面临的安全问题。设备安全问题应从应用软件安全与硬件安全两方面考虑。软件安全问题是指遭受恶意代码传播与运行、软件漏洞、数据破坏等；硬件安全问题是指设备遭受物理上的破坏，被实施恶意追踪、信息窃取等。

2. 设备安全隐患

传统机械设备在工业生产中是独立的个体，随着工业互联网的发展，将大量的机械设备进行数字化、信息化、网络化的改造，形成了工业生态圈，与此同时，对网络安全防护建设速度落后于数字化信息化建设的速度，导致越来越多的机械设备暴露于互联网中，大量存在安全问题的设备极易被远程控制或者引发 DDoS（分布式阻断服务）攻击、僵尸网络等问题。设备安全隐患如图 5-2-11 所示。

1) 工业设备漏洞。由于工业设备本身存在安全漏洞，可利用漏洞进行脚本攻击，改变操作指令，进而影响生产的正常进行。

2) 设备联网混乱。网络边界越来越模糊，缺乏安全防护。

3) 工业设备"带病"运行成常态。例如，操作系统版本老旧，甚至有些操作系统已经不再提供补丁更新技术。

4) 工业资产不明晰。因设备由不同的厂商负责，维护基本都是靠第三方进行，配置发生改变时台账往往不能得到及时更新。

5) 工业控制系统在早期设计时缺乏安全考虑。

图 5-2-11 设备安全隐患

3. 设备安全防护技术

工业设备安全防护措施有很多种，不同的防护措施适用于不同的客户要求。工业互联网设备安全具体应从软件安全与硬件安全两方面部署安全防护措施。

（1）软件安全　工业互联网设备供应商应从操作系统和协议栈等方面对设备固件进行安全增强，从而达到对工业设备自主可控。发现工业现场设备的操作系统和应用软件存在有漏洞或病毒时，一定要及时修复或查杀。

工业互联网企业要及时关注设备安全方面的补丁发布，对发布的补丁要严格进行评估和验证，通过后进行补丁升级，如图 5-2-12 所示。

（2）硬件安全　硬件安全设计和其他信息安全设计一样，面临一些内在挑战。一方面，随着时间推移，新的攻击方法、攻击设备一定会出现，攻击者会自然地变得更加强大，但是已经部署的产品不会自动变得更强大；另一方面，设备所在的系统变得越来越复杂，网络结构、芯片功能、软件架构等都在变得更复杂。产品在设计时，考虑的只是已知的攻击方法和已知的应用场景，但产品出来后要面对的更多。因此，产品的硬件安全设计一定是最小化安全假设，在架构和功能上保持弹性。产品具备"远程安全升级"功能

图 5-2-12　补丁升级

非常重要。对在工业互联网中的设备进行标志解析，形成唯一的标识符，提供身份鉴别能力。

工业互联网企业应在工业现场网络重要控制系统的工程师站、操作员站和历史站部署运维管控系统，实现对外部存储器、键盘和鼠标等使用 USB 接口设备的识别，对外部存储器的使用进行严格控制。需要注意的是，部署的运维管控系统不能影响生产控制。

4. 设备安全案例

2021 年 7 月，英国地方公共铁路运营商北方铁路（Northern Trains）遭遇服务器宕机，自助售票无法正常运行，官方称遭到了勒索软件的突然袭击。由于勒索软件的攻击，导致服务器离线，英国北方铁路耗资 1700 万英镑采购的自助售票系统陷入瘫痪，超过 420 个车站受影响。

此次攻击事件无疑为各企业敲响警钟，任何企业都有可能处于信息安全犯罪分子的攻击范围之内。

定期审查并测试数据监管实践，可以说是保证 IT 团队得以轻松恢复关键业务软件并保障数据系统完整性的前提。在遭受勒索软件攻击之后，实现快速恢复的唯一方法就是删除所有受感染数据，并对受到影响的各 Web 服务器及 IT 系统进行全面的系统乃至虚拟机级别的恢复。

5.2.3　网络安全

随着越来越多的工业企业搭建数字化管理系统，工业大数据将越来越多，其中工业网络安全的防护尤为重要。

每年工业网络安全事故时有发生，大中小工业企业都需要重视，特别是保密级别高、工

业数据不可外漏、有可逆向控制设备的企业。

1. 网络安全定义

网络安全是指承载工业智能生产和应用的工厂内部网络、外部网络的硬件、软件及其系统中的数据受到保护，不因偶然或恶意原因而遭受破坏、更改和泄露，系统能连续、可靠、正常地运行，网络服务不中断。

截至 2024 年 6 月，我国网民规模近 11 亿人，互联网高度发展。与此同时，互联网的开放性和安全漏洞带来的风险也无处不在。网络攻击行为日趋复杂；黑客攻击行为组织性更强；随着工业互联网的发展，越来越多的生产组件和服务直接或间接地与互联网连接，研发、生产、管理、服务等诸多环节暴露于互联网中，企业经营生产过程面临着愈发严重的、多途径的网络攻击和病毒侵扰。有关网络攻击和数据泄露的新闻层出不穷，网络安全问题成为政府、企业、用户关注的焦点。

2. 网络安全隐患

工业互联网网络基础设施被攻击后，将造成服务中断、系统崩溃乃至经营活动停滞，工业互联网平台一旦受到木马病毒感染、拒绝服务攻击、有组织的针对性网络攻击等，将严重危害生产稳定运行，甚至引发企业生产事故及危害人身安全。

网络安全一般来说，至少存在四大类安全问题：因软件和硬件设计缺陷导致的安全漏洞不可避免；信息产品生态圈中存在的软件和硬件后门无法杜绝；现阶段人类科技能力尚不能彻查漏洞后门问题；信息产品安全质量尚无有效的控制办法，如图 5-2-13 所示。另外，供应链的打通导致网络防护出现新短板，为实现产业协同和效率提升，工业互联网将供应商网络、销售商网络和企业生产网络连在一起，形成一张新的供应链大网。一旦黑客将恶意代码和漏洞植入到受信任的供应商和第三方软硬件产品中，那么这个大网中的所有企业都将面临被攻击的风险。

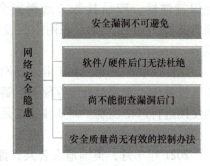

图 5-2-13 网络安全隐患

此外，一些工业控制设备在设计时就未考虑过会暴露在工业互联网中，缺乏防护设计，存在很大的漏洞隐患，一旦在线运行极易被攻击，直接威胁网络安全。像近几年委内瑞拉大停电、乌克兰大停电、英国制冷控制系统被攻击等事实证明，网络攻击可以直接通过工业物联网设备，利用攻击代码操纵变电站，造成业务中断。

3. 网络安全防护技术

企业应根据当前网络安全现状，结合工业互联网综合的、协同的、主动的、动态的安全防护体系要求，从云平台、边缘层、工控设备等诸多层面去进行防护，加强技术防护和管理防护相结合的原则，在云基础设施、平台基础能力、基础应用能力的安全可信方面制定识别、防护、检测、响应、恢复等计划。现从图 5-2-14 所示四个方面介绍网络安全防护技术。

（1）边界管控　根据业务类型往往存在不同作用和级别的网络，这些网络的安全防护级别要求也不同，把这些不同安全级别的网络连接起来，网络之间便形成了网络边界。在网络边界上部署可靠的安全防御措施，能够有效防止来自网络外界的入侵。边界管控通常在边界设置工控防火墙、网闸、网关等安全隔离设备。

（2）接入管理　通过堡垒机等装置实现网络的接入管理，包括网络边界识别和资产识别、自动识别在线终端、捕捉终端指纹信息特征、智能识别终端类型、入网终端身份鉴别和合规验证、展示与交换机端口的映射关系、终端安全修复、IP 地址实名制登记和入网终端网络信息生命周期管理、准确识别违规接入和修改 IP/MAC 等行为。

（3）安全监测审计　通过安全监测审计系统，实现网络流量监测与告警，采用被动式数据采集的方法从网络采集数据包，经解析工控网络流量和深度分析工控协议后，与系统内置的协议特征库和设备对象进行智能匹配，实现实时流量监测及异常活动告警，帮助用户实时掌握工控网络运行状况，发现潜在的网络安全问题。同时，设定状态白名单基线，当有未知设备接入网络或网络故障时，可触发实时告警信息。

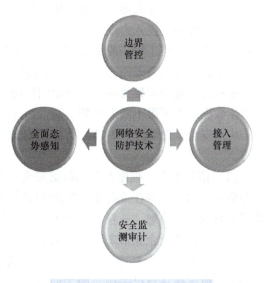

图 5-2-14　网络安全防护技术

（4）全面态势感知　通过采集并存储网络环境的资产、运行状态、漏洞收集、安全配置、日志、流量信息、情报信息等安全相关的数据，利用态势预测模型分析并计算安全态势，使得网络防护系统能够对全局的网络空间持续监控，进而实时地发现网络中的异常攻击和威胁事件。

4. 网络安全案例

丹麦风电公司维斯塔斯在 2021 年 11 月 19 日发生了"网络安全事件"，这起事件破坏了其部分内部 IT 基础设施并导致原因尚未查明的数据泄露。维斯塔斯在此次事件发生后，关闭了其部分系统。在最新的事件调查进展声明中，该公司称其网络发生了数据泄露，部分 IT 设施正在恢复中，没有证据表明事件影响了第三方运营，包括客户和供应链运营。

2017 年，集装箱航运公司马士基遭受网络攻击，导致其系统关闭，恢复成本高达数亿美元。2019 年，助听器制造商 Demant 集团因 IT 被攻击损失了约 8500 万美元。清洁公司 ISS 集团于 2023 年也遭到了网络攻击。

5.2.4　应用安全

今天的工业软件和平台融合了越来越多的先进科技，它使制造业逐渐脱离了"就生产而生产，为制造而制造"的传统模式与范畴，如今的工业软件正逐步给现代制造业插上数字化、智能化与信息化的翅膀。

1. 应用安全定义

工业互联网应用安全主要是指各种平台和软件承担的业务运行过程中面对的安全问题。当前传统企业相对封闭的业务环境已经被打破，基于工业互联网发展而快速兴起的网络化协同、个性化定制、服务化延伸等新模式，使得大范围的企业内业务逻辑被暴露于网络中，因此需要更高的安全措施来防范非法业务的破坏行为。

2. 应用安全隐患

当前全球的制造业正在加速进入由传统业态向新科技动能与产业数字化方向转型的关键

时期，掌握工业软件的核心技术事关一个国家产业链的安全和制造业发展的主动权。高端自动化软件的缺乏使得我国工业精细化、自动化、智能化程度和西方发达国家相差较大，加大高端工业软件研发投入力度及加快其产业化进程，是促进我国工业转型的重要一环。但是，目前我国重大战略工程一般采购国外产品系统，这将在我国工业控制系统中埋藏安全隐患。

未来，企业普遍采用云计算，云端服务器将成为企业的资源池和神经中枢。届时公有云、私有云、混合云架构共存，企业网络边界消失，云端服务器可以远程操控工控设备，设备产生数据后又源源不断汇集到云端，因此让资源管控变得更加困难。

应用安全隐患如图 5-2-15 所示。具体来说，工业应用的安全问题主要分为以下几方面内容。

（1）信息安全、程序安全与数据安全　引进国外的工业软件会存在重要工业生产制造技术与数据泄露的安全隐患。一旦出现此类情况，就会给国家、产业以及企业带来不可估量的损失。

（2）使用安全　核心及重要工业软件技术必须要牢牢地掌握在自己手中，因为西方发达国家必定会限制这类软件出口，即使能够花重金买到，也必然会面临着各种苛刻的附加条件，并且如果软件出现断供，那么企业将会遇到生产窘境。

（3）早期平台缺乏安全考虑　由于早期的工业互联网平台都是在相对独立的网络环境下运行，在进行产品设计和网络部署时，只考虑了功能性和稳定性，对安全性考虑不足。随着工业控制系统网络之间互联互通的不断推进，以及工控控制系统和工业设备接入互联网的数量越来越多，通过互联网对工业控制系统实施攻击的可能性越来越高，而每年新发现的 SCADA、DCS、PLC 漏洞数量也不断增加，这些都为工业互联网带来巨大的安全隐患。

图 5-2-15　应用安全隐患

3. 应用安全防护技术

常用的应用安全防护技术如图 5-2-16 所示。

（1）安全审计　安全审计是对企业安全建设的监督审查机制，包括但不限于安全策略、安全流程及技术管控等。合理运用安全审计，既可以为业务解决切实的问题，也能为安全规划提供参考依据。

通过安全审计可解决如下问题。

1）审核现有的安全制度、流程是否适用业务，是已落地执行，还是"束之高阁"。

2）审核现有的技术手段是否覆盖到安全管控范围，是已覆盖，还是有空白地带。

3）审核被忽略或潜藏的风险，是对业务场景不了解，还是对新增的业务模式未进行风险识别。

图 5-2-16　应用安全防护技术

(2) 认证授权　防止非法用户冒用合法用户身份进入工业互联网平台进行工业数据盗取，目前常见的身份认证方案有用户名+密码认证、动态口令卡和生物特征认证。其中，安全性较高的是动态口令卡和生物特征认证。例如，指纹认证时需要终端设备配备对应的认证模块就是生物特征认证。不同企业对不同的工业互联网平台使用权限不同，从而保证数据资产的安全性。

(3) 安全监测　企业在维护平台安全中需要定期实施渗透测试，通过完全模拟黑客可能使用的漏洞发现技术和攻击技术，对目标系统的安全进行深入地探测，发现系统最脆弱的环节，可有效发现与验证每个安全隐患点的存在及其可利用程度，并从中找出企业最急需解决的安全问题，帮助管理者了解系统风险的分布情况，让管理人员直观地知道己方网络所面临的问题。也可以使用安全众测的方式，通过"白帽子"（正面黑客，可识别计算机系统或网络系统中的安全漏洞）进行私密、高效的安全测试，帮助企业全方位发现并提交业务中存在的安全漏洞及风险，协助企业及时响应并修复安全漏洞，避免造成更大的业务损失。依据平台的分布式结构体系，也可以采取分布式防护的解决方案，通过在多地云机房外部部署防护节点，分散流量，一方面提高攻击者的攻击门槛，另一方面增加 DDoS 防护的能力，同时还可以增加业务柔性，在面对大流量 DDoS 攻击时提高业务可用性。

(4) 代码审计　代码审计是一种以发现程序错误、安全漏洞和违反程序规范为目标的源代码分析，能够找到普通安全测试所无法发现的安全漏洞。通过代码审计，检查工业应用软件源代码中的安全缺陷，检查程序源代码是否存在安全隐患，或者有编码不规范的地方，通过自动化工具或者人工审查的方式，对程序源代码逐条进行检查和分析，可以使工业应用软件变得更加稳定、安全。测试后的报告也可以帮助技术人员更好地进行软件决策，并将安全问题传达给更高级的管理层，进一步健全安全建设体系。因此，代码审计可以先于黑客发现系统的安全隐患，提前部署好安全防御措施，保证系统的每个环节在未知环境下都能经得起黑客挑战，进一步巩固客户对企业及平台的信赖。

(5) 人员培训　工业企业应对工业应用软件开发人员进行软件源代码的安全培训，包括了解工业软件安全开发生命周期的每个环节，掌握对应用程序进行安全架构设计，具备所使用的编程语言安全编码常识，了解典型源代码安全漏洞的产生原理、导致后果及防护措施，熟悉安全开发标准，指导开发人员进行安全开发，减少开发者引入的漏洞和缺陷等，从而提高工业应用程序安全水平。

4. 应用安全案例

挪威公司 Volue 是一家专为欧洲能源及基础设施企业提供技术方案的厂商，该公司在 2021 年 5 月 4 日遭遇勒索软件攻击。而就在这之前，美国科洛尼尔油管公司才刚刚遭遇勒索软件攻击，并引发一场全美有史以来规模最大的输油管线停摆事故。这两次网络攻击凸显出能源与关键基础设施公司已成为勒索软件攻击的头号目标。

在此次攻击事件中，勒索软件关闭了挪威国内 200 座城市的供水与水处理设施的应用程序，影响范围覆盖全国约 85% 的居民。为了防止勒索软件进一步传播至其他计算机系统，Volue 公司不得不关闭了所托管的其他多种应用程序，并将约 200 名员工使用的设备尽数隔离。

考虑到 Volue 公司目前在全球 44 个国家及地区拥有 2000 多家客户，挪威面向能源与水务部门的网络安全响应单位 KraftCERT 建议，所有 Volue 客户应立即关闭与该公司应用的连接并重置登录凭证。

调查人员在 Volue 公司的计算机系统中发现了 Ryuk 勒索软件，这与科洛尼尔油管公司攻击事件有所不同。

Gartner 公司工业系统网络安全分析师认为，以能源供应商及油气公司为代表的关键基础设施运营商，已经成为勒索软件团伙的主要攻击目标。犯罪分子显然很清楚，这类组织必须保证设备的正常运转以支持业务延续。只要能够中断业务运营，受害者立刻就会受到致命打击。

5.2.5 数据安全

数据安全是工业互联网越来越重视的安全问题，数据是工业互联网重要的生产要素。与传统互联网的内容数据相比，工业数据的重要性不言而喻。工业互联网的核心是工业数据采集，但数据接口、数据格式标准不统一导致数据采集难度大，并且工业互联网数据体量大、种类多、结构复杂、数据缺乏加密认证，数据的存储、传输、分析与共享存在安全风险。

1. 数据安全定义

数据安全是指工业生产业务数据在传输、存储、访问、迁移、跨境等环节中的安全。例如，数据传输过程中被侦听、拦截、篡改、阻断敏感信息明文存储或者被窃取等都会带来安全的威胁。

工业互联网平台通过对数据进行系统地采集、存储、处理和利用，可以帮助决策者及时、高效地明晰问题产生的原因和解决方式，以便做出正确的决策。然而，工业互联网平台应用广泛，产生的数据存在差异，这就使得平台采集存储和分析利用的数据资源具有种类繁多且量大等特点，因此工业互联网平台面临着数据信息泄露和破坏等一系列的安全风险。

2. 数据安全隐患

因工业互联网发展而产生的数据采集、汇聚也会导致与增加数据被泄露、被勒索攻击和被滥用的风险，如图 5-2-17 所示。工业互联网数据的上下行都存在安全问题。在数据上行方面，过程制造行业要将关键节点的传感器数据反馈到云平台，对生产模型进行矫正，促进工艺升级。如果数据被篡改，就会引起产品质量下降，甚至引发爆炸等风险。倘若工艺数据被窃取，企业将会失去核心竞争力。美国最大燃油运输管道商遭受勒索软件攻击，导致美国东海岸燃油供应受到严重影响。此次攻击的原理很简单，黑客把这家公司的财务账本数据加密，导致无法记账，公司也就无法给客户输送燃料。在数据的下行方面，工业互联网同样面临安全问题。下行数据通常涉及控制指令和配置信息，这些信息一旦被篡改或

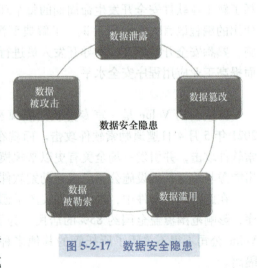

图 5-2-17　数据安全隐患

拦截，会对生产过程造成严重影响。黑客可以通过侵入系统篡改控制指令，导致设备运行异常，甚至造成安全事故。例如，错误的指令可能导致设备过载或停机，影响生产率与生产安全。

3. 数据安全防护技术

工业数据是国家基础性战略资源，是工业数字化转型升级的核心，是数字经济建设的基石，确保其安全的重要性不言而喻。数据安全防护技术主要是对安全防护措施的建设，围绕工业数据全生命周期的各个阶段采取相应的安全防护措施，包括数据资产识别、数据加密传输、数据防泄露、数据脱敏、数据库审计、用户行为分析、知识图谱等，如图 5-2-18 所示。

（1）数据资产识别　通过数据资产识别技术，围绕研发、设计、生产、采购、销售、交付、售后、运维、报废等工业生产经营环节和过程，对所产生、采集、传输、存储、使用、共享以及销毁的数据进行全面智能识别，包括结构化的数据（如设备运行状态）、非结构化数据（如设计图纸），形成数据资产清单和数据资产分布地图，然后进行数据分类分级，识别重要数据和核心数据。同时，对重要数据、核心数据目录进行备案，备案内容包括但不限于数据类别、级别、规模、处理目的和方式、使用范围、责任主体、对外共享、跨境传输、安全保护措施等。

图 5-2-18　数据安全防护技术

（2）数据加密传输　避免重要工业数据在各种网络中混合传输，必要时通过加密技术进行隧道加密传输。利用密码技术，可以把重要的数据变为乱码（加密）传送，完成传输后再用相同或不同的手段还原（解密），数据在传输过程中进行完整性校验和用户验证。必要时采用工业专用协议服务进行数据保护，避免因协议脆弱性而受到破坏攻击。

（3）数据防泄露　根据工业数据资产识别清单，对工业数据按照重要程度进行分类，形成工业敏感数据、重要数据和核心数据清单。在网络出口边界部署对应的数据防泄露产品，确保关键信息不被泄露，企业和国家利益不受损失。

（4）数据脱敏　通过数据脱敏技术，对工业企业某些敏感信息通过脱敏规则进行数据的变形，实现对敏感和隐私数据的可靠保护。在涉及客户安全数据或者一些商业性敏感数据的情况下，在不违反系统规则条件下，对真实数据进行改造并提供测试使用，如身份证号、手机号、卡号、客户号等个人信息都需要进行数据脱敏治理，防止这些敏感数据在未经处理的情况下流出企业。数据脱敏技术分为静态脱敏和动态脱敏。

静态脱敏主要应用在非生产环境，如数据测试、数据分析等。通过脱敏算法将敏感数据处理成非敏感数据存储，从而供数据访问者直接访问和使用。

与静态脱敏不同，动态数据脱敏是指访问者在访问敏感数据时对访问的数据进行实时脱敏，最后呈现给访问者，防止敏感数据泄露，主要应用在生产环境。也可以为脱敏后的数据添加水印，若数据发生泄露，则可以根据水印信息来追溯数据泄露的源头。

（5）数据库审计　通过工业数据库审计技术，对工业企业使用的数据库进行审计。实时记录网络上的数据库活动，对数据库操作进行细粒度审计的合规性管理，对数据库遭受到的风险行为进行实时告警，助力企业顺利通过等保合规审计，提供合规审计依据，提供数据库实时风险告警能力，及时响应阻止数据库遭到的攻击。

（6）用户行为分析　用户在产品上产生的行为，实际表现为相关的用户数据。通过运用不同分析方法对不同数据进行分析，进而为产品迭代和发展提供方向。通过用户行为分析，可以还原用户使用的真实过程。通过详细、清楚地了解用户的行为习惯和真实的使用路径，才能对用户日常操作行为进行建模，利用机器学习技术，建立用户行为与数据资产之间的映射关系，形成用户行为数据资产画像，进而找出产品使用和渠道推广等过程中存在的问题，提高用户转化率。

（7）知识图谱　利用自然语言处理及知识谱图等技术，将各类工业数据进行知识分类，并根据业务本体构建知识图谱，通过快速搜索和推理关系中的趋势、异常和共性，将知识转化为决策依据，从而实现辅助决策及传统应用赋能。

4. 数据安全案例

据美联社报道，2021年2月底，管理着全球主要航空公司（超过400家航空公司，包括星空联盟和OneWorld会员）的机票处理和常旅客数据的IT服务公司——SITA宣布服务器被黑客入侵。攻击者使用了"高度复杂"的攻击手段，全球多家知名航空公司和航旅企业的顾客数据遭泄露。航空公司已通知乘客，攻击者已经入侵了SITA的旅客服务系统（PSS）来访问他们的某些隐私数据。PSS是SITA用来处理乘客从订票、登机和行李控制的一系列交易的关键业务系统。

SITA已经证实了该事件的严重性，但未透露有多少人受到了影响或何时发生了攻击。有业内人士估计受影响旅客数超过210万，其中大多数是汉莎航空集团的Miles&More飞行常旅客奖励计划的参与者，该计划是欧洲最大的常旅客计划。

有报道称，日本航空也因此受到影响。可能会有更多的航空公司牵涉其中。例如，未在首批泄露名单中的中国国航、瑞士航空和加拿大航空等也都是星空联盟成员。

星空联盟于2021年2月27日收到SITA关于PSS被入侵的通知。星空联盟表示，他们已获悉，并非其所有成员航空公司都受到影响，但不排除这种可能性。

Miles&More飞行常旅客计划的合作伙伴共有37个航空公司，其中包括所有26个星空联盟成员。

由于黑客入侵了同为星空联盟成员的一家亚洲航空公司（具体名称暂未公开）的预订系统，因此Miles&More的常旅客数据也受到事件的影响。Miles&More约有135万会员，其中许多人都是"常旅客"会员。

值得注意的是，马来西亚航空、国泰航空、芬兰航空等受到黑客事件影响的航空公司都（直接或间接）是寰宇一家航空公司联盟（OneWorld）的成员。

芬兰航空在给客户的电子邮件通知中声称，SITA的PSS发生数据泄露，攻击者已经访问了芬航的一些常旅客数据。与新加坡航空的情况类似，芬兰航空虽然并不使用PSS，但是与合作伙伴共享一些飞行常旅客数据。芬兰航空报告中提到，Finnair Plus常旅客计划的大约20万名会员受到了影响。

5.2.6　平台安全

工业互联网平台具有承上启下的作用，向上承载应用生态，向下接入系统设备，是连接用户企业、设备厂商、服务提供商、开发者、上下游企业的枢纽，是工业互联网业务交互的中心和数据汇聚分析的桥梁，已成为保障工业互联网安全的关键。

工业互联网平台的高复杂性、开放性和异构性加剧其面临的安全风险，平台安全直接决定了工业互联网安全，更关乎经济发展、社会稳定乃至国家安全，是保障制造强国与网络强国建设的主要抓手。

1. 平台安全定义

工业互联网平台是面向制造业数字化、网络化、智能化需求而兴起的，以海量数据采集、汇聚、分析和服务体系为基础，支持制造资源实现泛在连接、弹性供给、高效配置的工业云平台。

我国高度重视工业互联网安全。目前，整体工业互联网安全保障体系建设工作已逐步开展，《国务院关于深化"互联网+先进制造业"发展工业互联网的指导意见》《工业互联网发展行动计划（2018—2020年）》《工业互联网安全白皮书》等文件颁布。但是，针对工业互联网平台安全的相关工作仍处于初级阶段，管理体系不健全，技术防护不到位，平台安全防范困难等问题比较大，亟需解决工业互联网平台安全保障能力。

2. 平台安全隐患

工业互联网平台安全可以分为边缘层安全、工业 IaaS 安全、工业 PaaS 安全、工业 SaaS 安全四个方面。

（1）边缘层安全　边缘层安全是安全实践在网络核心外部的网络节点上的应用。由于智能传感器、边缘网关等边缘终端设备计算资源有限，安全防护能力薄弱，互联网平台在数据采集、转换、传输的过程中，数据被侦听、拦截、篡改、丢失的安全风险很高，攻击者可利用边缘终端设备的漏洞对平台实施入侵或发起大规模网络攻击。

（2）工业 IaaS 安全　工业 IaaS 安全是基础设施即服务，是指把 IT 基础设施作为一种服务通过网络对外提供，并根据用户对资源的实际使用量或占用量进行计费的一种服务模式。其包括设备物理安全、虚拟系统安全、虚拟网络安全、工业数据存储安全等。工业 IaaS 是虚拟化、资源池化的信息基础设施，面临着虚拟机逃逸、跨虚拟机侧信道攻击、镜像篡改等新型攻击方式的威胁。其次，多数平台企业使用第三方云基础设施服务商提供的 IaaS 服务，存在数据安全责任边界不清晰等安全问题。

（3）工业 PaaS 安全　由于 PaaS 是一种基于平台的模型，而不是基于基础架构的模型，因此它与 IaaS 相比存在着略微不同的安全问题。

在一个典型的 PaaS 环境中，如果用户有任何访问权限，那么用户的系统级访问权限将非常少且受到高度限制。通常是在虚拟机上没有管理权限的情况下，授予系统级或 shell 访问权限，以防止用户执行任何平台或基础架构级别的变更。这使得平台提供商能在其平台内保持一致性级别，以实现 PaaS 的目标，并严格控制环境的安全性。如果用户能更改平台的底层配置，那么平台提供商就很难执行正确的修补和安全控制措施。允许用户更改配置会增加支持成本，来自一个用户的安全事件也可能会蔓延并影响平台环境中的其他用户。工业大数据分析平台汇聚海量工业企业的工艺参数、产能数据等高价值数据，被黑客入侵可能导致敏感信息泄露，威胁平台数据安全。

（4）工业 SaaS 安全　为了保护基于云的软件和其他信息资产中的客户数据，软件即服务（SaaS）提供商制定了规则和法规。SaaS 是一种基于云的软件分发方法，客户主要使用 Web 浏览器在线购买或访问应用程序。为确保解决方案按预期运行，由平台提供商管理应用软件、中间件和硬件。由于其具有包括无初始设置费用、简单升级、快速实施等在内的众多优势，使得数据将始终处于领先地位。客户的个人信息可能会被某人访问。如果重要数据资产归另一家企业所有，请做好诉讼和品牌损害的准备。网络犯罪分子利用网络钓鱼、勒索软件攻击、病毒渗漏等复杂技术来访问、恢复敏感数据或对客户造成不利影响。

工业 SaaS 安全是指工业互联网平台应用层的应用服务安全。其中，工业 APP 涉及专业工业知识、特定工业场景，集成封装多个低耦合的工业微服务组件，功能复杂、安全设计缺乏规范，可能存在安全漏洞和缺陷，面临工业 APP 漏洞、API 通信安全、用户管控、开发者恶意代码植入等应用安全问题。另外，数据丢失、数据透明度低、错误的配置管理和无意的内部威胁等也使 SaaS 安全受到挑战。

3. 平台安全防护技术

（1）数据隐私安全　在数据的隐私安全方面，传统平台具有隐私管理机制。这种机制提供一种轮转、管理和检索密钥的服务。它巧妙地解决了应用程序数据库凭证泄露的问题，还可以审核和监控密钥使用情况，任何查看密钥凭证的用户都会被记录，这也在一定范围内保障了密钥的安全。其中的密钥管理服务和众多的云平台其他服务进行集成，保证数据在静态存储时的安全，可以说，整个数据的存储安全都由密钥管理服务来负责；或者使用密钥保险库，可将密钥以及在硬件安全模块中存储密钥的密文进行加密，这样就无须配置、修补和维护硬件安全模块及密钥管理应用程序。

（2）数据完整性和机密性安全　在保证数据完整性和机密性安全方面，主要包括数据加密、哈希计算、数字签名、公钥基础设施等技术。这些技术依赖于加密算法的可靠性，其密钥安全性依赖于密钥管理服务。

（3）身份认证与访问管理　在身份认证与访问管理方面，身份认证与访问管理贯穿于平台的各项服务中，服务之间的请求都需要身份认证和授权。身份认证和访问管理机制包含控制和跟踪 IT 资源、环境和系统用户身份以及访问权限所必需的组件和策略，具体包含以下几方面内容。

1）身份认证。用户名和密码组合依然是身份认证与访问管理机制最常见的用户身份认证形式，它还可以支持数字签名、数字证书、指纹识别、专业软件以及将用户锁定到已注册的 IP 或 MAC 地址上。

2）授权。授权模块定义访问控制的正确性并监督身份，确认访问控制权限和 IT 资源可用性关系。

3）用户管理。与系统管理功能有关，用户管理程序负责创建新用户和访问组，找回或重置密码，定义密码策略和权限管理。

4）凭据管理。凭据管理系统为已存在的用户账户建立身份认证和访问控制原则，从而降低授权不足的风险。

尽管身份认证与访问管理目标与公钥基础设施机制的目标类似，但身份认证与访问管理机制的实现范围是不同的，因为除了分配特殊级别的用户权限外，其结构还包括访问控制和策略。身份认证与访问管理机制主要用于降低拒绝服务和信任边界重叠等威胁。

（4）单点登录　在单点登录方面，跨多个平台传播服务用户的身份验证和授权信息可能是一项挑战，尤其是在需要调用大量平台资源作为同一整体运行时。单点登录机制使一个平台使用者能够由安全代理进行身份验证，该代理在用户访问其他服务或基于云的 IT 资源时能持久存储安全信息。否则，平台使用者需要在每个后续请求中重新进行身份验证。

其他平台安全保护技术还有应用程序网关、VPN 网关、信息保护、隔离、数据删除等。

工业互联网平台安全建设是推进工业互联网平台与工业互联网健康发展的必要保障，我国针对工业互联网平台安全的相关工作仍处于摸索阶段，平台安全管理体系尚不健全、平台安全技术防护能力较弱、平台数据安全风险隐患凸显等问题亟待解决。在国家层面，为了加强我国工业互联网平台安全保障能力建设，亟需清晰认识工业互联网平台在不同安全层级的安全风险，从建立健全工业互联网平台安全管理体系、加快提升工业互联网平台安全技术防护能力、实施数据分类分级管理等不同角度落实并完善工业互联网平台安全保障体系。在工业互联网平台企业层面，需从工业互联网平台分层安全防护与安全管理等方面，部署安全防护策略，提升平台安全防护水平。

4. 平台安全案例

2021 年 2 月 9 日，美国佛罗里达州奥兹马市一家水处理设施的系统被攻击，攻击者试图改变控制水酸度的 NaOH 碱液浓度，并在准备将碱液浓度提高到 111 倍时被发现。之所以会在供水中添加少量 NaOH 碱液，主要是防止管道腐蚀同时提升 pH 值，但人接触到该碱液会导致严重的皮肤灼伤并伤害眼睛。所幸的是，攻击并未真正造成真正的损害，并且及时被逆转。

《坦帕湾时报》描述称，奥尔德斯玛市水处理设施的一位远程操作员发现，在自己没有接触鼠标的情况下，鼠标指针开始在屏幕上移动。他于周五上午大约 8:00 查看了监测系统，并留意到有人短暂地访问了该系统。但由于上司也会定期通过远程连接访问该系统，大家一开始也没有放在心上。不过当天下午 1:30 左右，有人再次远程访问了系统，这次操作员终于可以确定是异常情况。攻击者操控了鼠标，将指针移到控制水处理的软件界面上，并展开了持续 3~5min 的操作。结果就是，系统的 NaOH 浓度从 100ppm 暴增到了 11100ppm。庆幸的是，在攻击者下线后，操作员立即将浓度调回至 100ppm。

据分析，攻击者可能使用了被盗的 TeamViewer 凭证，从而远程登录系统，获得了水处理设施操作员的系统访问权限。这次事件再次暴露了关键基础设施在网络攻击面前的脆弱性，攻击者可以轻松闯入饮水设施的监控及数据采集系统。事件发生后，有媒体还了解到该机构将其远程访问密码发布在了公开可用的 Google 文档中。

5.3 工业互联网安全案例

结合本章情景描述中某集团安全现状和工业控制系统自身特点，建设包含安全防护检测体系、安全态势分析体系以及安全服务响应体系在内的动态闭环防护体系。安全防护检测体系在防护检测工业控制系统的同时向其他两大体系提供安全数据信息；安全态势分析体系结合安全防护检测数据及安全服务事件信息反馈，同步向安全防护检测体系实时动态下发安全策略与向安全服务响应体系归纳上报安全事件分析结果；安全服务响应体系根据安全态势分析结果对安全防护检测进行有效赋能支撑，如图 5-3-1 所示。

安全防护检测体系以行为基线为中心，提供基础安全防护能力，包括访问控制管控、工业行为分析、主机白名单技术和工业信息安全集中管理等。安全防护检测体系包含网络中所有安全防护设备，防护范围覆盖整个工控网络。安全防护体系作为安全数据来源，将各个节

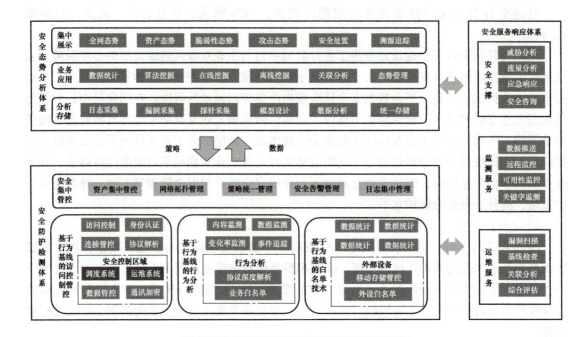

图 5-3-1　某集团网络安全防护体系设计图

点的安全数据、异常数据等上报至安全态势分析体系，用作安全环境、安全基线的分析，并执行分析的结果；同时将生产网络、应用系统运行状态传递至安全服务响应体系进行统一的运维监控。

安全态势分析体系作为工业企业控制系统安全防护体系的安全中枢，承担安全数据的分析存储、业务应用及集中展示功能。安全态势分析主要作用于安全数据的统计与分析，通过多样探针及大数据存储分析等技术手段对网络的安全事件、未知威胁等信息以时间、资产等维度进行统计；在统计数据的基础上，构建威胁安全业务模型，分析工业控制系统中所存在的脆弱性、威胁源导致安全事件发生的可能性，以及由此产生的后果和影响；构建安全事件自动处置能力，动态管控安全检测防控策略。

5.3.1　解决方案

安全区域的设计划分首要充分结合该集团网络结构现状和业务特点，首先依照通信网络基础情况划分出企业外部网络以及企业内部网络两部分，企业外部网络利用互联网、移动网、专线等网络基础设施承载外部产业云平台相关业务，企业内部网络利用园区网络以及生产控制域的局域网承载企业内部生产相关业务。然后按照企业内业务特点划分出企业内部IT信息管理区域以及OT生产控制区域。IT信息管理区域包含企业私有云平台、企业办公网络、企业研发网络；OT生产控制区域包含企业数字化车间管理平台、车间调度站以及各个不同工艺的现场控制区域，如图5-3-2所示。

（1）工控防火墙　工控防火墙旁路部署于企业生产控制网区域的边界，通过工业协议识别访问行为并进行访问控制；通过将访问内容与寄存器中设定的安全策略进行比对，确认对报文的通过或阻断，当发生异常报文（超过设定阈值）时进行报警处理。

（2）工控网闸　工控网闸旁路部署于企业生产控制网络及信息管理网络的边界，依照

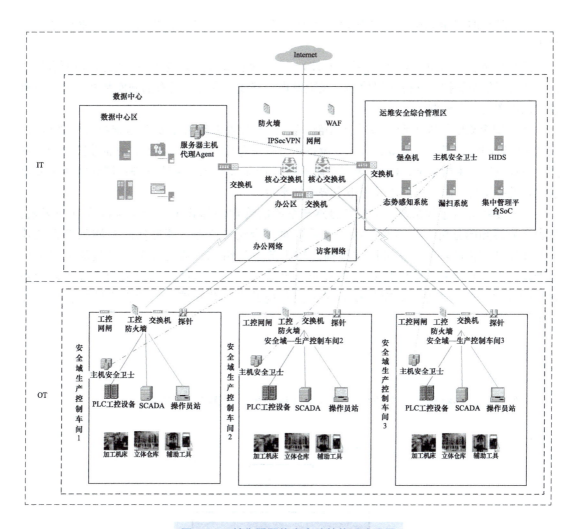

图 5-3-2　某集团网络安全防护体系建设图

等保 2.0 要求对生产网络中基于工业协议的报文进行过滤，对边界流量进行技术隔离。同时，对于非带外视频流量（在网络主要数据流量之外传输的视频数据）也进行过滤，过滤规则与应用流量一致，仅允许管理网络进行调用和读取操作。

（3）IPSec VPN 网关　IPSec VPN 网关旁路部署于企业级网络核心交换机，依照等保 2.0 要求对企业私有云平台、企业车间调度及企业现场控制通信生产的与控制相关的数据进行加密。同时其他非生产数据不进行加密，仅允许管理网络进行调用和读取操作。

（4）漏洞扫描系统　漏洞扫描系统的管理端部署在安全运维综合管理区域，定期进行系统漏洞扫描，一经发现有漏洞、安全配置不当或系统设计等安全问题，可以提醒用户及时采取安全措施进行修复。

（5）堡垒机　堡垒机部署于安全运维区域，保障网络和数据不受来自外部或内部用户的入侵与破坏，这对于安全运维审计和访问控制起到了关键性作用。

（6）工控主机卫士　工控主机卫士的管理端部署于安全运维综合管理区域，客户端部署于生产控制网络上位机、服务器、采集终端等 PC，通过对终端的运行进程和服务等以白名单方式进行识别，对于不在策略范围内的进程和服务将会被禁用，从而提高终端的安全性，减少潜在的安全风险。服务端对移动存储介质进行授权，非授权介质从驱动层面被禁用。

（7）服务器主机 HIDS（内部系统监控） 主机操作系统层安装 Agent 探针，对所有服务器资产进行集中管控，支持入侵检测、风险发现、基线检查等；具有漏洞库和补丁库，可检查主机资产的安全漏洞。

（8）安全集中管理平台 安全集中管理平台的管理端部署于安全运维综合管理区域，收集所管理网络的资产、流量、日志、设备运行状态等相关的安全数据，对企业防火墙、网闸、态势感知、主机卫士、HIDS 等安全防护技术产品进行统一策略管理；同时将相关安全数据及设备运行日志进行汇总并上报态势感知平台。

（9）工控态势感知系统 工控态势感知系统的管理端部署于安全运维综合管理区域，负责态势感知的分析、存储和展示。该系统通过全流量监控，能够实时检测到潜在的攻击并还原被攻击的场景。它可以详细描述攻击流量的组成、清洗总量（经过流量清洗机制处理后，被识别和剔除的恶意或异常的总流量）及攻击时间，从而为用户提供对业务影响的有效评估。这种方式能够提高对工控环境的安全防护能力，确保系统的稳定性和安全性。

5.3.2 部署方式

1. 工控防火墙部署

工控防火墙旁路部署于企业生产控制网区域边界，如图 5-3-3 所示。

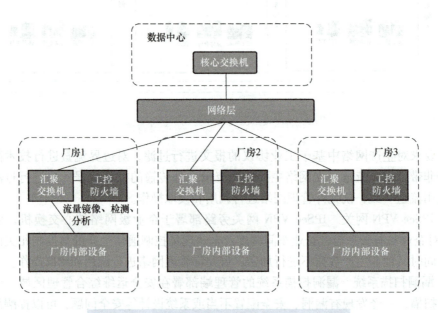

图 5-3-3 某集团网络安全工控防火墙部署示意图

2. 工控网闸部署

工控网闸旁路部署于企业生产控制网络及信息管理网络的边界，如图 5-3-4 所示。

3. IPSec VPN 网关部署

IPSec VPN 网关旁路部署于企业级网络核心交换机，如图 5-3-5 所示。

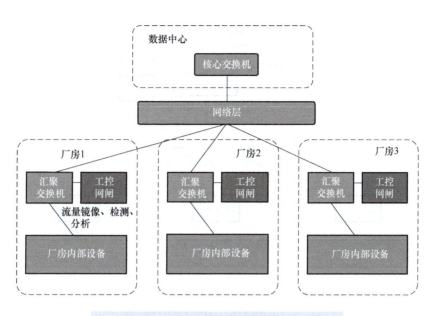

图 5-3-4 某集团网络安全工控网闸部署示意图

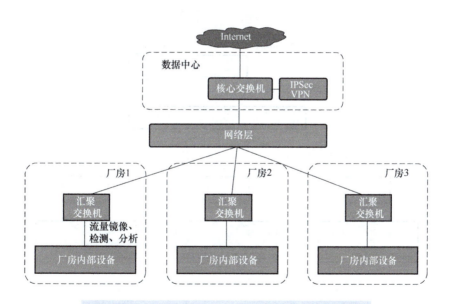

图 5-3-5 某集团网络安全 IPSec VPN 网关部署示意图

4. 漏洞扫描系统部署

漏洞扫描系统管理端部署于安全运维综合管理区域,如图 5-3-6 所示。

5. 堡垒机部署

堡垒机部署于安全运维综合管理区域,如图 5-3-7 所示。

6. 工控主机卫士部署

工控主机卫士管理端部署于安全运维综合管理区域,客户端部署于生产控制网络上位机、服务器、采集终端等 PC,如图 5-3-8 所示。

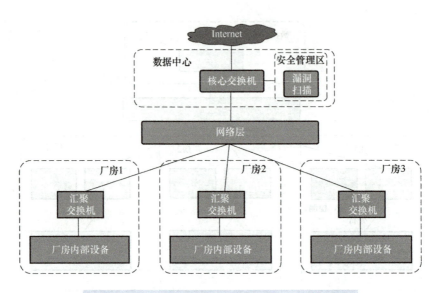

图 5-3-6　某集团网络安全漏洞扫描系统部署示意图

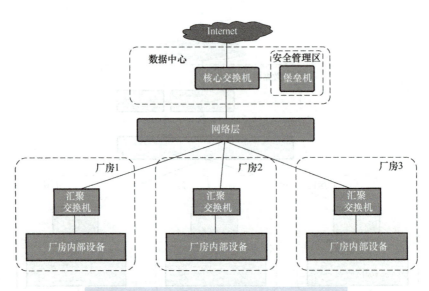

图 5-3-7　某集团网络安全运维堡垒机部署示意图

7. 服务器主机 HIDS 部署

服务器主机 HIDS 部署于安全运维综合管理区域，主机操作系统层安装 Agent 探针，对所有服务器资产进行集中管控，如图 5-3-9 所示。

8. 安全集中管理平台部署

安全集中管理平台部署于安全运维综合管理区域，如图 5-3-10 所示。

9. 工控态势感知平台部署

工控态势感知管理平台管理端部署于安全运维综合管理区域，客户端旁路部署于生产控制网络汇聚交换机，如图 5-3-11 所示。

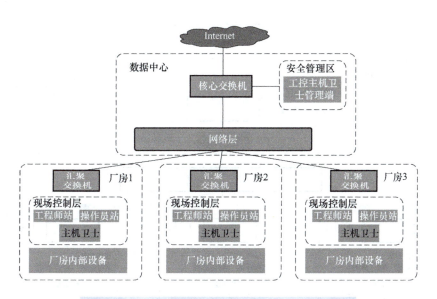

图 5-3-8 某集团网络安全工控主机卫士部署示意图

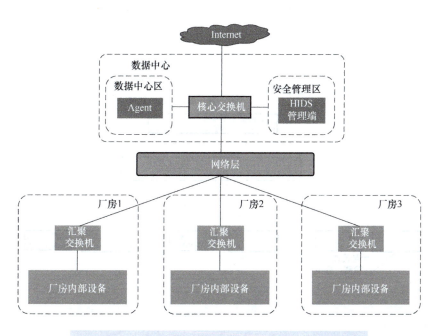

图 5-3-9 某集团网络安全服务器主机 HIDS 部署示意图

5.3.3 效果价值

某集团工业互联网安全防护体系建设项目的成功，标志着该集团在结合系统安全风险和具体需求的基础上，按照国家和国际相关安全标准要求，充分发挥工业互联网系统安全防护产品和服务优势，为集团工业互联网控制系统提供全方位、多层次的深度防护，为该集团工业互联网系统打造纵深防御的一体化安全防护体系。

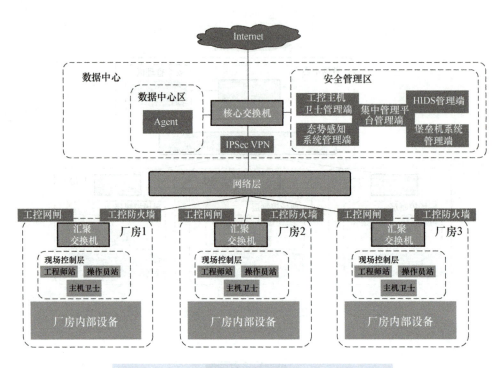

图 5-3-10　某集团网络安全集中管理平台部署示意图

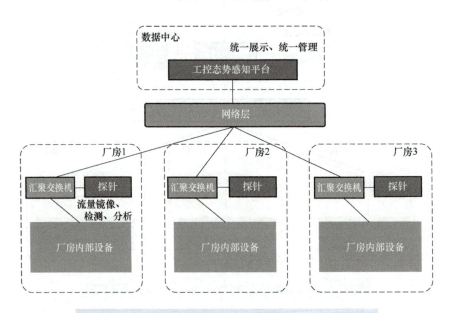

图 5-3-11　某集团网络安全工控态势感知平台部署示意图

【本章小结】

随着万物互联技术和制造业的不断融合，工业互联网正成为全球新一轮产业变革的重要方向。工业互联网作为驱动数字化转型、支撑制造业高质量发展的重要抓手，将面临新的安全挑战。

从广义的角度来看，整个工业互联网安全涉及六大安全问题：设备安全、控制安全、网络安全、应用安全、数据安全和平台安全，其中应用安全、数据安全是新生的安全问题。

设备安全防护技术主要包括软件安全和硬件安全。

控制安全防护技术主要从控制协议安全、控制软件安全及控制功能安全三个方面考虑，包含身份认证、访问控制和传输加密。

网络安全防护技术从云平台、边缘层、工控设备等诸多层面去进行防护，加强技术防护和管理防护相结合的原则，在云基础设施、平台基础能力、基础应用能力的安全可信方面制定识别、防护、检测、响应、恢复等计划。

应用安全防护技术主要包括安全审计、认证授权、安全监测、代码审计、人员培训等。

简单来讲，解决工业互联网安全问题，需要一套以作战、对抗和攻防思维为指导的新战法。而这套新战法理念的内核可以用"体系作战、数据制胜、安全基建、攻防兼备、以人为本、运营为王、服务赋能、生态共建"等32个字进行总结。

【本章习题】

一、选择题

1. 在工业互联网中最常见的安全威胁是（　　）。
   A. 数据丢失　　　B. 网络攻击　　　C. 硬件故障　　　D. 软件更新

2. 工业互联网安全从保障对象上可以分为（　　）、现场设备安全、网络安全、平台安全、数据安全五大安全问题。
   A. 工业控制安全　　B. IaaS　　　C. SaaS　　　D. PaaS

3. 由于工业设备本身存在安全漏洞，可利用漏洞进行脚本攻击改变操作指令，进而影响生产的正常进行，这属于（　　）隐患。
   A. 数据安全　　　B. 网络安全　　　C. 控制安全　　　D. 设备安全

4. （　　）是一种以发现程序错误，安全漏洞和违反程序规范为目标的源代码分析，能够找到普通安全测试所无法发现的安全漏洞。
   A. 安全监测　　　B. 代码审计　　　C. 代码编写　　　D. 漏洞扫描

5. （　　）是指承载工业智能生产和应用的工厂内部网络、外部网络的硬件、软件及其系统中的数据受到保护，不因偶然或恶意原因而遭受破坏、更改、泄露，系统连续可靠正常地运行，网络服务不中断。
   A. 数据安全　　　B. 网络安全　　　C. 控制安全　　　D. 设备安全

二、判断题

1. 工业互联网联盟发布了《工业互联网安全框架》，该框架是构建工业互联网安全体系的重要指南，是我国工业互联网安全顶层设计正式出台的标志。（　　）

2. 相较传统网络安全，工业互联网安全呈现新的特点，安全防护难度明显降低。（　　）

3. 在工业控制领域，由安全隐患导致的后果，不仅仅是生产资产的破坏，更有可能引发生产事故。（　　）

4. 设备联网混乱，网络边界越来越模糊，缺乏安全防护，这是网络安全存在的隐患。（　　）

5. 工业互联网应用安全主要是指各种平台和软件承担的业务运行过程中面对的安全问题。
( )

三、简答题

1. 将国内外工业互联网安全标准进行对比。
2. 简述网络安全防护措施。
3. 简述控制安全存在的安全隐患。
4. 简述数据安全防护措施。

第六章
工业互联网发展展望

【本章导读】

为抢抓新一轮科技革命和产业变革的重大历史机遇，世界主要国家和地区加强制造业数字化转型和工业互联网战略布局，全球领先企业积极行动，产业发展新格局正孕育成形。近年来，我国高度重视工业互联网发展，政府工作报告连续多次对工业互联网发展做出重要指示。工业和信息化部充分发挥统筹协调作用，会同其他相关部门大力推动工业互联网发展，深入实施工业互联网创新发展战略，取得了良好的开局。本章对我国工业互联网建设成效、发展趋势、产业人才现状进行介绍。

【学习目标】

- 了解工业互联网发展建设成效及趋势。
- 了解工业互联网产业发展人才需求。
- 熟悉工业互联网人才供给情况。
- 熟悉工业互联网国内发展情况，厚植爱国情怀。
- 了解国内工业互联网企业人才数量及发展趋势。

【学习导图】

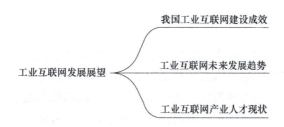

【情景描述】

某高校针对工业互联网专业建设情况进行工业互联网产业的发展及从业情况调研，以引导学生就业。据调研显示，工业互联网的产业体系因工业互联网的快速发展出现了重大变革，对相关从业人员的能力要求也更高了。特别针对工业互联网的应用场景的调研中，发现其已由销售、物流等外部环节向研发、控制、检测等内部环节延伸，已覆盖40多个国民经济大类，逐步形成了平台化设计、智能化制造、个性化定制、网络化协同、服务化延伸和数字化管理等新模式新业态，有效推动了产业转型升级，催生了新的增长点。同时5G、边缘计算、人工智能、大数据、AR/VR、区块链等新一代信息技术，不断与工业互联网融合，探索综合集成应用之路，其中5G+工业互联网已形成协同研发设计、远程设备操控、设备协同作业、柔性生产制造、现场辅助装备、机器视觉质检、设备故障诊断、厂区智能物流、无人智能巡检、生产现场监测等企业典型应用场景，人工智能、大数据已成为资产设备管理与生产深度优化的主要驱动，边缘计算、数字孪生、AR/VR、区块链等不断推动数字化设计和仿真的能力。因此，针对工业互联网发展，人才培养链路上的制造业企业、信息通信企业、工业软件企业、解决方案提供商、高校和科研院所等单位，该如何在已有工业互联网探索应用的基础上，对工业互联网人才进行协同培养，已成为迫切问题。高校在培养工业互联网人才培养的起点阶段，该如何促进学生了解工业互联网发展态势，激发学生学习兴趣，引导学生关注工业互联网产业的人才供给，不断提升自我，以适应工业互联网企业人才发展需求，将是工业互联网专业建设重要的问题。

通过对该高校专业人才建设情况分析，发现专业建设的痛点在于明确以下几方面内容。
1）工业互联网企业发展现状及建设成效。
2）工业互联网技术未来发展方向。
3）目前我国工业互联网产业人才需求。
4）工业互联网产业人才供给现状。
5）工业互联网产业人才发展趋势。

鉴于此，本章将依次对工业互联网建设现状、发展趋势、人才需求、人才供给等方面进行介绍，以便于高校师生熟悉我国工业互联网的建设情况和岗位需求，积极引导学生面向工业互联网产业就业。

6.1 我国工业互联网建设成效

我国工业经济正处于由数量和规模扩张向质量和效益提升转变的关键期，工业互联网作为新基建的重要内容之一，同时作为新模式和新业态，为实体经济转型注入新动能，为经济高质量发展贡献新力量。

6.1.1 工业互联网发挥投资带动效应

工业互联网作为新基建，发挥投资带动效应，对冲经济下行压力工业互联网具有传统基建的投资带动作用，能够在逆周期有效拉动投资，同时带来多方面正向溢出效应，成为扩大有效投资、深挖内需潜力的关键领域。我国实施工业互联网创新发展工程以来，带动总投资近700亿元人民币，建设和形成了一大批公共服务平台、具有标杆效应的试点示范项目以及"5G+工业互联网"产业示范基地。全国约26个省级行政区纷纷设立专项资金和产业基金支持发展工业互联网，提高投资效能。例如，宁夏三年来累计投入财政资金近4亿元人民币，带动社会投资20多亿元人民币，在重点行业已建成标识解析、冶金、化工、装备制造4个行业级工业互联网公共服务赋能平台；广西每年安排专项资金，积极推进制造业数字化转型。在中国工业互联网发展成效评估报告中，广西取得显著成果。目前，广西累计建成5G基站3.2万座，累计完成投资30.25亿元人民币；北京、上海等地成立产业发展专项基金，通过发挥基金引导作用，支持各类市场主体积极参与新型基础设施建设，支持企业开展数化转型。

6.1.2　工业互联网赋能行业转型升级

工业互联网作为通用技术，赋能行业转型升级，有效实现存量变革。工业互联网以其较强的渗透性被广泛地应用于各个领域，持续促进企业提高生产率，降低使用者成本，不断推动生产、流通和组织管理方式的调整和优化。通过持续发挥通用技术优势，工业互联网从根本上改变了传统工业化的经济增长模式和结构转换规律，是改造提升传统产业的支点，是构建现代化经济体系的重要引擎。一方面工业互联网能够帮助企业提升运行效率，减少用工量，化解综合成本上升的挑战。调研数据显示，有83%的企业在应用工业互联网后生产经营效率明显提升；上海实施"工赋上海"行动以来，带动12万多家中小企业上云、上平台，企业平均降本8.4%，提质1.95%，设备利用率提升9.2%，库存减少4.2%。另一方面工业互联网助力企业生产制造的智能化升级、产业链延伸和价值链拓展，带动企业乃至产业整体向价值链高端攀升。一批具有市场主导力的"链主"企业、具有集群带动力的"隐形冠军"和专精特新的"小巨人"企业在工业互联网赋能下加速成长。例如，卡奥斯 COS-MOPlat 助力青岛某链传动系统企业在多个环节打造数字化转型解决方案，下线"发动机用强化齿形链"产品时间由72h缩短至10h，为提升技术和产品竞争力赢得更大空间，助力企业入选我国工业和信息化部第三批专精特新"小巨人"企业名单；传统汽车行业在工业互联网赋能下，实现了研发设计协同化、生产制造柔性化以及后市场服务网联化。在新车市场增速放缓的背景下，以数字化之手为汽车全价值链带来效率的突破，加速了行业的变革与整合。

6.1.3　工业互联网打造经济新增长点

工业互联网作为新产业，释放规模倍增效应，打造经济新增长点。工业互联网在促进其他新技术、新产业应用和创新的同时，自身也在不断演进迭代，形成具有高倍增性和高创新性特征的新业态、新产业。企业层面，工业互联网企业主体规模实现快速扩张，调研显示，工业互联网供给企业近年营收和利润实现双增长。区域层面，工业互联网产业已成为部分地区经济发展的重要增长极。例如，北京把工业互联网作为全市高精尖产业新体系中的关键一支；上海工业互联网的核心产业规模已达到1000亿元人民币。国家层面，工业互联网产业逐步成势壮大，产业经济发展迅猛，根据中国信息通信研究院测算数据，工业互联网将成为国民经济中增长最为活跃的领域之一。

6.2　工业互联网未来发展趋势

6.2.1　促进数据要素市场的优化配置

工业互联网有效促进数据要素市场的优化配置，有助于畅通各环节堵点。同时，工业互联网的高质量发展也推动我国产业链和供应链现代化水平的提升，提高经济效益和核心竞争力，助力加快构建以国内大循环为主体、国内国际双循环相互促进的新发展格局。

1. 促进全要素互联互通

工业互联网为全要素互联互通提供有力支撑，为畅通国内大循环释放更多动力。工业互联网能够打通设备数据、企业数据,打破部门、行业与地域之间的壁垒,实现跨行业、跨区域的互联互通。从行业来看,工业互联网有助于形成需求牵引供给、供给创造需求的高水平动态平衡。工业互联网能够充分发挥数据要素在畅通生产、分配、流通和消费各个环节的作用,打通订单、设计、生产、仓储和服务等产业链上下游全流程,一定程度减少供需错配等问题。例如,广州在定制家居、汽车和时尚服饰等领域大力实施工业互联网赋能、产业集聚等行动,被联合国工业发展组织授予首批全球"定制之都"案例城市。工业互联网促进形成的定制化生产模式成为畅通内循环、促进消费的有力抓手。从区域来看,工业互联网助力各地形成协同优势,构建新兴区域增长极,在更广范围发挥乘数效应与扩散效应。例如,长三角地区积极推进国家长三角工业互联网一体化示范区建设。其中,上海作为国家顶级节点初步实现了"有流量、有应用、覆盖长三角"的布局目标,长三角企业也积极打造长三角标识数据资源合作体系,在全国率先建成区域性标识数据产业生态,通过标识数据驱动,促进长三角乃至长江经济带的产业转型升级;四川和重庆深入推进成渝一体化工业互联网示范区建设,联合征集成渝地区工业互联网及智能制造资源池服务商,加强供需对接交流,强化制造业数字化转型能力支撑。

2. 链接全球创新资源

工业互联网助力我国企业广泛链接全球创新资源,为持续扩大开放提供有力支撑。工业互联网的快速发展加速新模式、新业态的涌现,推动制造业产业链、供应链体系更加自动化、智能化、可视化,资源的全球化配置也因此更为便捷和安全,有助于培育和形成我国参与国际竞争与合作的新优势,提升对外开放的主动性,为我国全面提高对外开放水平带来变革。基于此,近年来我国工业互联网企业主动把握发展趋势,持续提升工业互联网核心能力,在全球范围内源源不断输出数字化服务,依托数字化技术和工具为高质量发展、高水平开放汇聚高端要素资源。例如,树根互联"根云平台"已为超过 60 个国家和地区的工业企业提供全价值链数字化转型服务,覆盖场景涵盖智能研发、智能产品、智能制造、智能服务、产业金融等;海尔在俄罗斯建立智慧洗衣机互联工厂,服务俄罗斯全境 1.4 亿消费者,同时辐射中亚、欧洲的 2 亿用户,为持续性连接并引入其他业务生态打下了良好基础。

6.2.2 促进工业低碳转型

工业低碳转型是实现"碳达峰、碳中和"的关键,工业互联网有效推动传统高耗能、高排放产业由过去的规模化、粗放型发展快速转向精细化、高质量发展,推动工业节能节水、资源综合利用和清洁生产,为实现"双碳"目标提供新路径。当前,我国工业互联网赋能绿色、低碳生产主要有以下两种模式。

一是典型行业领军企业率先示范,再在业内复制推广。面向能耗优化、节能降本等现实需求,部分行业领军企业率先开展能耗管理、资产监测运维等应用探索,在部分关键环节或全链条环节布局自动监测,实现智能化、绿色化、低碳化生产。调研数据显示,超过三成企业,在应用工业互联网后企业能耗水平显著下降,并且 76% 的企业集中在煤炭开采和洗选业、化学原料和化学制品制造业、非金属矿物制品业、黑色金属冶炼和压延加工业、通用设备制造业、专用设备制造业、电子设备制造等 16 个生产安全风险高、节能低碳压力大的细分行业。

二是工业园区率先探索绿色发展模式,再辐射至更大范围。产业园区特别是工业园区是工业领域企业最主要的载体之一，提升工业园区自身碳消纳能力至关重要。目前，已有部分园区利用工业互联网进行集中且直观的动态监控和数字化管理，同时改进和优化能源平衡度，打造提升能效、清洁能源、净零排放的可持续性发展的标准化模式，并以此为模板，在更大范围为更多工业园区赋能。例如，卡奥斯为海尔中德智慧园区搭建智慧能源平台，引入智慧路灯、燃气三联供、光伏发电等，并借助自主研发的 iEMS 总控系统算法模型，实现能源的梯级利用和智能调控；天津智慧能源小镇综合利用智慧物联、5G 通信、大数据技术，实现了能源网络运行状态的"全感知"，全面建成后，区域内供电可靠性超过 99%，清洁能源利用比例达到 90%，电能占终端能源比重超过 45%。该创新实践也将进一步推广至天津滨海新区，为建设国际领先的能源互联网综合示范区提供示范效应。

6.2.3 工业互联网十大技术展望

工业互联网已步入发展快车道，正处于重大突破的战略窗口期。为跟踪研判全球工业互联网创新动态及发展态势，在柴天佑院士的指导下，中国工业互联网研究院开展工业互联网技术创新探索，基于研究成果，提出全球工业互联网十大最具成长性技术展望，具体内容如下。

（1）基于全光连接的工业 PON（无源光网络）技术　基于全光连接的工业 PON 技术是指基于 ITU-T/IEEE/ETSI 的 PON 标准体系所提出的全光网连接技术。该技术采用开放软硬件平台架构、SDN（软件定义网络）管控模型，可构建抗干扰能力强、传输带宽高、异构协议互转、网络安全性高、部署经济性好的工厂网络。该技术可应用于企业信息网、工业生产网（包括车间级生产网以及现场级工业闭环控制网络），促进人工智能、大数据、云计算融合，助力产业数字化转型升级。

（2）面向边缘计算的区块链技术　面向边缘计算的区块链技术是指将区块链的节点的部署在边缘计算节点的设备中，边缘计算提供计算资源与存储功能，区块链提供安全与可信的环境，进而实现二者协同融合的技术。该技术可在保证多主体间数据安全共享流转的情况下，解决边缘侧大量节点共存时高传输准确性差的问题。该技术可有效解决边缘节点间相互通信时可能遭受的网络攻击问题，提升数据管理、存储和传输的安全性，在工业数据采集、设备控制等领域具有广泛应用前景。

（3）算力感知网络技术　算力感知网络技术是以网络技术为基础，依托新架构、新协议、新度量形成的新型算力感知网络架构。该技术通过网络连接分布式的计算节点，进行服务的自动化部署、最优路由和负载均衡。该技术可实现对算网资源的感知、控制和调度，提高网络和计算资源的利用率，满足企业数字化转型中泛在连接所需的算力、互联和协同要求。

（4）基于微服务的边缘智能协同计算技术　基于微服务的边缘智能协同计算技术是指由基于微服务框架的边缘计算平台、中心云服务器、边缘节点构成的协同计算技术。该技术聚焦物端设备间的协作，利用微服务技术提供的负载均衡、配置统一管理等功能形成合理的任务分配优化策略，在边缘侧完成各种工业智能应用计算的同时减轻云服务器到物端设备的算力开销。该技术可解决单一边缘节点计算能力与海量数据计算资源需求之间的问题，提高工业互联网部署的灵活性与可扩展性。

（5）基于数据增强的小样本学习技术　基于数据增强的小样本学习技术是指通过辅助数据或辅助信息，对原有的小样本数据集进行数据扩充或特征增强，以更强的数据泛化能力降低数据获取与存储成本的技术。该技术可依托无标签数据或者生成带标签数据，在原样本的特征空间中添加便于分类的特征，将数据中隐含的结构性信息进行显性挖掘。该技术可有效解决工业数据稀疏或终端设备网络拓扑结构不完整等问题，用以提升工业数据的价值。

（6）资产管理壳技术　资产管理壳技术是为数字孪生建立数据信息互联、信息内容互通、数据机理模型互操作的管理方法与结构。该技术具有数据集成、模型管理、标识解析、工业通信等功能，能够实现不同机器设备、不同业务系统数据类型的统一、不同模型间的无缝互操作、不同标识间的鉴别与灵活提取以及不同协议间的信息共享。该技术规定了管理组件的层次、价值流、级别，解决了非标组件的适配和信息失控问题，为统一数字孪生数据信息与模型规范提供了关键支撑。

（7）云原生大数据平台架构技术　云原生大数据平台架构技术是指利用容器化、动态管理、微服务等云原生技术，实现在公有云、私有云和混合云等云化环境下构建和运行弹性可扩展的大数据系统。该技术契合了大数据系统云化过程中求弹性和求扩展的诉求，实现了数据的按需创建、按需扩缩和运维托管。该技术能够为行业客户提供快速可复制的大数据处理能力，是解决未来超大规模下的特征工程、计算资源等性能瓶颈问题的重要基础。

（8）基于工业互联网的松耦合组织结构技术　基于工业互联网的松耦合组织结构技术是指基于发布/订阅模式，通过适配封装及多模式服务，实现多源异构系统互联互通的组织结构。该技术将工业要素进行系统封装，能处理工业要素的动态加入和退出、管控工业要素和数据交互的状态。该技术可及时发现数据交互阻塞点，平衡工业要素间的耦合度，满足系统柔性可配置的应用需求，保障工业互联系统的稳定运行。

（9）基于增强现实的人机交互技术　基于增强现实的人机交互技术是指将人工智能、扩展现实和自动化技术相结合的应用型技术。该技术借助增强现实介质进行设备状况识别，基于边缘侧算力和云端模型进行信息处理与分析，实现现场工人与远程专家的协同交互，现场设备与设备模型的实时交互。该技术可广泛应用于工业现场产品监测、远程运维、作业指导等相关场景中，相较于传统操作模式具有更高维度、更广视距、更深沉浸的优势。

（10）面向工业互联网安全的零信任架构关键技术　面向工业互联网安全的零信任架构关键技术是指基于零信任理念，具有以身份为中心、业务安全访问、持续信任评估、动态风险度量等功能的零信任架构。该技术利用动态认证、访问授权、密钥等重新构建信任基础，消除原有网络架构中的信任概念，防止数据泄露。该技术可充分考虑已知和未知威胁，结合工业互联网体系各层需求，在检测、保护、发现、响应、恢复等各个环节帮助系统建立安全防护能力。

工业互联网技术的不断创新是推动工业互联网发展的重要力量。技术革新与突破趋势，将为我国工业互联网创新发展奠定坚实基础。

6.3　工业互联网产业人才现状

工业互联网人才是指具有新一代信息通信技术和工业领域专业知识或专门技能，从事工业互联网相关工作并做出贡献的人。工业互联网人才是我国发展工业互联网，实现实体经济数字化、网络化、智能化转型的重要资源。

6.3.1 工业互联网人才分类

工业互联网人才主要包含工业互联网规划研究型人才、工业互联网技术人才和工业互联网运营管理型人才三大类。

(1) 工业互联网规划研究型人才　工业互联网规划研究型人才对应的是企业 CIO 及以上高级管理者。这类人才应能够随着产业数字化转型需要，在企业内统筹规划工业互联网发展。在部署实施工业互联网后，能够充分利用工业互联网相关技术手段，实时获取企业生产经营数据，了解行业发展动向，前瞻布局企业发展战略，对各类事件进行快速响应与决策，争取工业互联网发展的先机。

(2) 工业互联网技术人才　工业互联网技术人才对应的是企业的各级工程师。这类人才应能够随着工业互联网的发展，不断提升技术创新能力和应用水平。未来，企业中的联网设备不断增加，工业互联网平台、工业 APP 的研发与维护需求的持续提升，工业大数据、人工智能、数字孪生、信息模型、区块链等一批新技术融合应用不断深化。工业互联网技术型人才应不断适应这些变化，对企业网络、设备、系统和软件的开发、部署、应用、维护等岗位需求具备不同的服务能力，并在其岗位上开展新技术的应用探索。

(3) 工业互联网运营管理型人才　工业互联网运营管理型人才主要对应市场营销服务等领域的工作人员或管理者。在原有的生产方式中，企业运营管理人员所获得的信息不是实时准确的。随着数字化转型的加快，工业互联网运营管理型人才应亟需习惯于通过查看实时或准实时的数据信息，动态了解用户需求并快速响应，取代原先需要查看相关报表、召开会议的多重流程，提升运营管理效率。

工业互联网从职业岗位角度可以分为技术研发类岗位、工程实施类岗位、运维管理类岗位、业务应用类岗位。

(1) 技术研发类岗位　技术研发类岗位包含工业互联网平台开发工程师、工业大数据分析师、工业智能算法工程师。工业互联网平台开发工程师负责工业互联网平台的设计、开发和维护；工业大数据分析师主要负责收集、处理和分析工业企业产生的大量数据，通过对生产数据、设备运行数据、质量数据等的分析，为企业提供决策支持；工业智能算法工程师专注于开发适用于工业场景的人工智能算法。

(2) 工程实施类岗位　工程实施类岗位包含工业互联网系统集成工程师和工业网络工程师。工业互联网系统集成工程师负责将各种工业互联网技术和设备集成到企业的现有生产系统中，包括硬件设备的安装与调试、软件系统的部署与配置以及不同系统之间的互联互通；工业网络工程师主要负责工业企业内部网络的规划、建设和维护，包括有线网络和无线网络的部署，确保网络的稳定性、可靠性和安全性。

(3) 运维管理类岗位　运维管理类岗位包含工业互联网运维工程师和工业信息安全工程师等。工业互联网运维工程师负责工业互联网平台和系统的日常运维工作，包括服务器的监控与维护、软件系统的升级与补丁管理、数据备份与恢复等；工业信息安全工程师专注于保护工业互联网系统的信息安全，制定和实施安全策略，防范网络攻击、数据泄露等安全风险。

(4) 业务应用类岗位　业务应用类岗位包含工业互联网解决方案架构师、工业互联网产品经理等。工业互联网解决方案架构师需要根据工业企业的业务需求，设计和规划工业互联网解决方案，包括确定技术架构，选择合适的产品和技术，制定项目实施计划等；工业互联网产品经理负责工业互联网产品的规划、设计和推广，了解市场需求和竞争态势，定义产品功能和特性，推动产品的开发和上线。

工业互联网人才分类后续将更加细化，但在推动工业互联网加快发展的工作中，也亟需出台工业互联网人才相关具体的政策和标准，引导各有关单位开展人才研究、人才标准、人才培养、人才评价和人才服务等工作。

6.3.2 产业人才需求

1. 人才现状

目前，我国各有关部门在出台工业互联网相关政策时将人才作为重要的保障支撑要素，对人才工作提出了简要的工作任务，如《关于深化"互联网+先进制造业"发展工业互联网的指导意见》中提出了"强化人才支撑"，对人才队伍建设等工作进行了部署。人力资源和社会保障部、国家统计局在2020年3月将工业互联网工程技术人员纳入新职业，2021年9月人力资源和社会保障部、工业和信息化部联合发布了《工业互联网工程技术人员国家职业技术技能标准》。教育部在2021年3月印发《职业教育专业目录（2021年）》，在高等职业教育专科专业中，新设"工业互联网应用"专业（专业代码460310）、"工业软件开发技术"专业（专业代码510214），将原有的"工业网络技术"专业调整为"工业互联网技术"专业（专业代码510211），在高等职业教育本科专业中，新设"工业互联网工程"（专业代码260307）、"工业互联网技术"（专业代码310211）等专业，同时在高等职业教育专科、高等职业教育本科专业中，装备制造专业大类的自动化类、电子信息专业大类中的计算机类均分别设置了工业互联网相关专业。工业和信息化部、人力资源和社会保障部、教育部纷纷在新工科、工匠、助力制造业转型、产教融合、职业培训等一系列举措中提及工业互联网人才培养工作，并组织开展工业互联网专题培训、省部级培训、高级研修班和境外培训等工作。工业和信息化部还将人才标准作为重要模块纳入到《工业互联网综合标准化体系建设指南（2021版）》（征求意见稿），工业互联网产业联盟也将人才标准工作纳入到《工业互联网标准体系框架3.0》。同时，全国25省（市、自治区）在落实《关于深化"互联网+先进制造业"发展工业互联网的指导意见》和"三年行动计划"等工作中，也将人才作为重要的保障支撑要素，提出了有关工作要求。

虽然已有一系列的政策举措出台并落实，但企业在推动工业互联网发展的进程中，仍然遇到了人才需求不匹配、人才质量不满足要求、留不住人才等问题。经研究，其根源一方面是由于多项针对人才的政策刚刚出台，人才培养还需要相对较长的时间，另一方面各企业用人岗位需要进一步明确要求。目前各工业互联网相关岗位及能力要求，仅能参考2020年6月由工业和信息化部人才交流中心、中国信息通信研究院、航天云网科技发展有限责任公司等单位共同编制的《工业互联网产业人才岗位能力要求》，其中涉及工业互联网网络、标识、边缘计算、平台、工业大数据、安全、应用、运营8大方向的41个岗位，并从综合能力、专业知识、技术技能、工程实践等四个维度规范了每个岗位的能力要素。工业互联网需要既懂工业又懂互联网的复合型人才。目前，传统的人才培养模式和评价体系逐渐不能适应工业互联网发展的需求，专业人才缺乏已经成为制约我国工业互联网创新发展的重要因素。工业互联网的发展也带来了新的人才培养挑战，它将有助于推动人才培养，以适应制造业创新发展带来的人才能力需求新变化、新要求。

2. 人才需求

随着工业互联网快速发展，根据工业互联网产业联盟成员单位构成情况可看出，推动工业互联网发展的主要为企业，其中工业制造企业（含解决方案提供商）占比接近70%，信息通信企业和安全企业约占20%，高校、科研院所、协会及投融资机构等约占10%。这一数据反映出，尽管工业互联网是一个多方面参与的生态系统，但工业企业和信息通信企业是其中的核心力量。然而，与工业企业和信息传输、软件和信息技术服务业企业的总体数量相比，专门从事工业互联网的企业数量相对较少，不足千分之一。这表明工业互联网领域仍有巨大的增长和发展空间。

企业在招聘工业互联网人才时，主要以社招为主。在众多的工业互联网招聘岗位中，企业对于技术研发应用与实施类人才需求量最高。根据岗位要求描述，半数以上的招聘岗位，要求应聘者专科以上学历，经验不限，工作地点主要集中在一线城市。技术研发应用方向的岗位，其岗位描述要求应聘者在具备上述条件的基础上，还需具备工业领域专业知识背景的计算机应用能力。

在工业领域的41个行业大类中，计算机、通信和其他电子设备制造业、电气机械和器材制造业、非金属矿物制品业从业人员数位居前三位。纵观工业互联网产业发展，现阶段工业互联网从业人员严重不足，并且随着工业互联网企业的逐渐增多，需求逐渐加大，未来将有大量的工业从业人员，信息传输、软件和信息技术服务业从业人员具备工业互联网能力。

【本章小结】

工业互联网专业人才的培养，需要依托工业互联网产业联盟等组织联合产学研用各方，加快工业互联网人才工作研究，系统性建设工业互联网人才体系，从人才标准、人才培养、人才评价、人才服务等多个方面快速推进；以现阶段产业发展需求为导向，通过现场教学、在线课程等多种形式，针对不同层级人员开展工业互联网专题培训和专业评价工作，加快工业互联网人才队伍的阶梯化建设；搭建工业互联网人才服务平台，推动供需双方精准对接，以满足产业对人才的迫切需求，实现工业互联网人才工作的良性循环。

【本章习题】

简答题
1. 简述工业互联网如何促进工业低碳转型。
2. 工业互联网产业人才该如何规划？

参考文献

[1] 工业互联网网络连接白皮书（2.0 版）[R]. 北京：工业互联网产业联盟（AII），2021.

[2] 工业互联网标识解析标准化白皮书（2020 年）[R]. 北京：工业互联网产业联盟（AII），2020.

[3] 范其明，李云龙，曾华鹏，等. 工业网络与线场总线技术[M]. 西安：西安电子科技大学出版社，2020.

[4] 李正军. 计算机控制系统[M]. 3 版. 北京：机械工业出版社，2022.

[5] 蒋丽. 计算机网络技术与应用[M]. 2 版. 北京：中国铁道出版社，2013.

[6] 工业互联网平台白皮书 2021（平台价值篇）[R]. 北京：工业互联网产业联盟（AII），2021.

[7] 《工业互联网创新发展行动计划（2021—2023 年）》解读[OL]. 北京：工业和信息化部，2021. http://www.gov.cn/zhengce/2021-02/18/content_5587565.htm.

[8] 工业 APP 白皮书[R]. 北京：工业互联网产业联盟（AII），2020.

[9] 张忠平. 工业互联网导论[M]. 北京：科学出版社，2021.

[10] 工业互联网安全标准体系（2021 年）[OL]. 北京：工业和信息化部，2021. https://www.miit.gov.cn/xwdt/gxdt/sjdt/art/2021/art_a8a132814c9d4ce4a35237d7020611d3.html.

[11] 工业互联网平台安全白皮书[R]. 北京：工业信息安全产业发展联盟，2020.

[12] 马跃强，陈怀源，李晨. 工业数据安全治理探索[J]. 信息技术与网络安全，2022，41（4）：45-51.

[13] 王冲华，李俊，陈雪鸿. 工业互联网平台安全防护体系研究[J]. 信息网络安全，2019，19（9）：6-10.